SQLD 자격증은 데이터베이스 기초 역량을 검증하는 대표적인 시험입니다.

그러나 최근 시험의 출제 경향을 살펴보면 단순한 지식 암기 여부보다는 문제 상황을 어떻게 해석하고, 어떤 논리로 접근하는지를 보다 정교하게 평가하는 방향으로 변화하고 있습니다. 이로 인해 개념을 충분히 학습했음에도 실제 문제 풀이 과정에서 어려움을 겪는 수험생들이 적지 않습니다.

본 도서는 다수의 자격시험을 직접 준비하고, 현재 실무에서 SQL과 데이터 모델링을 다루고 있는 실무자의 입장에서 '시험 합격'이라는 명확한 목표를 가장 효율적으로 달성할 수 있도록 집필되었습니다.

저 역시 수험생 시절, 수많은 문제를 풀어보며 "알고 있는 내용인데도 왜 문제는 쉽게 풀리지 않을까?"라는 고민을 반복했습니다. 그 과정에서 단순한 개념 암기보다 문제를 읽는 방법, 선택지를 판단하는 기준을 익히는 것이 합격으로 가는 핵심 열쇠라는 사실을 체감하게 되었습니다.

최근 개정된 SQLD 시험은 출제 범위의 틀은 유지하면서도 변별력과 사고 난이도를 높여, 요약 정리 중심의 학습만으로는 한계를 느끼는 경우가 많아지고 있습니다. 이에 본 도서는 수험생들이 무심코 놓치기 쉬운 판단 기준과 실전에서의 실점 요소를 짚어주는 '문제 감각 교정서'이자 실수를 예방하기 위한 '예방주사'와 같은 역할을 목표로 구성하였습니다.

본 도서를 통해 문제 풀이 감각을 체계적으로 정리하고, SQLD 자격증 취득이라는 목표를 넘어 수험생 여러분이 각자 꿈꾸는 다음 단계로 나아가는 여정을 함께할 수 있기를 진심으로 바랍니다.

윤소정

광운대학교 자연과학대학 이학사 졸업
현 IT 유통기업 전산 실무 담당

Step 01

합격비법 핵심이론

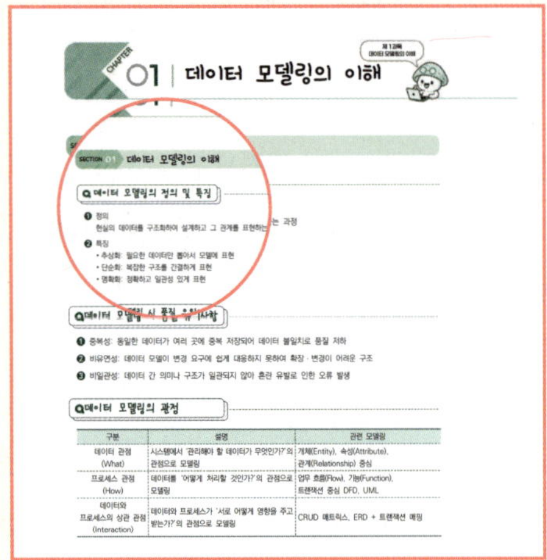

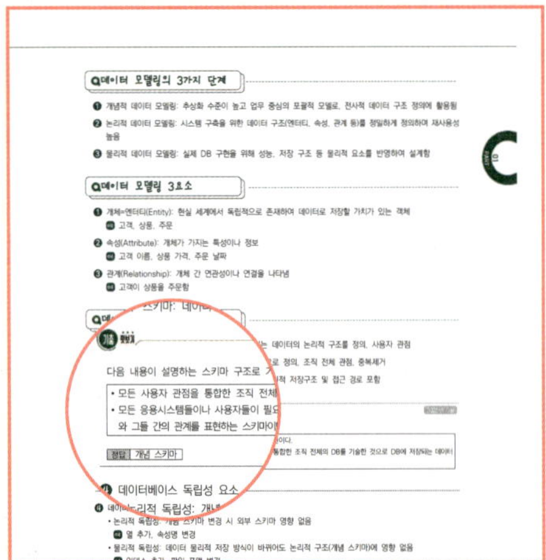

최근 시험에 자주 출제되는 주요 학습포인트를 완벽하게 정리하였습니다.

기출 맛보기와 다양한 예시를 통해 문제 해결력을 높이고 학습 효과를 극대화할 수 있습니다.

Step 02

최신 기출변형문제

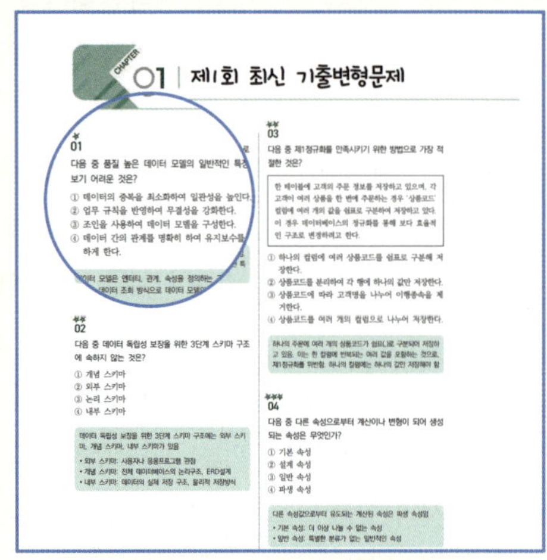

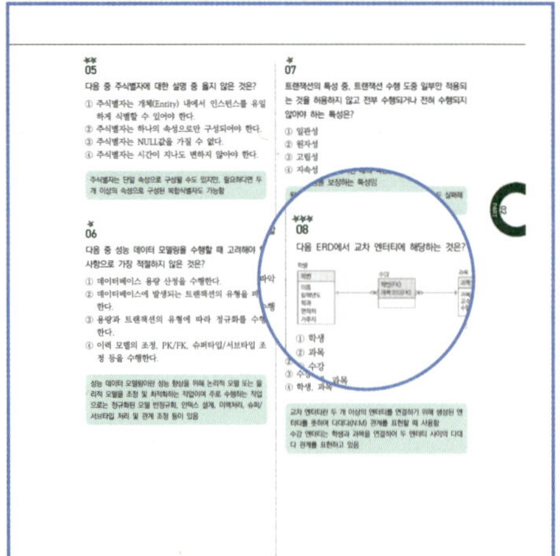

최신 기출문제를 기반으로 한 변형문제로 실전 문제 적응력을 높일 수 있습니다.

문항별 빈출중요도 표시와 명확한 해설로 능률적인 학습이 가능합니다.

파이널 실전모의고사

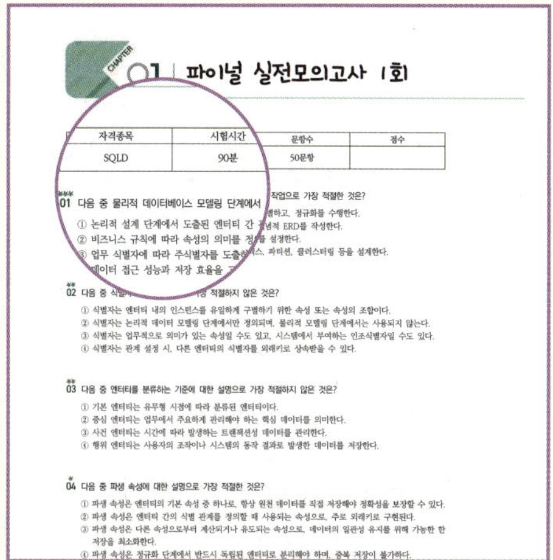

실제 시험과 동일한 유형의 실전모의고사로
실전 감각을 완성할 수 있습니다.

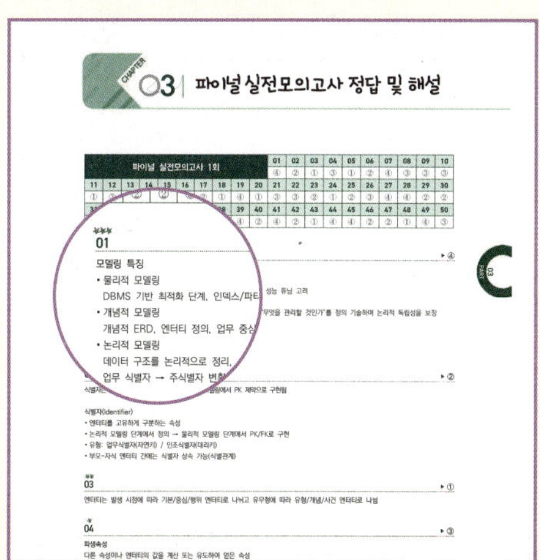

핵심만 정확히 짚어주는 해설로 문제해결 스킬
을 향상시킬 수 있습니다.

최빈출 50제

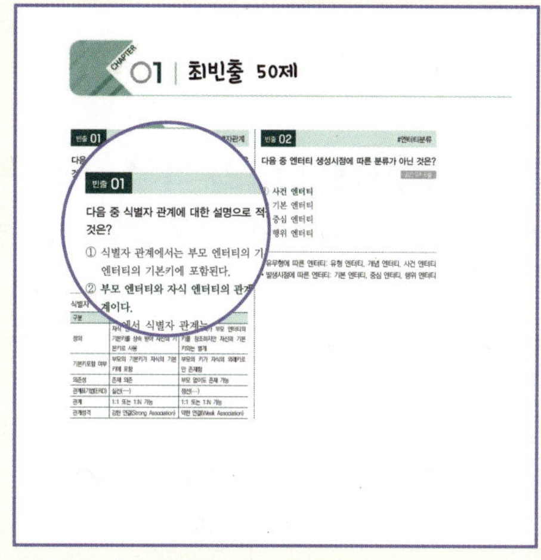

출제 빈도가 높은 최빈출 50문제로 합격을
위한 핵심 정리를 완성할 수 있습니다.

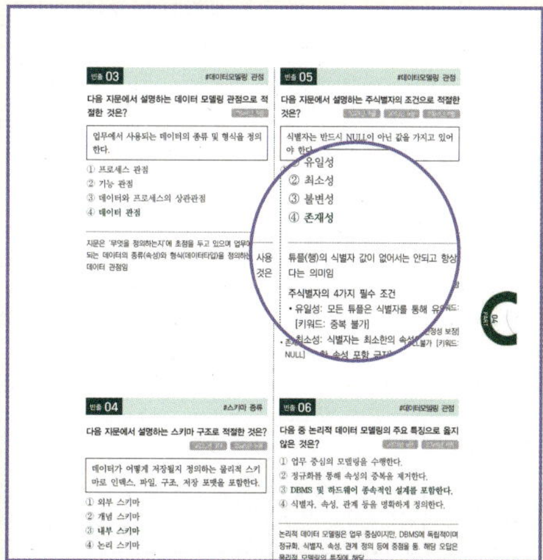

간단한 해설과 한눈에 보이는 정답으로 시험
직전 빠른 최종 점검이 가능합니다.

01 SQL 개발자(SQLD)란?

- SQL(Structured Query Language)은 데이터베이스를 직접적으로 액세스할 수 있는 언어로, 데이터를 정의(Data Definition), 조작(Data Manipulation), 적용 또는 취소(Transaction Control), 그리고 접근권한을 제어(Data Control)하는 기능을 수행하는 언어입니다.
- SQLD(SQL Developer)는 데이터베이스와 데이터 모델링에 대한 이해를 바탕으로, 응용 소프트웨어를 개발할 때 데이터를 효율적으로 조작 및 추출할 수 있는 SQL을 작성하는 역량을 갖춘 개발자를 말합니다.

02 SQL 개발자(SQLD)의 직무

SQL 개발자는 데이터 모델링에 기본 지식을 바탕으로 SQL 작성, 성능 최적화 등 데이터베이스 개체 설계 및 구현 등에 대한 전문지식 및 실무적 수행 능력을 필수로 합니다.

직무	세부내용
데이터모델의 이해 및 분석	데이터모델과 SQL구문의 연관성을 위해 엔터티, 속성, 관계, 식별자, 정규화 등 데이터 모델의 기본 지식을 바탕으로 데이터 모델을 이해하고 분석하는 작업을 수행합니다.
SQL 이해 및 활용	SQL 문법을 이해하는 단계부터 시작하여, 데이터 정의어(DDL)를 통해 테이블의 구조를 생성/변경/삭제/재명명하고, 데이터 조작어(DML)를 활용해 데이터를 입력/조회/수정/삭제를 수행합니다. 또한 집합 간의 관계를 다양한 JOIN 방식으로 표현하고, 주종 관계는 서브쿼리를 사용해 처리하는 방법을 학습합니다.

03 시험 정보

시험 접수	K data 한국데이터산업진흥원(www.dataq.or.kr)에서 온라인 접수
응시 자격	제한 없음
시험 응시료	50,000원
문제 형식	객관식 4지선다
합격 기준	총점 60점 이상(과목별 40% 미만 취득 시 과락)
유효 기간	2년(보수교육 이수 후 영구자격으로 전환)

04 출제문항 및 배점

과목명	문항수	배점	검정시험시간
데이터 모델링의 이해	10문항	20(문항당 2점)	90분 (1시간 30분)
SQL 기본 및 활용	40문항	80(문항당 2점)	
합계	50문항	100	

05 과목 및 내용

구분		내용
데이터 모델링의 이해	데이터 모델링의 이해	데이터모델의 이해, 엔터티, 속성, 관계, 식별자
	데이터 모델과 SQL	정규화, 관계와 조인의 이해, 모델이 표현하는 트랜잭션의 이해, Null 속성의 이해, 본질식별자 vs 인조식별자
SQL 기본 및 활용	SQL 기본	관계형 데이터베이스 개요, SELECT 문, 함수, WHERE 절, GROUP BY, HAVING 절, ORDER BY 절, 조인, 표준 조인
	SQL 활용	서브쿼리, 집합 연산자, 그룹 함수, 윈도우 함수, Top N 쿼리, 계층형 질의와 셀프 조인, PIVOT 절과 UNPIVOT 절, 정규 표현식
	관리 구문	DML, TCL, DDL, DCL

06 자격증 수령

발급 안내	데이터자격검정 홈페이지(www.dataq.or.kr)에서 로그인 > 마이페이지 > 자격증 관리에서 발급/신청
발급기간 및 수령방법	홈페이지를 통한 즉시 발급
발급 수수료	무료

이 책의 차례

Q SQLD 시험은 어떤 내용을 평가하나요?

A SQLD는 데이터베이스 기본 개념 이해와 SQL 활용 능력을 평가하는 시험입니다. 데이터 모델링, 정규화, 관계 정의, SQL 문법(DDL/DML/DCL/TCL), 조인, 그룹 함수, 서브쿼리 등 실무 기초를 중심으로 출제됩니다.

Q 시험 난이도는 어느 정도인가요?

A 개념 자체는 어렵지 않지만, 문제에서 제시하는 상황을 정확히 해석해야 하므로 꼼꼼한 이해가 필요합니다. 단순 암기보다는 "선택지를 어떻게 판단해야 하는지" 익히는 것이 중요합니다.

Q SQL을 처음 접하는 사람도 합격할 수 있나요?

A 가능합니다. 본 교재는 SQL 기초 개념부터 문제 풀이 기준까지 단계별로 구성되어 있어, 처음 시작하는 수험생도 학습 흐름대로 따라오면 충분히 합격할 수 있도록 설계되었습니다.

Q 어떤 순서로 공부하면 좋나요?

A 기본 개념 → 기출유형 파악 → 실전 문제 풀이 순으로 학습하는 것을 추천합니다. 특히 SQL 문법은 다양한 예제를 반복적으로 실행해보며 익히는 것이 가장 효과적입니다.

Q 기출문제만 풀어도 합격할 수 있나요?

A 최근 출제 경향상 단순 암기만으로는 어려운 문제가 늘고 있습니다. 기출 기반 학습은 필수지만, '왜 이 선택지가 맞는지' 이해하는 과정도 병행해야 안정적으로 고득점이 가능합니다.

합격비법 핵심이론

SECTION 01 데이터 모델링의 이해

🔍 데이터 모델링의 정의 및 특징

❶ 정의
현실의 데이터를 구조화하여 설계하고 그 관계를 표현하는 과정

❷ 특징
- 추상화: 필요한 데이터만 뽑아서 모델에 표현
- 단순화: 복잡한 구조를 간결하게 표현
- 명확화: 정확하고 일관성 있게 표현

🔍 데이터 모델링 시 품질 유의사항

❶ 중복성: 동일한 데이터가 여러 곳에 중복 저장되어 데이터 불일치로 품질 저하

❷ 비유연성: 데이터 모델이 변경 요구에 쉽게 대응하지 못하여 확장·변경이 어려운 구조

❸ 비일관성: 데이터 간 의미나 구조가 일관되지 않아 혼란 유발로 인한 오류 발생

🔍 데이터 모델링의 관점

구분	설명	관련 모델링
데이터 관점 (What)	시스템에서 '관리해야 할 데이터가 무엇인가?'의 관점으로 모델링	개체(Entity), 속성(Attribute), 관계(Relationship) 중심
프로세스 관점 (How)	데이터를 '어떻게 처리할 것인가?'의 관점으로 모델링	업무 흐름(Flow), 기능(Function), 트랜잭션 중심 DFD, UML
데이터와 프로세스의 상관 관점 (Interaction)	데이터와 프로세스가 '서로 어떻게 영향을 주고 받는가?'의 관점으로 모델링	CRUD 매트릭스, ERD + 트랜잭션 매핑

데이터 모델링의 3가지 단계

❶ 개념적 데이터 모델링: 추상화 수준이 높고 업무 중심의 포괄적 모델로, 전사적 데이터 구조 정의에 활용됨

❷ 논리적 데이터 모델링: 시스템 구축을 위한 데이터 구조(엔터티, 속성, 관계 등)를 정밀하게 정의하며 재사용성 높음

❸ 물리적 데이터 모델링: 실제 DB 구현을 위해 성능, 저장 구조 등 물리적 요소를 반영하여 설계함

데이터 모델링 3요소

❶ 개체=엔터티(Entity): 현실 세계에서 독립적으로 존재하여 데이터로 저장할 가치가 있는 객체
   예 고객, 상품, 주문

❷ 속성(Attribute): 개체가 가지는 특성이나 정보
   예 고객 이름, 상품 가격, 주문 날짜

❸ 관계(Relationship): 개체 간 연관성이나 연결을 나타냄
   예 고객이 상품을 주문함

데이터 스키마 구조

❶ 외부 스키마: 사용자/응용프로그램이 필요로 하는 데이터의 논리적 구조를 정의, 사용자 관점

❷ 개념 스키마: 전체 조직의 데이터 구조를 통합적으로 정의, 조직 전체 관점, 중복제거

❸ 내부 스키마: 데이터의 실제 저장 방법을 정의, 물리적 저장구조 및 접근 경로 포함

기출 맛보기

2025년 5월

다음 내용이 설명하는 스키마 구조로 가장 적절한 것은?

- 모든 사용자 관점을 통합한 조직 전체 관점의 통합적 표현이다.
- 모든 응용시스템들이나 사용자들이 필요로 하는 데이터를 통합한 조직 전체의 DB를 기술한 것으로 DB에 저장되는 데이터와 그들 간의 관계를 표현하는 스키마이다.

정답 | 개념 스키마

❹ 데이터베이스 독립성 요소
- 논리적 독립성: 개념 스키마 변경 시 외부 스키마 영향 없음
   예 열 추가, 속성명 변경
- 물리적 독립성: 데이터 물리적 저장 방식이 바뀌어도 논리적 구조(개념 스키마)에 영향 없음
   예 인덱스 추가, 파일 포맷 변경

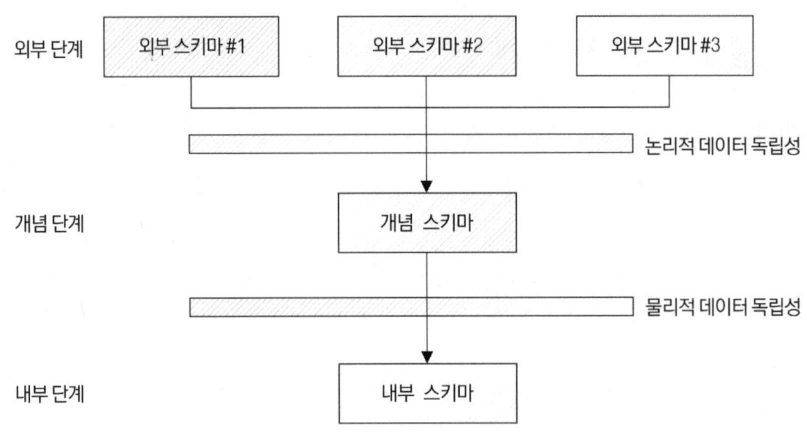

Q ERD(Entity Relationship Diagram)

❶ 데이터 모델 표기법으로 엔터티, 속성, 관계를 시각적으로 표현한 다이어그램

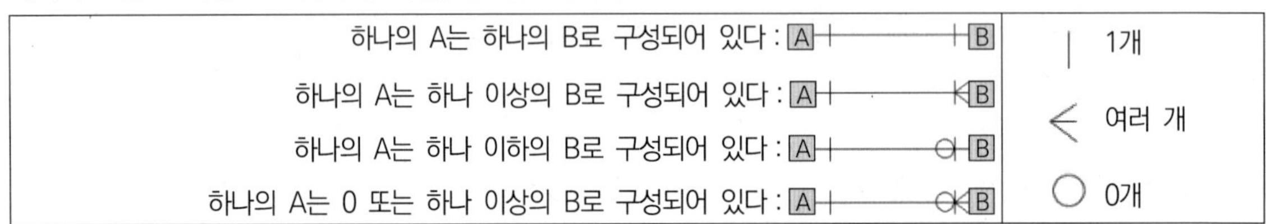

관계	선택성	IE 표기법	Barker 표기법
1 : 1	필수		
1 : 1	선택		
1 : N	필수		
1 : N	선택		

❷ ERD 작성 순서: 엔터티 식별 후 그림 → 엔터티 배치 → 엔터티 간 관계 설정 → 관계명 기술 → 관계 참여도 기술 → 관계의 필수여부 기술

Q 정의 및 특징

① 현실세계에서 독립적으로 존재하며, 데이터로 저장할 가치가 있는 객체
② 고유한 식별자(Primary Key)를 가짐
③ 속성(Attribute)을 반드시 가짐(최소 1개 이상)
④ 관계(Relationship)를 통해 다른 엔터티와 연결(최소 1개 이상)
⑤ 두 개 이상의 인스턴스를 포함 → 단일 데이터가 아닌 반복적으로 발생·관리되는 집합

기출 맛보기

2024년 11월

다음 중 엔터티(Entity)의 특징으로 옳지 않은 것은 무엇인가?
① 반드시 업무에서 필요하고 관리되어야 한다.
② 하나의 인스턴스로만 구성된다.
③ 고유 식별자를 통해 인스턴스를 식별할 수 있어야 한다.
④ 다른 엔터티와 하나 이상의 관계를 가져야 한다.

Q 종류

① 유무형에 따른 분류
  • 유형 엔터티: 물리적 실체가 있고 안정적이고 지속적으로 존재하는 객체
  • 개념 엔터티: 물리적 실체는 없지만 관리해야 할 개념적 정보
  • 사건 엔터티: 업무 수행 중 발생, 통계자료로 활용
② 발생 시점에 따른 분류
  • 기본 엔터티: 업무에 원래부터 존재하여 다른 엔터티의 부모 역할, 고유한 주식별자 가짐
    예 사원, 부서
  • 중심 엔터티: 기본 엔터티로부터 파생되어 여러 행위 엔터티와의 관계 중심
    예 계약, 주문
  • 행위 엔터티: 두 개 이상의 부모 엔터티로부터 발생, 가변적임
    예 주문목록, 사원변경이력

Q 엔터티 명명 기준

① 업무 중심의 명사 형태
② 단수형 명사 사용
③ 약어 사용 최소화, 의미가 명확해야 함
④ 가능한 한글 혹은 영문으로 일관성 유지
⑤ 중복 이름 금지
⑥ 특정 기술 용어 지양
⑦ 업무 단위로 구분될 수 있도록 명확한 표현

🔍 정의 및 특징

❶ 속성은 엔터티가 가지고 있는 고유한 특성이나 정보 단위, 데이터 항목
❷ 하나의 속성은 하나의 의미만 가지며, 실제 저장된 값을 속성값이라 함
❸ 원자값(Atomic value)을 가져야 함
❹ 엔터티는 최소 1개 이상의 속성을 가져야 함
❺ 속성은 도메인을 가짐
❻ 식별자(Primary Key)역할 할 수 있음

🔍 엔터티, 인스턴스, 속성, 속성값 관계

❶ 하나의 엔터티는 여러 개의 인스턴스를 가짐
❷ 하나의 인스턴스는 여러 속성을 가짐
❸ 하나의 속성은 하나의 속성값을 가짐

🔍 분류

❶ 특성에 따른 분류
  • 기본속성: 업무에서 직접 정의되는 속성
    예 주문금액, 근속연수
  • 설계속성: 모델 설계 중 추가된 속성, 설계자가 인위적으로 생성
    예 고객ID, 고객코드, 주문ID, 주문번호
  • 파생속성: 다른 속성값으로부터 계산된 속성
    예 고객명, 생년월일, 주문일자, 주문수량

❷ 구성 방식에 따른 분류
  • PK(Primary Key): 엔터티 인스턴스를 유일하게 식별하는 속성
  • FK(Foreign Key): 다른 엔터티의 PK를 참조하는 속성, 관계 연결용
  • 일반속성: PK, FK가 아닌 일반 데이터 속성

🔍 속성 명명 기준

❶ 협업에서 사용하는 이름 부여
❷ 서술식의 속성명 지양
❸ 공용화되지 않은 업무에서 사용하지 않는 약어는 지양
❹ 가능한 모든 속성의 이름은 유일하게 작성

❶ 속성이 가질 수 있는 값의 범위나 유형을 정의한 논리적 집합

❷ 속성값의 유효 범위 지정

❸ 데이터 무결성 보장

❹ 재사용 가능

❺ 기본적인 모델링 단위

SECTION 04 관계(Relationship)

Q 정의 및 종류

❶ 정의

두 개 이상의 엔터티 간의 연관성 또는 비즈니스상의 연결 규칙

❷ 종류

구분	설명
존재 관계	상태에 의해 연결 예 주문, 수강내역
행위 관계	행위에 의해 연결 예 구매한다. 수강한다

- ERD: 존재/행위 구분 없이 단일화된 표기법 사용
- UML
  - 연관 관계 (———): 상태 중심
  - 의존 관계 (------): 행위 중심

Q 관계 차수 종류

구분	설명	예시	표현방식
1:1	한 엔터티의 행이 다른 엔터티의 행과 1:1 대응	고객 1명 ↔ 고객등급 1개	실선, 점선
1:N	하나의 엔터티가 다른 엔터티 여러 개와 대응	고객 1명 ↔ 계좌 여러 개	고객 ———< 계좌
M:N	양쪽 모두 여러 행과 대응(조인 필요)	학생 여러 명 ↔ 과목 여러 개	조인 테이블로 분해
필수/선택적 관계	필수 여부로 나눔	결제수단(필수) 추가할인(선택)	필수: |, 선택: O

❶ 업무상 연관 규칙이 있는가?
❷ 정보의 조합이 발생하는가?
❸ 업무 문서에 관계 규칙/동사가 있는가?

Q 식별자 관계

PK공유 여부에 따라 분류
- 식별 관계: 부모 엔터티의 PK를 자식 엔터티의 PK로 포함
- 비식별 관계: 부모 엔터티의 PK를 자식 엔터티의 일반 컬럼으로 참조

SECTION 05 식별자(Identifier)

Q 정의

❶ 엔터티의 각 인스턴스를 고유하게 식별할 수 있는 속성 혹은 속성들의 조합
❷ 엔터티 내 중복되지 않아야 하며, 데이터 무결성을 유지해야 함

Q 주식별자의 특징

❶ 유일성: 엔터티 내 각 인스턴스를 유일하게 구별할 수 있어야 함
❷ 최소성: 유일성을 만족하는 속성 조합 중 가장 적은 수의 속성으로 구성되어야 함
❸ 불변성: 식별자의 값은 생성 이후 변경되지 않아야 함
❹ 존재성: 필수적으로 값이 존재해야 하며, NULL값이 허용되지 않음

Q 분류

기준	분류	설명
대표 여부	주식별자	대표적으로 사용되는 식별자(PK)
	보조 식별자	후보키 중 실제 PK로 채택되지 않은 식별자
생성 방식	내부 식별자	자기 엔터티의 고유 속성만으로 구성된 식별자
	외부 식별자	다른 엔터티의 식별자를 속성으로 포함하여 식별하는 식별자
속성 수	단일 식별자	하나의 속성으로 구성된 식별자
	복합 식별자	여러 속성의 조합으로 구성된 식별자
대체 여부	본질 식별자	현실 세계의 속성을 그대로 사용하는 식별자
	인조 식별자	업무적으로 존재하지 않는 값을 설계자가 인위적으로 부여한 식별자

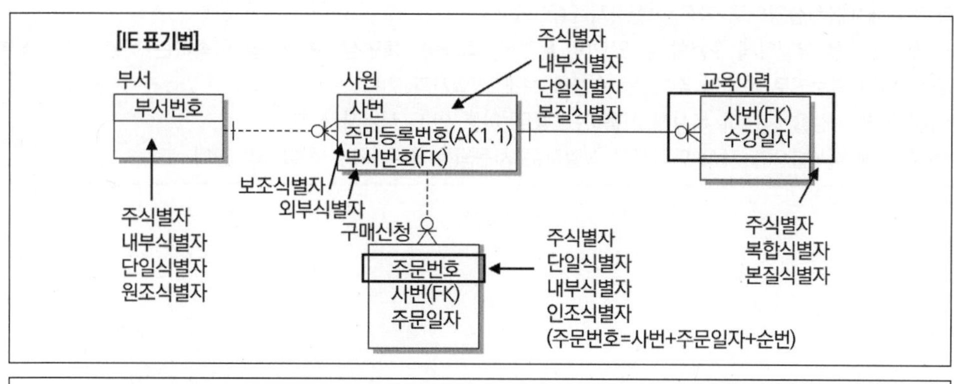

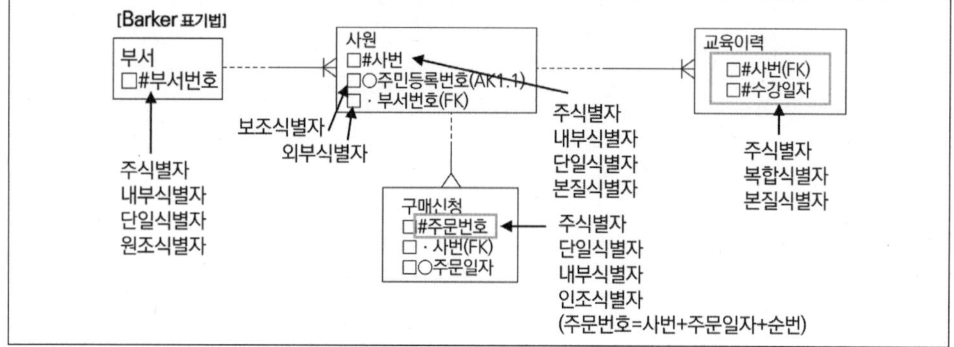

❶ 강한 엔터티: 다른 엔터티 없이도 독립적으로 존재 가능, 고유한 식별자 가짐

❷ 약한 엔터티: 다른 엔터티의 존재에 의존, 주로 식별관계를 통해 식별자 상속

❶ 식별관계: 부모 엔터티의 기본키(PK)가 자식 엔터티의 기본키(PK)에 포함되어 자식 엔터티 식별자 구성에 직접 참여하는 관계
  • 자식 엔터티는 부모 없이 존재할 수 없고 약한 엔터티가 됨
  • 부모–자식 결속력이 강함

❷ 비식별관계: 부모 엔터티의 기본키(PK)가 자식 엔터티의 일반 속성(FK)으로만 포함되고 자식의 기본키(PK)에는 참여하지 않는 관계
  • 자식 엔터티는 독립적 존재 가능
  • 부모–자식 결속력은 약하고, FK는 단순 참조 역할

식별자의 분류에 대한 설명으로 가장 적절하지 않은 것은?

① 엔터티 인스턴스를 유일하게 구분할 수 있으며, 유일성·최소성·불변성·존재성을 만족하는 식별자를 주식별자라 한다.

② 주식별자 외에 후보키로 사용될 수 있는 속성을 보조 식별자라 한다.

③ 다른 엔터티의 속성을 단순히 복사해 사용하는 경우 이를 인조 식별자라 한다.

④ 부모 엔터티의 주식별자가 자식 엔터티의 식별자로 사용되는 경우 외부 식별자라 한다.

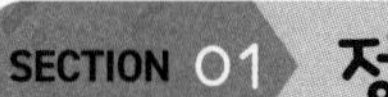

SECTION 01 정규화

🔍 정의 및 특징

① 정의

데이터 정확성을 위해 엔터티(테이블)를 작은 단위로 분리하는 과정

② 특징

- 데이터 중복성 제거
- 데이터 무결성 및 일관성 유지
- 이상현상 제거
  - 삽입 이상: 새로운 데이터 입력 시 불필요한 정보를 입력해야 하는 현상
  - 삭제 이상: 특정 데이터를 삭제할 때 의도치 않은 다른 데이터까지 함께 삭제하는 현상
  - 갱신 이상: 특정 값을 변경할 때 모든 중복 데이터를 동일하게 수정하지 않을 시 모순이 발생하는 현상
- 저장 공간 효율적 사용
- 유연성 및 재사용성 증대
- 여러 JOIN 연산으로 인한 성능 저하
- 테이블 분리 시 데이터 구조 세분화 및 관계 설정 관리의 복잡성 증가

🔍 종류

① 제1정규형(1NF)

- 반복 속성 제거
- 각 속성은 하나의 값만 가져야 함

[수강내역]

이름	학번	과목
홍길동	1000	국어, 수학, 과학

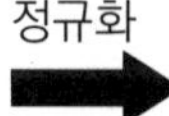

[수강내역]

이름	학번	과목명
홍길동	1000	국어
홍길동	1000	수학
홍길동	1000	과학

❷ 제2정규형(2NF)
- 부분 함수 종속성 제거
- 모든 속성은 완전 함수 종속이어야 함
- 테이블 내 기본키가 아닌 컬럼은 모든 주식별자에 종속되어야 함

[수강]

수강번호(PK)	과목코드(PK)	과목명	수강학년	학년명	수강인원
01	A01	국어	1	1학년	100
02	A02	수학	2	2학년	200
03	A03	과학	3	3학년	300

정규화 ⬇

[과목]

과목코드(PK)	과목명	수강학년
A01	국어	1
A02	수학	2
A03	과학	3

[수강현황]

수강번호(PK)	과목코드(FK)	수강인원
01	A01	100
02	A02	200
03	A03	300

❸ 제3정규형(3NF)
- 기본키를 제외한 컬럼 간의 종속성 제거
- 이행함수 종속성 제거

[과목]

과목코드(PK)	과목명	수강학년
A01	국어	1
A02	수학	2
A03	과학	3

[수강현황]

수강번호(PK)	과목코드(FK)	수강인원
01	A01	100
02	A02	200
03	A03	300

정규화 ⬇

[과목]

과목코드(PK)	과목명	수강학년(FK)
A01	국어	1
A02	수학	2
A03	과학	3

[학년]

수강학년	학년명
1	1학년
2	2학년
3	3학년

[수강현황]

수강번호(PK)	과목코드(FK)	수강인원
01	A01	100
02	A02	200
03	A03	300

❹ 보이스-코드 정규형(BCNF)
- 모든 결정자는 후보키가 되도록 테이블 분해

다음과 같이 직원프로젝트 엔터티를 만들었을 때 필요한 정규화 작업으로 가장 적절한 것은?

[직원프로젝트]

사번(PK)	프로젝트ID	부서코드	부서명
1001	P01	D01	인사팀
1002	P02	D02	총무팀
1003	P03	D01	인사팀
1004	P04	D03	영업팀

함수종속성(FD)
- {사번} → {프로젝트ID, 부서코드, 부서명}
- {부서코드} → {부서명}

① 1차 정규화(1NF)
② 2차 정규화(2NF)
③ 3차 정규화(3NF)
④ BCNF

SECTION 02　관계와 조인의 이해

Q 관계의 정의

두 엔터티 사이에서 존재하거나 발생하는 의미 있는 연관성으로, 하나의 엔터티가 다른 엔터티와 연계되어 데이터를 주고받거나 참조하는 구조적인 연결 형식

Q 조인의 정의

둘 이상 테이블의 공통된 속성(열)을 기준으로 연결하여 필요한 데이터를 하나의 결과 집합으로 조회하기 위한 연산

Q 계층형 데이터 모델

❶ 개념
- 데이터를 트리(Tree) 구조로 표현하는 모델
- 하나의 부모(Parent)가 여러 자식(Child)을 가질 수 있지만, 자식은 반드시 하나의 부모만을 가짐
- 1:N 관계 중심의 구조

❷ 특징
  - 레코드(record) = 노드(node), 링크(link) = 부모–자식 관계
  - 데이터 접근 시 경로를 따라 탐색해야 함(경로 지정 방식)
  - 데이터 중복이 적지만, 구조 변경이 어렵고 유연성이 떨어짐

❸ 장점
  - 검색 성능 우수: 부모에서 자식으로 내려가는 탐색이 빠름
  - 데이터 무결성 유지 용이: 계층적으로 관리됨

❹ 단점
  - 구조 변경 어려움: 새로운 관계(예 M:N)를 추가하기 힘듦
  - 유연성 부족: 특정 데이터를 가져오려면 루트부터 탐색해야 함
  - 중복 저장 필요: M : N 관계 표현

SECTION 03 모델이 표현하는 트랜잭션의 이해

🔍 정의

❶ 데이터베이스에서 논리적으로 하나의 작업 단위를 이루는 연산 집합

❷ 여러 개의 SQL 문장이 전부 수행되거나 전혀 수행되지 않아야 하는 최소 실행 단위

🔍 트랜잭션의 특징(ACID)

❶ 원자성(Atomicity)
  - 트랜잭션에 포함된 모든 연산은 전부 수행되거나 전혀 수행되지 않아야 함
  - 일부만 실행된 상태로 끝나면 안 됨
  - 키워드: Undo, Rollback, All or Nothing

❷ 일관성(Consistency)
  - 트랜잭션 실행 전·후에 DB의 제약조건(무결성)이 항상 유지되어야 함
  - 키워드: 무결성 유지

❸ 고립성(Isolation)
  - 동시에 실행되는 트랜잭션은 서로의 연산에 간섭할 수 없음
  - 다른 트랜잭션이 중간 연산 결과를 볼 수 없음
  - 키워드: Lock, 동시성 제어

❹ 지속성(Durability)
  - 트랜잭션이 성공적으로 완료되면, 그 결과는 영구적으로 DB에 반영되어야 함
  - 키워드: Commit, 영구저장, 복구, 보존

다음 지문에서 설명하는 트랜잭션의 특성으로 가장 적절한 것은?

> 트랜잭션은 전부 실행되거나 전혀 실행되지 않아야 하며, 작업이 부분적으로만 수행되는 것을 허용하지 않는다. 즉, 트랜잭션의 모든 연산이 반드시 완전하게 수행되거나 실패 시 전부 취소된다.

① 원자성　　　　　　　　　　　② 일관성
③ 고립성　　　　　　　　　　　④ 지속성

SECTION 04　NULL 속성의 이해

🔍 NULL 정의 및 특징

❶ 정의
- DBMS에서 아직 정해지지 않은 값(Unknown)
- 0, 빈문자열(")과 다른 의미

❷ 특징
- 비교 불가
  - =, 〈〉, 〈, 〉 등으로 비교 불가
  - 반드시 IS NULL, IS NOT NULL을 사용해야 함
- 3치 논리(Three-Valued Logic)
  - SQL은 TRUE, FALSE 외에 UNKNOWN을 가짐
  - NULL은 비교 대상이 될 수 없으므로 NULL과의 모든 비교는 UNKNOWN
  - 예 WHERE COMM 〉 1000
    - → COMM이 NULL일 경우 값을 알 수 없어 참·거짓 판단 불가함
- 연산 불가
  - NULL과의 산술 연산 결과 = NULL
  - 예 10 + NULL = NULL

🔍 NULL과 함수

❶ 집계 함수
- COUNT(*): NULL 포함(모든 행 카운트)
- COUNT(컬럼): NULL 제외
- SUM, AVG: NULL 제외하고 계산

❷ NVL / COALESCE
- NVL(expr, value): NULL을 다른 값으로 치환
- COALESCE(expr1, expr2, …): 첫 번째 NULL 아닌 값 반환

🔍 NULL과 제약조건

❶ PRIMARY KEY: NULL 허용하지 않음

❷ UNIQUE: NULL 허용(단, 여러 개 NULL 가능)

❸ NOT NULL: 반드시 값 존재

🔍 NULL과 인덱스

❶ 대부분 DBMS에서 NULL 값은 인덱스에 포함되지 않음

❷ Oracle: B-Tree 인덱스에서 NULL 값은 저장하지 않음(단, 복합 인덱스에서는 예외 존재)

SECTION 05 본질식별자 VS 인조식별자

🔍 본질식별자 VS 인조식별자

❶ 본질식별자: 업무적으로 자연스럽게 발생하는 속성을 이용해 엔터티의 주 식별자로 사용하는 것

❷ 인조식별자: 업무적으로 의미가 없는 속성을 새로 생성하여 주 식별자로 사용하는 것. 시스템이 자동 생성하는 값

구분	본질식별자	인조식별자
생성 방식	업무 속성에서 자연 발생	시스템에서 인위적 생성
의미	현실 세계에서 의미 있음	의미 없음
예시	주민번호, 학번	자동 증가, 시퀀스
장점	직관적, 중복 방지	단순, 안정적, 성능 높음
단점	변경 가능성, 복잡	의미 없음, 조인 필요

SECTION 01 · 관계형 데이터베이스 개요

🔍 데이터베이스의 정의

데이터들을 저장하는 공간

🔍 관계형 데이터베이스의 정의(RDB)

❶ 데이터를 테이블(릴레이션) 구조로 관리하는 데이터베이스

❷ 데이터를 행(Row, 튜플)과 열(Column, 속성)의 집합으로 표현하고, SQL을 이용해 데이터를 정의·조작함

🔍 관계형 데이터베이스의 구성요소

❶ 릴레이션(Relation): 관계형 데이터베이스의 기본 단위인 테이블

❷ 튜플(Tuple): 행(Row), 데이터 인스턴스

❸ 속성(Attribute): 열(Column), 데이터 항목

❹ 도메인(Domain): 속성이 가질 수 있는 값의 범위

🔍 특징

❶ 데이터를 테이블 형태로 관리 → 단순하고 이해하기 쉬움

❷ 중복 최소화, 무결성 보장

❸ 데이터 독립성 확보 → 논리/물리 구조 변경 시 응용 영향 최소화

❹ 집합 연산 기반 → 관계대수, 관계해석

❺ SQL이라는 표준 언어로 데이터 정의·조작 가능

🔍 테이블의 정의

❶ 관계형 데이터베이스에서 데이터를 저장하는 기본 단위 객체

❷ 행(Row, 튜플)과 열(Column, 속성)의 2차원 구조로 표현됨

❸ 현실 세계의 엔터티(Entity)를 표현하는 논리적 구조

🔍 테이블의 구성요소

❶ 행(Row, Tuple): 테이블에 저장된 실제 데이터 한 건
  > **예** 학생 테이블에서 "홍길동" 학생 한 명의 정보

❷ 열(Column, Attribute): 테이블이 가지는 데이터 항목
  > **예** 학번, 이름, 학과

❸ 도메인(Domain): 각 열이 가질 수 있는 값의 범위
  > **예** 성별 컬럼의 도메인 → {M, F}

🔍 테이블의 특징

❶ 고유한 이름을 가짐(스키마 내에서 유일해야 함)

❷ 행(Row)의 순서는 의미 없음 → 집합(Set) 기반

❸ 열(Column)의 순서도 논리적으로 큰 의미 없음

❹ 중복 행은 허용하지 않음(수학적 릴레이션 정의상)

❺ NULL 값을 가질 수 있음(단, 기본키는 NULL 불가)

기출 맛보기

2024년 11월

다음 테이블을 기준으로 엔터티, 인스턴스, 속성, 속성값 간의 관계를 올바르게 짝지은 것은?

[STUDENT] ㉠

STUDENT_ID	NAME	MAJOR	GRADE
2024001	철수	Computer	3
2024002	영희	Business	2
2024003	민수	Statistics	4

㉣ (첫 번째 행) · ㉢ (GRADE 열 우측) · ㉡ (NAME 열 하단)

① ㉠ 인스턴스, ㉡ 속성, ㉢ 속성값, ㉣ 엔터티
② ㉠ 엔터티, ㉡ 속성, ㉢ 속성값, ㉣ 인스턴스
③ ㉠ 엔터티, ㉡ 속성, ㉢ 인스턴스, ㉣ 속성값
④ ㉠ 인스턴스, ㉡ 엔터티, ㉢ 속성, ㉣ 속성값

Q SELECT

관계형 데이터베이스에서 데이터를 조회(검색)하기 위한 DML(Data Manipulation Language)의 한 종류

Q SELECT문의 기본 구조

```
SELECT [DISTINCT] 컬럼명 [, 컬럼명 ...]
FROM 테이블명 [별칭]
[WHERE 조건식]
[GROUP BY 그룹컬럼]
[HAVING 그룹조건]
[ORDER BY 정렬기준 [ASC|DESC]];
```

- 실행순서

  FROM → WHERE → GROUP BY → HAVING → SELECT → ORDER BY

Q 연산자

❶ 산술 연산자(Arithmetic Operators)
  - 숫자형 데이터에 대해 수학적 계산 수행
  - NULL이 포함되면 결과는 NULL
    - 예 + (덧셈), − (뺄셈), × (곱셈), / (나눗셈)

❷ 비교 연산자(Comparison Operators)
  - 두 값의 크기나 동일 여부 비교
    - 예 =, 〈〉 또는 !=, 〈, 〈=, 〉, 〉=

```
SELECT *
FROM EMP
WHERE SALARY > = 3000;
```

❸ 논리 연산자(Logical Operators)
  - 조건식 결합에 사용
    - 예 AND, OR, NOT

```
SELECT *
FROM EMP
WHERE DEPT_ID
  AND SALARY > 3000;
```

❹ 집합 연산자(Set Operators)
- SELECT: 결과 집합 간 연산
- UNION: 합집합(중복 제거)
- UNION ALL: 합집합(중복 포함)
- INTERSECT: 교집합
- MINUS / EXCEPT: 차집합

❺ 기타 연산자(Other Operators)
- BETWEEN A AND B: A 이상 B 이하
- IN (값1, 값2, …): 집합 내 포함 여부
- LIKE: 일치하는 패턴 검색 (%, _)
- IS NULL, IS NOT NULL: NULL 여부 확인

 함수

🔍 함수의 분류

❶ 단일행 함수
- 입력된 각 행(Row)에 대해 하나의 결과값을 반환
- SELECT절, WHERE절 등 다양한 곳에서 사용 가능

❷ 다중행 함수
- 여러 행을 입력받아 하나의 결과만 반환
- GROUP BY와 함께 사용됨
- HAVING절 사용가능, WHERE절 사용불가
  - 예 SUM, AVG, MAX, MIN, COUNT

❸ 문자형 함수
- 문자열 데이터를 가공함
- 문자열 변환, 검색, 잘라내기 기능
  - 예 UPPER, LOWER, SUBSTR, INSTR, REPLACE

❹ 숫자형 함수
- 반올림, 버림, 정사 등의 작업으로 가공
  - 예 ROUND, TRUNC

❺ 윈도우 함수
- 테이블 내 특정 조건의 행들을 비교하여 순위, 합계, 평균 등과 같은 집계, 순위를 구함
  - 예 ROW_NUMBER, RANK, DENSE_RANK

❶ 문자 함수
- UPPER(컬럼): 대문자로 변환하여 반환
- LOWER(컬럼): 소문자로 변환하여 반환
- INITCAP(컬럼): 첫 글자만 대문자 변환하여 반환
- SUBSTR(컬럼, 시작위치, 길이): 문자열 추출하여 반환
- LENGTH(컬럼): 문자열 길이 반환

❷ 숫자 함수
- ROUND(숫자, 자릿수): 소수점 반올림하여 반환
- TRUNC(숫자, 자릿수): 소수점 버림하여 반환
- MOD(숫자1, 숫자2): 숫자 1에서 2를 나눈 나머지 값 반환

❸ 날짜 함수
- SYSDATE: 현재 날짜와 시간 반환
- ADD_MONTHS(날짜, 개월수): 날짜 + 개월수 반환
- MONTHS_BETWEEN(날짜1, 날짜2): 두 날짜 사이 개월수 반환
- NEXT_DAY(날짜, 요일): 특정 날짜 이후의 요일 반환

❹ 변환 함수
- TO_CHAR(날짜/숫자, 형식): 문자형으로 변환하여 반환
- TO_DATE(문자, 형식): 날짜형으로 변환하여 반환
- TO_NUMBER(문자): 숫자형으로 변환하여 반환

❺ NULL 함수
- NVL(표현식, 대체값): NULL을 지정한 값으로 대체하여 반환
- NVL2(표현식, NULL이 아닐 때, NULL일 때)
- COALESCE(expr1, expr2, …): 첫 번째 NULL이 아닌 값 반환
- NULLIF(expr1, expr2): 두 값이 같으면 NULL, 다르면 expr1 반환

🔍 집계함수

❶ COUNT(*): 모든 행의 개수 반환(NULL 포함)

❷ COUNT(컬럼): NULL 제외한 행의 개수 반환

❸ SUM(컬럼): 합계(NULL 제외) 반환

❹ AVG(컬럼): 평균(NULL 제외) 반환

❺ MAX, MIN(컬럼): 최대값, 최소값 반환

구분	함수	예시 SQL	결과(답)
문자 함수	UPPER	SELECT UPPER('sql') FROM DUAL;	SQL
	LOWER	SELECT LOWER('SQLD') FROM DUAL;	sqld
	INITCAP	SELECT INITCAP('database system') FROM DUAL;	Database System
	SUBSTR	SELECT SUBSTR('SQLDEVELOPER', 1, 3) FROM DUAL;	SQL
	LENGTH	SELECT LENGTH('SQLD') FROM DUAL;	4
숫자 함수	ROUND	SELECT ROUND(123.456, 2) FROM DUAL;	123.46
	TRUNC	SELECT TRUNC(123.456, 2) FROM DUAL;	123.45
	MOD	SELECT MOD(10, 3) FROM DUAL;	1
날짜 함수	SYSDATE	SELECT SYSDATE FROM DUAL;	조회 날짜
	ADD_MONTHS	SELECT ADD_MONTHS(DATE '2025-01-15', 2) FROM DUAL;	2025-03-15
	MONTHS_BETWEEN	SELECT MONTHS_BETWEEN(DATE '2025-06-01', DATE '2025-01-01') FROM DUAL;	5
	NEXT_DAY	SELECT NEXT_DAY(DATE '2025-01-01', '월요일') FROM DUAL;	2025-01-06
변환 함수	TO_CHAR	SELECT TO_CHAR(DATE '2025-01-15', 'YYYY/MM/DD') FROM DUAL;	'2025/01/15'
	TO_DATE	SELECT TO_DATE('2025-03-01', 'YYYY-MM-DD') FROM DUAL;	2025-03-01
	TO_NUMBER	SELECT TO_NUMBER('300')+200 FROM DUAL;	500
NULL 함수	NVL	SELECT NVL(NULL, 0) FROM DUAL;	0
	NVL2	SELECT NVL2('X', 'NOT NULL', 'IS NULL') FROM DUAL;	NOT NULL
	COALESCE	SELECT COALESCE(NULL, NULL, 'A', 'B') FROM DUAL;	A
	NULLIF	SELECT NULLIF(10, 10) FROM DUAL;	NULL
	NULLIF	SELECT NULLIF(10, 20) FROM DUAL;	10

Q 정의

❶ SELECT, UPDATE, DELETE문에서 조건을 지정할 때 사용하는 절
❷ 반환되는 행(Row)을 필터링하는 역할

Q WHERE절에서 자주 사용되는 연산자

❶ 비교연산자
  • =, 〈〉 (또는 !=), 〈, 〈=, 〉, 〉=

```
SELECT *
FROM EMP
WHERE SALARY >= 3000;
```

→ SALARY 값이 3000 이상인 값 조회

❷ 논리연산자
  • AND, OR, NOT

```
SELECT *
FROM EMP
WHERE DEPT_ID = 10
  AND SALARY > 3000;
```

→ DEPT_ID 값이 10이고, SALARY 값이 3000 보다 큰 값 조회

❸ BETWEEN 연산자
  • 범위조건(포함)

```
SELECT *
FROM EMP
WHERE SALARY BETWEEN 2000 AND 4000;
```

→ SALARY 값이 2000 이상 4000 이하 사이의 값 조회

❹ IN 연산자
  • 여러 값 중 하나를 만족할 때

```
SELECT *
FROM EMP
WHERE JOB IN('MANAGER', 'ANALYST');
```

→ JOB 값 중 'MANAGER' 또는 'ANALYST' 값이 있으면 조회

❺ IS NULL / IS NOT NULL

- NULL 여부 확인

```
SELECT *
FROM EMP
WHERE COMMISSION IS NULL;
```

→ COMMISSION 값이 NULL인 값 조회

❻ 집합 연산자

- EXISTS: 서브쿼리 결과 있을 경우
- NOT EXISTS: 서브쿼리 결과 없을 경우
- ANY: 서브쿼리 결과 최소 하나 이상 조건 만족
- ALL: 서브쿼리 결과 모두 조건 만족

```
SELECT *
FROM DEPT D
WHERE EXISTS (
    SELECT 1
    FROM EMP E
    WHERE E.DEPT_ID = D.DEPT_ID
);


SELECT *
FROM EMP
WHERE SALARY > ANY (
    SELECT SALARY
    FROM EMP
    WHERE DEPT_ID = 20
);
```

❼ 부정 연산자

- NOT과 함께 사용

```
SELECT *
FROM EMP
WHERE JOB NOT IN('CLERK', 'SALESMAN');
```

→ JOB 값 중 'CLERK', 'SALESMAN'이 아닌 값 조회

🔍 GROUP BY절

❶ 행(Row)들을 특정 컬럼 값에 따라 그룹으로 묶는 절

❷ 주로 집계 함수(AVG, SUM, COUNT 등)와 함께 사용

❸ SELECT절에 GROUP BY에 없는 일반 컬럼을 단독으로 쓸 수 없음

```
SELECT DEPT_ID, AVG(SALARY) AS AVG_SAL
FROM EMP
GROUP BY DEPT_ID;
```

🔍 HAVING절

❶ GROUP BY의 결과에 대해 조건을 지정하는 절

❷ WHERE와 달리 집계 함수 조건에 사용 가능

```
-- 평균 급여가 3000 이상인 부서만
SELECT DEPT_ID, AVG(SALARY)
FROM EMP
GROUP BY DEPT_ID
HAVING AVG(SALARY) > = 3000;
```

SECTION 06   ORDER BY절

🔍 정의 및 특징

❶ SELECT 결과를 정렬할 때 사용

❷ 기본은 오름차순(ASC), 내림차순(DESC) 지정 가능

❸ SELECT절에서 정의한 별칭(Alias)도 사용 가능

```
-- 급여 내림차순 정렬
SELECT
    EMP_ID,
    NAME,
    SALARY
FROM EMP
ORDER BY SALARY DESC;
```

Q 정의

❶ 두 개 이상의 테이블을 연결해 관련 데이터를 조회
❷ 관계형 데이터베이스는 정규화로 인해 여러 테이블로 분리되므로, 원하는 정보를 얻기 위해 JOIN이 필수
❸ JOIN 조건은 보통 PK-FK 관계 또는 의미 있는 컬럼을 기준으로 설정

Q 종류

❶ INNER JOIN(내부 조인)
  • 두 테이블에서 조건을 만족하는 행만 반환
  • 가장 일반적인 조인 방식

❷ OUTER JOIN(내부 조인)
  • 조건을 만족하지 않아도 한쪽 테이블의 행은 모두 출력
  • 종류: LEFT OUTER JOIN, RIGHT OUTER JOIN, FULL OUTER JOIN

❸ SELF JOIN(자체 조인)
  • 동일한 테이블을 조인
  • 상사-부하 관계, 계층 구조 표현할 때 사용

❹ CROSS JOIN(교차 조인, Cartesian Product)
  • 모든 행을 서로 조합(곱집합)
  • 조건 없으면 행 수가 폭발적으로 증가

❺ NATURAL JOIN
  • 두 테이블에서 이름이 같은 컬럼을 자동으로 조인
  • 명시적 조건이 없기 때문에 주의 필요

Q 예시

[EMP]

EMP_ID	NAME	DEPT_ID
101	철수	10
102	영희	20
103	민수	NULL
104	수지	30

[DEPT]

DEPT_ID	DEPT_NAME
10	인사
20	총무
40	회계

❶ INNER JOIN

- 두 테이블에서 DEPT_ID가 일치하는 데이터만 조회

```
SELECT
    E.EMP_ID,
    E.NAME,
    D.DEPT_NAME
FROM EMP E
JOIN DEPT D
  ON E.DEPT_ID = D.DEPT_ID;
```

[실행 결과]

EMP_ID	NAME	DEPT_NAME
101	철수	인사
102	영희	총무

❷ LEFT OUTER JOIN

- EMP를 기준으로 모든 직원 유지, 부서 없는 경우 NULL

```
SELECT
    E.EMP_ID,
    E.NAME,
    D.DEPT_NAME
FROM EMP E
LEFT JOIN DEPT D
  ON E.DEPT_ID = D.DEPT_ID;
```

[실행 결과]

EMP_ID	NAME	DEPT_NAME
101	철수	인사
102	영희	총무
103	민수	NULL
104	수지	NULL

❸ RIGHT OUTER JOIN

- DEPT를 기준으로 모든 부서 유지, 직원 없는 경우 NULL

```
SELECT
    E.EMP_ID,
    E.NAME,
    D.DEPT_NAME
FROM EMP E
RIGHT JOIN DEPT D
  ON E.DEPT_ID = D.DEPT_ID;
```

[실행 결과]

EMP_ID	NAME	DEPT_NAME
101	철수	인사
102	영희	총무
NULL	NULL	회계

❹ FULL OUTER JOIN
  • EMP, DEPT 둘 다 기준으로 DEPT_ID 불일치 데이터도 모두 표시

```
SELECT
    E.EMP_ID,
    E.NAME,
    D.DEPT_NAME
FROM EMP E
FULL OUTER JOIN DEPT D
  ON E.DEPT_ID = D.DEPT_ID;
```

[실행 결과]

EMP_ID	NAME	DEPT_NAME
101	철수	인사
102	영희	총무
103	민수	NULL
104	수지	NULL
NULL	NULL	회계

❺ CROSS JOIN
  • 조건 없이 EMP, DEPT 곱집합(모든 조합)

```
SELECT E.EMP_ID, D.DEPT_NAME
FROM EMP E
CROSS JOIN DEPT D;
```

[실행 결과]

EMP_ID	DEPT_NAME
101	인사
101	총무
101	회계
102	인사
102	총무
102	회계
103	인사
103	총무
103	회계
104	인사
104	총무
104	회계

❻ NATURAL JOIN

- EMP의 DEPT_ID와 DEPT의 DEPT_ID가 같은 이름이므로 자동 매칭

```
SELECT
    EMP_ID,
    NAME,
    DEPT_NAME
FROM EMP
NATURAL JOIN DEPT;
```

[실행 결과]

EMP_ID	NAME	DEPT_NAME
101	철수	인사
102	영희	총무

기출 맛보기

다음 SQL의 실행 결과로 가장 적절한 것은?

[TAB1]

COL
A
B
C

[TAB2]

COL2
B
C
D

```
(가)
SELECT COUNT(*)
FROM TAB1 T1
JOIN TAB2 T2
  ON T1.COL = T2.COL;

(나)
SELECT COUNT(*)
FROM TAB1 T1
LEFT JOIN TAB2 T2
  ON T1.COL = T2.COL;

(다)
SELECT COUNT(*)
FROM TAB1 T1
RIGHT JOIN TAB2 T2
  ON T1.COL = T2.COL;

(라)
SELECT COUNT(*)
FROM TAB1 T1
FULL OUTER JOIN TAB2 T2
  ON T1.COL = T2.COL;
```

① (가)2, (나)2, (다)2, (라)3
② (가)2, (나)3, (다)3, (라)4
③ (가)2, (나)3, (다)4, (라)5
④ (가)3, (나)3, (다)3, (라)4

SECTION 01 서브쿼리(Subquery)

🔍 정의 및 종류

❶ 쿼리 안에 포함된 또 다른 SELECT문

❷ 메인쿼리에서 사용하는 데이터 집합을 서브쿼리가 반환

❸ 종류
- 단일 행 서브쿼리: =, 〈, 〉 등과 함께 사용, 결과 1행
- 다중 행 서브쿼리: IN, ANY, ALL, EXISTS
- 다중 컬럼 서브쿼리: 복수 컬럼 비교
- 스칼라 서브쿼리: 단일 값 반환, SELECT절에서 사용

```
SELECT
    EMP_ID,
    NAME,
    SALARY
FROM EMP
WHERE SALARY > (
    SELECT AVG(SALARY)
    FROM EMP
);
```

→ 평균 급여보다 큰 급여인 직원만 출력

SECTION 02 집합 연산자

🔍 정의 및 종류

❶ 두 SELECT 결과 집합 간 연산

❷ 종류
- UNION: 합집합(중복 제거)
- UNION ALL: 합집합(중복 포함)
- INTERSECT: 교집합
- MINUS(Oracle) / EXCEPT(ANSI): 차집합

[EMP_KOR]

EMP_ID	NAME
101	철수
102	영희
103	민수

[EMP_US]

EMP_ID	NAME
102	영희
104	Susan
105	James

❶ UNION(합집합, 중복 제거)

```
SELECT EMP_ID
FROM EMP_KOR

UNION

SELECT EMP_ID
FROM EMP_US;
```

[실행 결과]

EMP_ID
101
102
103
104
105

→ 두 테이블의 EMP_ID를 합치되 중복(102)은 제거됨

❷ UNION ALL(합집합, 중복 포함)

```
SELECT EMP_ID
FROM EMP_KOR

UNION ALL

SELECT EMP_ID
FROM EMP_US;
```

[실행 결과]

EMP_ID
101
102
103
102
104
105

→ 두 테이블 결과를 단순히 합쳐서 중복도 그대로 표시

❸ INTERSECT(교집합)

```
SELECT EMP_ID
FROM EMP_KOR

INTERSECT

SELECT EMP_ID
FROM EMP_US;
```

[실행 결과]

EMP_ID
102

→ 두 테이블에 공통으로 존재하는 값만 출력

❹ MINUS(차집합, Oracle)

```
SELECT EMP_ID
FROM EMP_KOR

MINUS

SELECT EMP_ID
FROM EMP_US;
```

[실행 결과]

EMP_ID
101
103

→ EMP_KOR에는 있지만 EMP_US에는 없는 값만 출력

기출 맛보기

2024년 11월

다음 SQL의 실행 결과로 가장 적절한 것은?

[T1]

COL1
10
20
30
40

[T2]

COL1
20
30
50
60

[T3]

COL1
30
50

```
SELECT COUNT(*)
FROM (
    SELECT *
    FROM T1

    UNION

    SELECT *
    FROM T2

    MINUS

    SELECT *
    FROM T3
);
```

① 3
② 4
③ 5
④ 6

Q 정의 및 특징

❶ 여러 행을 그룹으로 묶어 하나의 결과 반환

❷ NULL은 자동으로 제외됨

❸ GROUP BY와 함께 자주 사용

```
SELECT
    DEPT_ID,
    AVG(SALARY),
    COUNT(*)
FROM EMP
GROUP BY DEPT_ID
HAVING AVG(SALARY) >= 3000;
```

→ 평균 급여가 3000 이상인 부서만 표시

Q 고급 그룹 함수

❶ ROLLUP

정의	• 상위 계층 방향으로 단계별 소계를 집계하는 함수 • GROUP BY 리스트 뒤에서 앞으로 단계적 집계
기본 형식	GROUP BY ROLLUP(컬럼1, 컬럼2, ...)

예

[SALES]

REGION	PRODUCT	AMT
A	X	100
A	Y	150
B	X	200
B	Y	300

```
SELECT
    REGION,
    PRODUCT,
    SUM(AMT) AS TOTAL
FROM SALES
GROUP BY ROLLUP(REGION, PRODUCT);
```

• REGION → PRODUCT 순서로 그룹화

• (REGION, PRODUCT)별 상세, (REGION)별 소계, 전체 합계가 생성됨

[실행 결과]

REGION	PRODUCT	AMT
A	X	100
A	Y	150
A	NULL	250
B	X	200
B	Y	300
B	NULL	500
NULL	NULL	750

- (REGION, PRODUCT)별 상세
  - (A , X) = 100
  - (A , Y) = 150
  - (B , X) = 200
  - (B , Y) = 300
- (REGION)별 소계 → PRODUCT 값은 NULL 처리
  - A = 100 + 150 = 250
  - B = 200 + 300 = 500
- 전체 합계
  - REGION = NULL, PRODUCT = NULL
  - 100 + 150 + 200 + 300 = 750

❷ CUBE

정의	• 모든 가능한 조합에 대해 집계하는 함수 • 다차원 분석 가능함
기본 형식	GROUP BY CUBE(컬럼1, 컬럼2, ...)

예

[SALES]

REGION	PRODUCT	AMT
A	X	100
A	Y	150
B	X	200
B	Y	300

```
SELECT
    REGION,
    PRODUCT,
    SUM(AMT) AS TOTAL
FROM SALES
GROUP BY CUBE(REGION, PRODUCT);
```

- ROLLUP(REGION, PRODUCT) 결과 + (PRODUCT)별 소계까지 포함
- (REGION, PRODUCT)별 상세, (REGION)별 소계, (PRODUCT)별 소계, 전체 합계가 생성됨

REGION	PRODUCT	AMT
A	X	100
A	Y	150
A	NULL	250
B	X	200
B	Y	300
B	NULL	500
NULL	X	300
NULL	Y	450
NULL	NULL	750

- (REGION, PRODUCT)별 상세
  - (A , X) = 100
  - (A , Y) = 150
  - (B , X) = 200
  - (B , Y) = 300
- (REGION)별 소계 → PRODUCT 값은 NULL 처리
  - A = 100 + 150 = 250
  - B = 200 + 300 = 500
- (PRODUCT)별 소계 → REGION 값은 NULL 처리
  - X = 100 + 200 = 300
  - Y = 150 + 300 = 450
- 전체 합계
  - REGION = NULL, PRODUCT = NULL
  - 100 + 150 + 200 + 300 = 750

❸ GROUPING SETS

정의	원하는 조합만 선택적으로 집계하는 함수
기본 형식	• GROUP BY GROUPING SETS((컬럼1), (컬럼2), …) • 바깥에 괄호, 그 안에 다시 컬럼별로 괄호가 여러 개 들어가는 구조

[SALES]

REGION	PRODUCT	AMT
A	X	100
A	Y	150
B	X	200
B	Y	300

```
SELECT
    REGION,
    PRODUCT,
    SUM(AMT) AS TOTAL
FROM SALES
GROUP BY GROUPING SETS (
    (REGION),
    (PRODUCT)
);
```

• (REGION)별 소계, (PRODUCT)별 소계 두 가지 조합만 생성됨

[실행 결과]

REGION	PRODUCT	AMT
A	NULL	250
B	NULL	500
NULL	X	300
NULL	Y	450

• (REGION)별 소계 → PRODUCT 값은 NULL
  - A = 100 + 150 = 250
  - B = 200 + 300 = 500
• (PRODUCT)별 소계 → REGION 값은 NULL
  - X = 100 + 200 = 300
  - Y = 150 + 300 = 450

SECTION 04 윈도우 함수

Q 정의 및 특징

❶ 그룹 함수와 달리, 행 단위별 집계 값을 추가해서 보여줌

❷ OVER() 구문 사용, PARTITION BY(그룹 나누기), ORDER BY(정렬 기준) 포함 가능

Q 종류

❶ 순위 함수: RANK, DENSE_RANK, ROW_NUMBER

❷ 집계 함수 확장: SUM, AVG, COUNT … OVER()

❸ 분석 함수: LAG, LEAD 등

[EMP]

EMP_ID	NAME	DEPT_ID	SALARY
101	철수	10	5000
102	영희	10	4000
103	민수	10	4000
104	수지	20	4500
105	존	20	3000

```sql
SELECT
    NAME,
    DEPT_ID,
    SALARY,
    RANK() OVER (
        PARTITION BY DEPT_ID
        ORDER BY SALARY DESC
    ) AS RANK_NO,
    DENSE_RANK() OVER (
        PARTITION BY DEPT_ID
        ORDER BY SALARY DESC
    ) AS DENSE_RANK_NO,
    ROW_NUMBER() OVER (
        PARTITION BY DEPT_ID
        ORDER BY SALARY DESC
    ) AS ROW_NO
FROM EMP;
```

[실행 결과]

NAME	DEPT_ID	SALARY	RANK_NO	DENSE_RANK_NO	ROW_NO
철수	10	5000	1	1	1
영희	10	4000	2	2	2
민수	10	4000	2	2	3
수지	20	4500	1	1	1
존	20	3000	2	2	2

❶ PARTITION BY DEPT_ID → 부서별로 순위를 따로 매김

❷ ORDER BY SALARY DESC → 급여 높은 순서대로 순위 부여

❸ RANK(): 동점자는 같은 순위, 다음 순위 건너뜀

❹ DENSE_RANK(): 동점자는 같은 순위, 다음 순위 건너뛰지 않음

❺ ROW_NUMBER(): 무조건 고유 번호 부여

❻ 따라서 10번 부서에서 영희와 민수가 같은 급여(4000)를 받음

❼ RANK()로 둘 다 2위, 다음 순번은 4번으로 건너뜀

❽ DENSE_RANK()로 둘 다 2위, 다음 순번은 3번으로 이어짐

❾ ROW_NUMBER()로 순차적으로 2, 3번 부여

다음 성적 테이블과 같은 방식으로 순위를 매기는 데 사용되는 적절한 함수 또는 키워드는? (단, 성적 테이블의 '순위' 컬럼은 학생들의 점수에 대한 순위로 가정함)

[성적]

학번	이름	점수	순위
2001	김민수	95	1
2002	박지현	90	2
2003	이수빈	90	2
2004	최은우	85	4
2005	정해인	80	5

① RANK()

② DENSE_RANK()

③ ROWNUM

④ ROW_NUMBER()

SECTION 05 Top N 쿼리

Q 정의 및 특징

❶ 상위 N개의 데이터만 조회할 때 사용

❷ 종류: ROWNUM(오라클)

Q 예시

[EMP]

EMP_ID	NAME	SALARY
101	철수	5000
102	영희	4000
103	민수	3500
104	수지	3000
105	존	2000

```sql
SELECT
    EMP_ID,
    NAME,
    SALARY
FROM (
    SELECT
        EMP_ID,
        NAME,
        SALARY
    FROM EMP
    ORDER BY SALARY DESC
)
WHERE ROWNUM <= 3;
```

[실행 결과]

EMP_ID	NAME	SALARY
101	철수	5000
102	영희	4000
103	민수	3500

❶ 서브쿼리에서 ORDER BY SALARY DESC로 정렬

❷ 바깥쿼리에서 ROWNUM <= 3 조건으로 상위 3명만 추출

❸ ROWNUM은 정렬 전에 먼저 실행되기 때문에 반드시 서브쿼리와 함께 사용해야 올바른 결과를 얻음

SECTION 06 계층형 질의와 셀프 조인

Q 정의 및 특징

❶ 계층 구조 데이터(조직도, 상사-부하 관계 등)를 조회할 때 사용

❷ Oracle 전용 구문: CONNECT BY

❸ 시작점 지정: START WITH

❹ 상하 관계 지정: CONNECT BY PRIOR 부모컬럼 = 자식컬럼

❺ LEVEL: 계층의 깊이 표시

❻ 같은 효과를 SELF JOIN으로도 구현 가능

[EMP]

EMP_ID	NAME	MGR_ID
100	사장	NULL
101	철수	100
102	영희	100
103	민수	101
104	수지	101

```
SELECT
    EMP_ID,
    NAME,
    LEVEL
FROM EMP
START WITH MGR_ID IS NULL
CONNECT BY PRIOR EMP_ID = MGR_ID;
```

[실행 결과]

EMP_ID	NAME	LEVEL
100	사장	1
101	철수	2
103	민수	3
104	수지	3
102	영희	2

❶ START WITH MGR_ID IS NULL → 사장(100)을 루트로 시작

❷ CONNECT BY PRIOR EMP_ID = MGR_ID → 상사 EMP_ID = 부하 MGR_ID 관계로 탐색

❸ 출력 결과: 사장(1단계) → 철수/영희(2단계) → 철수 밑에 민수/수지(3단계)

Q PIVOT

❶ 행 데이터를 열로 변환

[EMP_SAL]

DEPT_ID	JOB	SALARY
10	MANAGER	5000
10	CLERK	2000
20	MANAGER	6000
20	CLERK	2500

```
SELECT *
FROM (
    SELECT
        DEPT_ID,
        JOB,
        SALARY
    FROM EMP_SAL
)
PIVOT (
    SUM(SALARY)
    FOR JOB IN (
        'MANAGER' AS MGR,
        'CLERK' AS CLK
    )
);
```

[실행 결과]

DEPT_ID	MGR	CLK
10	5000	2000
20	6000	2500

- JOB 컬럼 값(MANAGER, CLERK)이 열(Column)로 변환됨
- 각 부서(DEPT_ID)별로 MANAGER, CLERK 급여 합계 표시

Q UNPIVOT

❶ 열 데이터를 행으로 변환

[SALARY_SUMMARY]

DEPT_ID	MGR	CLK
10	5000	2000
20	6000	2500

```sql
SELECT *
FROM SALARY_SUMMARY
UNPIVOT (
    SAL
    FOR JOB IN (
        MGR AS 'MANAGER',
        CLK AS 'CLERK'
    )
);
```

[실행 결과]

DEPT_ID	JOB	SAL
10	MANAGER	5000
10	CLERK	2000
20	MANAGER	6000
20	CLERK	2500

- 열(MGR, CLK)이 JOB 컬럼 값으로 바뀌고 그 값들은 SAL 컬럼 값으로 변환됨
- 즉, PIVOT된 데이터를 다시 정규화된 행 구조로 바꾸는 과정

다음 SQL의 실행 결과로 가장 적절한 것은? (단, DBMS는 오라클을 가정함)

[TAB]

STD_NAME	KOR	ENG	MATH
Ann	70	80	90
Ben	85	95	100
Chris	60	75	80

```sql
SELECT
    STD_NAME,
    SUBJECT,
    SCORE
FROM TAB
UNPIVOT (
    SCORE
    FOR SUBJECT IN (
        KOR,
        ENG,
        MATH
    )
)
WHERE STD_NAME = 'Ben'
ORDER BY SUBJECT;
```

①

STD_NAME	SUBJECT	SCORE
Ben	SUBJECT	280

②

STD_NAME	SUBJECT	SCORE
Ben	KOR	85
Ben	ENG	95

③

STD_NAME	SUBJECT	SCORE
Ben	KOR	85
Ben	ENG	95
Ben	MATH	NULL

④

STD_NAME	SUBJECT	SCORE
Ben	ENG	95
Ben	KOR	85
Ben	MATH	100

Q 정의

❶ 패턴 매칭을 위한 고급 문자열 처리

❷ 단순 LIKE보다 더 정교한 조건 설정 가능

Q 종류

❶ REGEXP_LIKE: 문자열이 특정 패턴에 일치하는지 여부를 반환(TRUE/FALSE)

❷ REGEXP_REPLACE: 문자열에서 패턴에 맞는 부분을 찾아 다른 값으로 치환

❸ REGEXP_SUBSTR: 문자열에서 패턴에 맞는 부분 문자열을 추출

Q 예시

❶ REGEXP_LIKE

```
SELECT NAME
FROM EMP_NAME
WHERE REGEXP_LIKE(NAME, '^[A-Z]+$');
```

- ^: 문자열의 시작
- [A-Z]+: A~Z 사이의 대문자가 1회 이상 반복
- $: 문자열의 끝
- → 즉, 전체가 대문자로만 구성된 문자열을 찾음

❷ REGEXP_REPLACE

```
SELECT REGEXP_REPLACE(NAME, '[0-9]', '')
FROM EMP_NAME;
```

- [0-9]: 0~9 사이의 숫자 하나
- '': 빈 문자열로 치환(삭제와 같은 효과)
- → 즉, 문자열에서 숫자를 모두 제거

❸ REGEXP_SUBSTR

```
SELECT REGEXP_SUBSTR(NAME, '[0-9]+')
FROM EMP_NAME;
```

- [0-9]+: 숫자가 1회 이상 연속해서 나오는 부분
- → 즉, 문자열 중 연속된 숫자 부분만 뽑아옴

정의 및 특징

❶ 테이블에 저장된 데이터 자체(행, 레코드)를 조작하는 명령어 집합

❷ 사용자가 가장 많이 접하는 SQL 구문

❸ DML 구문은 실행 즉시 반영되지 않고, 트랜잭션에 포함 → COMMIT 또는 ROLLBACK 필요

종류

❶ SELECT
- 데이터 조회(데이터 변경 안함) → Read-only DML

❷ INSERT
- 새 데이터를 삽입
- 모든 컬럼 값 또는 일부 컬럼만 지정하여 삽입 가능

❸ UPDATE
- 기존 데이터를 수정
- WHERE절 없으면 전체 데이터 변경

❹ DELETE
- 조건에 맞는 데이터 삭제
- WHERE절 없으면 전체 데이터 삭제(TRUNCATE와 달리 ROLLBACK 가능)

```
--INSERT
INSERT INTO EMP(EMP_ID, NAME, SALARY)
VALUES(101, '철수', 3000);

--UPDATE
UPDATE EMP
SET SALARY = SALARY + 500
WHERE EMP_ID = 101;

--DELETE
DELETE FROM EMP
WHERE NAME = '철수';

--SELECT
SELECT
    EMP_ID,
    NAME,
    SALARY
FROM EMP
WHERE SALARY >= 3000;
```

→ DML은 데이터를 다루는 기본 SQL 구문이며, 반드시 TCL(COMMIT/ROLLBACK)과 연계됨

SECTION 02 TCL

Q 정의 및 특징

❶ 트랜잭션(Transaction)을 제어하는 명령어

❷ 하나의 논리적 작업 단위 → ACID 특성(원자성, 일관성, 독립성, 지속성)을 보장

❸ 주로 DML 실행 후 데이터 상태를 확정(COMMIT)하거나 취소(ROLLBACK)할 때 사용

Q 종류

❶ COMMIT: 지금까지 수행한 변경사항을 DB에 영구 반영

❷ ROLLBACK: 마지막 COMMIT 이전 상태로 되돌림(변경 취소)

❸ SAVEPOINT: 트랜잭션 내 중간 지점을 저장 → 특정 지점까지 ROLLBACK 가능

```
UPDATE EMP SET SALARY = 4000 WHERE EMP_ID = 102;

SAVEPOINT S1;  -- 중간 저장점

UPDATE EMP SET SALARY = 4500 WHERE EMP_ID = 103;

ROLLBACK TO S1;  -- S1 이후 변경은 취소, 그 전 변경은 유지

COMMIT;  -- 모든 변경 확정
```

→ 트랜잭션을 제어하지 않으면 변경 사항은 DB에 반영되지 않음

기출 맛보기

2025년 3월

다음 SQL의 실행 결과로 가장 적절한 것은?

```
CREATE TABLE TBL(
    COL1 NUMBER
);

INSERT INTO TBL VALUES (10);
INSERT INTO TBL VALUES (20);

SAVEPOINT S1;

DELETE FROM TBL WHERE COL1 = 20;

ROLLBACK TO S1;

INSERT INTO TBL VALUES (30);

ROLLBACK;

INSERT INTO TBL VALUES (40);

SELECT COUNT(*) FROM TBL;
```

① 1
② 2
③ 3
④ 4

Q 정의 및 특징

❶ 데이터베이스 객체(스키마, 테이블, 뷰, 인덱스, 제약조건 등)의 구조 정의·수정·삭제하는 명령어

❷ 실행 즉시 자동 COMMIT 발생 → ROLLBACK 불가

Q 종류

❶ CREATE: 새로운 객체 생성(TABLE, VIEW, INDEX 등)

❷ ALTER: 객체 구조 변경(컬럼 추가·삭제, 자료형 변경)

❸ DROP: 객체 삭제

❹ TRUNCATE: 테이블 데이터 전체 삭제(DDL이라 자동 COMMIT → 복구 불가)

Q 예시

```
-- 테이블 생성
CREATE TABLE DEPT(
    DEPT_ID NUMBER PRIMARY KEY,
    DEPT_NAME VARCHAR2(50)
);

-- 테이블 구조 변경
ALTER TABLE DEPT ADD LOCATION VARCHAR2(100);

-- 테이블 데이터 전체 삭제(롤백 불가)
TRUNCATE TABLE DEPT;

-- 테이블 삭제
DROP TABLE DEPT;
```

→ DDL은 DB 구조를 다루며, 자동 COMMIT이 특징이므로 주의 필요

Q 정의 및 특징

❶ 데이터베이스 보안 및 접근 권한 제어를 담당하는 명령어

❷ DBA(관리자)가 사용자 권한을 부여하거나 회수할 때 사용

Q 종류

❶ GRANT: 특정 객체에 대한 권한을 사용자에게 부여

❷ REVOKE: 부여했던 권한을 회수

Q 예시

```
--사용자 USER_A에게 EMP 테이블 SELECT 권한 부여
GRANT SELECT ON EMP TO USER_A;

--사용자 USER_A의 권한 회수
REVOKE SELECT ON EMP FROM USER_A;
```

최신 기출변형문제

✦ 01

다음 중 품질 높은 데이터 모델의 일반적인 특징으로 보기 어려운 것은?

① 데이터의 중복을 최소화하여 일관성을 높인다.
② 업무 규칙을 반영하여 무결성을 강화한다.
③ 조인을 사용하여 데이터 모델을 구성한다.
④ 데이터 간의 관계를 명확히 하여 유지보수를 용이하게 한다.

데이터 모델은 엔터티, 관계, 속성을 정의하는 구조적 작업임. 조인은 데이터 조회 방식으로 데이터 모델의 품질과 무관한 특징임

✦✦ 02

다음 중 데이터 독립성 보장을 위한 3단계 스키마 구조에 속하지 않는 것은?

① 개념 스키마
② 외부 스키마
③ 논리 스키마
④ 내부 스키마

데이터 독립성 보장을 위한 3단계 스키마 구조에는 외부 스키마, 개념 스키마, 내부 스키마가 있음

• 외부 스키마: 사용자나 응용프로그램 관점
• 개념 스키마: 전체 데이터베이스의 논리구조, ERD설계
• 내부 스키마: 데이터의 실제 저장 구조, 물리적 저장방식

✦✦ 03

다음 중 제1정규화를 만족시키기 위한 방법으로 가장 적절한 것은?

한 테이블에 고객의 주문 정보를 저장하고 있으며, 각 고객이 여러 상품을 한 번에 주문하는 경우 '상품코드' 컬럼에 여러 개의 값을 쉼표로 구분하여 저장하고 있다. 이 경우 데이터베이스의 정규화를 통해 보다 효율적인 구조로 변경하려고 한다.

① 하나의 컬럼에 여러 상품코드를 쉼표로 구분해 저장한다.
② 상품코드를 분리하여 각 행에 하나의 값만 저장한다.
③ 상품코드에 따라 고객명을 나누어 이행종속을 제거한다.
④ 상품코드를 여러 개의 컬럼으로 나누어 저장한다.

하나의 주문에 여러 개의 상품코드가 쉼표(,)로 구분되어 저장하고 있음. 이는 한 컬럼에 반복되는 여러 값을 포함하는 것으로, 제1정규화를 위반함. 하나의 컬럼에는 하나의 값만 저장해야 함

✦✦✦ 04

다음 중 다른 속성으로부터 계산이나 변형이 되어 생성되는 속성은 무엇인가?

① 기본 속성
② 설계 속성
③ 일반 속성
④ 파생 속성

다른 속성값으로부터 유도되는 계산된 속성은 파생 속성임

• 기본 속성: 더 이상 나눌 수 없는 속성
• 일반 속성: 특별한 분류가 없는 일반적인 속성

정답   01 ③   02 ③   03 ②   04 ④

★★
05

다음 중 주식별자에 대한 설명 중 옳지 않은 것은?

① 주식별자는 개체(Entity) 내에서 인스턴스를 유일하게 식별할 수 있어야 한다.
② 주식별자는 하나의 속성으로만 구성되어야 한다.
③ 주식별자는 NULL값을 가질 수 없다.
④ 주식별자는 시간이 지나도 변하지 않아야 한다.

> 주식별자는 단일 속성으로 구성될 수도 있지만, 필요하다면 두 개 이상의 속성으로 구성된 복합식별자도 가능함

★
06

다음 중 성능 데이터 모델링을 수행할 때 고려해야 할 사항으로 가장 적절하지 않은 것은?

① 데이터베이스 용량 산정을 수행한다.
② 데이터베이스에 발생되는 트랜잭션의 유형을 파악한다.
③ 용량과 트랜잭션의 유형에 따라 정규화를 수행한다.
④ 이력 모델의 조정, PK/FK, 슈퍼타입/서브타입 조정 등을 수행한다.

> 성능 데이터 모델링이란 성능 향상을 위해 논리적 모델 또는 물리적 모델을 조정 및 최적화하는 작업이며 주로 수행하는 작업으로는 정규화된 모델 반정규화, 인덱스 설계, 이력처리, 슈퍼/서브타입 처리 및 관계 조정 등이 있음

★
07

트랜잭션의 특성 중, 트랜잭션 수행 도중 일부만 적용되는 것을 허용하지 않고 전부 수행되거나 전혀 수행되지 않아야 하는 특성은?

① 일관성
② 원자성
③ 고립성
④ 지속성

> 원자성은 트랜잭션 내의 작업들이 모두 성공하거나 모두 실패해야 함을 보장하는 특성임

★★★
08

다음 ERD에서 교차 엔터티에 해당하는 것은?

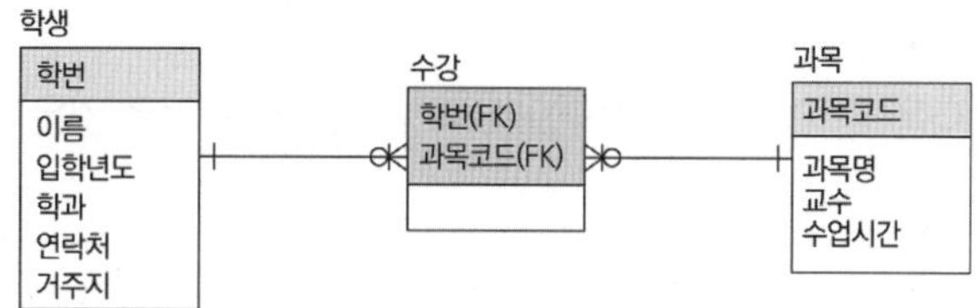

① 학생
② 과목
③ 수강
④ 학생, 과목

> 교차 엔터티란 두 개 이상의 엔터티를 연결하기 위해 생성된 엔터티를 뜻하며 다대다(N:M) 관계를 표현할 때 사용함
> 수강 엔터티는 학생과 과목을 연결하여 두 엔터티 사이의 다대다 관계를 표현하고 있음

  05 ② 06 ③ 07 ② 08 ③

★★★
09

다음 중 모든 일반 속성이 주식별자에 종속되어 있는 정규형은?

① 제1정규형
② 제2정규형
③ 제3정규형
④ 보이스-코드 정규형

모든 일반 속성이 주식별자 전체에 종속되어야 하는 정규형은 제2정규형임

• 제1정규형: 모든 속성이 원자값으로만 구성되어야 함
• 제3정규형: 기본키가 아닌 모든 속성이 기본키에 이행적 함수 종속이 아니어야 함
• 보이드-코드 정규형: 모든 결정자가 후보키이어야 함

★★★
10

다음 ERD에 대한 설명으로 가장 적절하지 않은 것은?

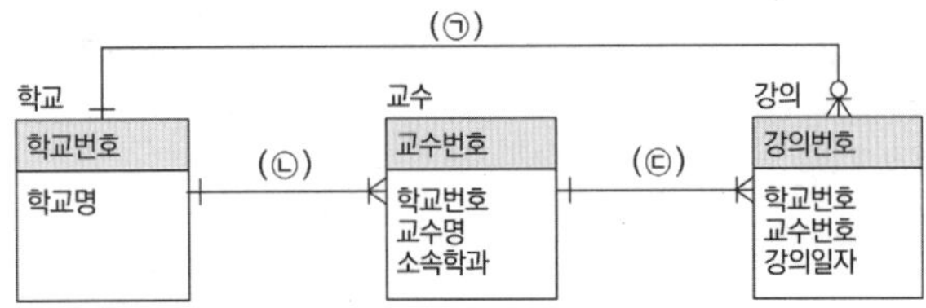

① ㉡은 교수는 반드시 학교에 소속되어야 한다는 의미이다.
② ㉢은 하나의 강의에 여러 명의 담당 교수가 존재할 수 있다는 것을 의미한다.
③ ㉢은 강의를 하지 않은 교수가 존재할 수 있다는 것을 의미한다.
④ ㉠은 ㉡과 ㉢을 합친 것과 동일한 의미는 아니다.

• 학교 ↔ 교수 (1:N) 관계이며, 필수 참여는 교수 → 학교(필수), 학교 → 교수(선택)
• 교수 ↔ 강의 (1:N) 관계이며, 필수 참여는 강의 → 교수(필수), 교수 → 강의(선택)
• 학교와 강의는 1:N 관계이며 한 강의에 여러 학교가 존재할 수 없음

★
11

다음 중 우선순위가 가장 높은 연산자는?

① ==
② ()
③ OR
④ AND

보기를 기준으로 SQL 연산자 우선순위는 다음과 같음
() → == → AND → OR

★★
12

다음 SQL의 실행 결과를 순서대로 나열한 것은?

```
SELECT FLOOR(2.0)
FROM STUDENT;

SELECT ROUND(5.6)
FROM STUDENT;

SELECT TRUNC(3.9)
FROM STUDENT;
```

① 2, 5, 4
② 2, 6, 4
③ 2, 5, 3
④ 2, 6, 3

• FLOOR: 소수점 첫째자리에서 버림하는 함수로 2.0과 근접한 작은 정수인 2를 출력
• ROUND: 소수점 반올림 함수로 5.6을 반올림하여 6을 출력
• TRUNC: 소수점 절사 함수로 3.9에서 소수점을 없앤 정수인 3을 출력

13

다음 SQL의 실행 결과를 순서대로 나열한 것은?

[TAB]

COL1	COL2
10	A
20	B
30	C
10	B
20	A
30	B
10	A
10	A

```
SELECT COUNT(ALL COL1)
FROM TAB
WHERE COL2 = 'A';

SELECT COUNT(DISTINCT COL1)
FROM TAB;
```

① 4, 3
② 2, 3
③ 3, 3
④ 4, 8

- SELECT COUNT(ALL COL1) … WHERE COL2 = 'A';
  - COL2가 A인 COL1이 총 몇 개가 있는지 확인(NULL 제외)
  - ALL이 있으므로 중복을 제거하지 않음(COUNT(COL1)과 동일)
  - (10, A), (20, A), (10, A), (10, A) → 4
- SELECT COUNT(DISTINCT COL1) FROM TAB;
  - DISTINCT로 중복을 제거한 COL1이 총 몇 개가 있는지 확인
  - (10, A), (20, B), (30, C) → 3

14

다음 SQL의 실행 결과로 가장 적절한 것은?

[성적]

학생명	과목	점수
김철수	수학	90
오유리	과학	80
이영훈	수학	80
김미연	수학	70
유지혜	과학	50

```
SELECT 과목, AVG(점수) AS 평균점수
FROM 성적
GROUP BY 과목
HAVING AVG(점수) >= 70;
```

①

과목	평균점수
수학	80
과학	65

②

과목	평균점수
수학	70

③

과목	평균점수
수학	80

④

과목	평균점수
과학	80

각 과목의 평균점수를 구하고 평균점수가 70 이상인 값 출력
- 수학평균: (90 + 80 + 70) / 3 = 80
- 과학평균: (80 + 50 / 2) = 65
실행 결과 수학 과목의 조건이 일치하여 해당 과목과 평균점수 출력

② SELECT
    ENAME,
    SAL,
    DEPTNO DNO
FROM EMP
ORDER BY
    1,
    3 DESC,
    2;
③ SELECT
    ENAME,
    SAL,
    DEPTNO DNO
FROM EMP
ORDER BY
    ENAME ASC,
    DEPTNO DESC,
    SAL;
④ SELECT
    ENAME,
    SAL,
    DEPTNO DNO
FROM EMP
ORDER BY
    ENAME,
    DNO,
    2;

ORDER BY절에서 컬럼의 별칭이나 위치를 사용할 수 있으며 ASC는 기본값으로 생략 가능함. ①②③은 ENAME을 오름차순, DEPTNO를 내림차순, SAL을 오름차순으로 정렬하고 ④는 DEPTNO를 오름차순으로 정렬함.

★
15

다음 중 TRUNCATE문에 대한 설명으로 옳은 것은?

① 삭제된 데이터를 복구할 수 있도록 ROLLBACK이 가능하다.
② WHERE 조건절을 사용하여 특정 행만 삭제할 수 있다.
③ 테이블의 구조까지 삭제한다.
④ 테이블의 모든 데이터를 삭제하며, 로그 기록이 최소화된다.

TRUNCATE
- DDL 명령으로 실행 즉시 자동 COMMIT됨
- ROLLBACK 불가, 삭제 데이터 복구 불가
- WHERE 조건 사용 불가 (전체 삭제만 가능)
- 로그 기록 최소화되어 DELETE보다 속도 빠름
- 테이블 구조는 유지하고 데이터만 초기화됨

★★
16

다음 보기 중 실행 결과가 다른 하나는?

① SELECT
    ENAME,
    SAL,
    DEPTNO DNO
FROM EMP
ORDER BY
    ENAME,
    DNO DESC,
    2;

17

다음 사원 테이블을 참고하여, 아래 조건을 모두 만족하는 SQL로 옳은 것은?

'박영희'의 직속 및 모든 하위 사원의 사원명과 관리자명을 조회한다. 단, '박영희' 본인은 출력하지 않는다.
[사원]

사원ID	사원명	관리자ID	관리자명
100	김인수	NULL	NULL
101	김철수	100	김인수
102	박영희	101	김철수
103	박진영	102	박영희
104	정영식	103	박진영
105	최현진	104	정영식
106	최영민	105	최현진

① SELECT 사원명, 관리자명
　 FROM 사원
　 START WITH 사원명 = '박영희'
　 CONNECT BY PRIOR 사원ID = 관리자ID;
② SELECT 사원명, 관리자명
　 FROM 사원
　 START WITH 관리자명 = '박영희'
　 CONNECT BY PRIOR 사원ID = 관리자ID;
③ SELECT 사원명, 관리자명
　 FROM 사원
　 START WITH 사원명 = '박영희'
　 CONNECT BY PRIOR 사원ID = 관리자ID
　 WHERE LEVEL >= 2;
④ SELECT 사원명, 관리자명
　 FROM 사원
　 START WITH 사원명 = '박영희'
　 CONNECT BY PRIOR 관리자ID = 사원ID;

- START WITH는 루트(시작 행)를 지정하므로 사원명이 '박영희'인 값 지정해야 함
- CONNECT BY PRIOR은 부모에서 자식으로 내려가는 방향을 지정하므로 사원ID를 부모로, 관리자ID를 자식으로 연결하여 내려가게 해야 함
- LEVEL은 루트가 1, 그 하위가 2, … 계층 깊이 방식으로 본인 제외는 WHERE LEVEL >= 2 지정함

18

다음 테이블을 참고하여, SQL의 실행 결과가 다른 하나는?

```
CREATE TABLE PRODUCT(
    P_ID NUMBER,
    PNAME VARCHAR2(20)
);
```

[PRODUCT]

P_ID	PNAME
200	Keyboard
201	Keypad
202	Mouse
203	Monitor
204	Mic

① SELECT *
　 FROM PRODUCT
　 WHERE PNAME LIKE 'M%';
② SELECT *
　 FROM PRODUCT
　 WHERE SUBSTR(PNAME,1,1) = 'M';
③ SELECT *
　 FROM PRODUCT
　 WHERE REGEXP_LIKE(PNAME, '^M');
④ SELECT *
　 FROM PRODUCT
　 WHERE PNAME LIKE '%_M%';

- ④ LIKE '%_M%' : 내부 어딘가에 한 글자 + M 패턴이 있어야 함
- ① LIKE 'M%' : M으로 시작(%는 0개 이상의 글자)
- ② SUBSTR(문자열,1,1) = 'M' : 문자열 첫 글자가 M인지 비교
- ③ REGEXP_LIKE(문자열, '^M') : 정규식으로 문자열이 M으로 시작하는지 확인

19

다음 SQL의 실행 결과를 순서대로 나열한 것은? (단, DBMS는 오라클을 가정함)

[TAB]

COL1
5
15
25
35
45

```
SELECT COL1
FROM TAB
WHERE COL1 = 99;

SELECT MAX(COL1)
FROM TAB
WHERE COL1 = 99;
```

① 공집합, 공집합
② 공집합, NULL
③ NULL, 공집합
④ NULL, NULL

- 조건을 만족하는 데이터가 없어(값 없음) 행이 반환되지 않음
- 집계함수(MAX)는 결과가 없을 때 NULL 반환

20

다음 중 SQL의 실행 순서를 올바르게 나열한 것은 무엇인가?

① SELECT → FROM → WHERE → GROUP BY → HAVING → ORDER BY
② FROM → WHERE → GROUP BY → HAVING → SELECT → ORDER BY
③ FROM → SELECT → WHERE → GROUP BY → HAVING → ORDER BY
④ FROM → WHERE → GROUP BY → SELECT → HAVING → ORDER BY

SQL 실행 순서(논리적 처리 순서)는 다음과 같음
- FROM: 조회할 테이블과 조인 등을 결정
- WHERE: 조건에 맞는 행(Row) 필터링
- GROUP BY: 그룹핑(집계 기준 설정)
- HAVING: 그룹핑된 결과에 조건 적용
- SELECT: 필요한 컬럼 및 집계 함수 선택
- ORDER BY: 최종 결과 정렬

21

다음 T2 테이블의 데이터를 기반으로 한 실행 결과가 다른 쿼리는?

[T2]

ID	TYPE	VALUE1	VALUE2
A-01	X	25	5
A-02	Y	25	10
A-03	X	35	15
A-04	Y	35	20
A-05	XY	45	25
A-06	XX	45	25

① SELECT ID
   FROM T2
   WHERE TYPE IN ('X', 'Y')
     AND (
         VALUE1 >= 35
         AND VALUE2 <= 25
     );
② SELECT ID
   FROM T2
   WHERE TYPE IN ('X', 'Y')
     AND VALUE1 BETWEEN 35 AND 100
     AND VALUE2 <= 25;

③ SELECT ID
  FROM T2
  WHERE TYPE LIKE 'X%'
    AND (
        VALUE1 >= 35
        AND VALUE2 <= 25
    );
④ SELECT ID
  FROM T2
  WHERE (TYPE = 'X' OR TYPE = 'Y')
    AND VALUE1 >= 35
    AND VALUE2 <= 25;

③ TYPE LIKE 'X%' AND (VALUE1 >= 35 AND VALUE2 <= 25)
- TYPE이 X로 시작하며 VALUE1이 35 이상이고 VALUE2가 25이하인 ID 조회함
- 결과: A-03, A-05, A-06
① TYPE IN ('X', 'Y') AND (VALUE1 >= 35 AND VALUE2 <= 25)
- TYPE이 X 또는 Y이며 VALUE1이 35 이상이고 VALUE2가 25이하인 ID 조회함
- 결과: A-03, A-04
② TYPE IN ('X', 'Y') AND VALUE1 BETWEEN 35 AND 100 AND VALUE2 <= 25
- BETWEEN 35 AND 100이 현재 T2의 데이터에서는 VALUE1 >=35와 같은 의미
- 결과: A-03, A-04
④ (TYPE = 'X' OR TYPE = 'Y') AND VALUE1 >= 35 AND VALUE2 <= 25
- TYPE = 'X' OR TYPE = 'Y'는 TYPE IN ('X', 'Y')과 같은 의미
- 결과: A-03, A-04

다음 중 오류가 발생하는 SQL은? (단, EMP 테이블의 컬럼은 EMP_NO, ENAME, DEPT_NO, SAL, BONUS 라고 가정함)

① SELECT ENAME, SAL
  FROM EMP
  GROUP BY ENAME;
② SELECT DEPT_NO, SUM(SAL + BONUS)
  FROM EMP
  GROUP BY DEPT_NO
  ORDER BY DEPT_NO;
③ SELECT DEPT_NO, COUNT(*)
  FROM EMP
  GROUP BY DEPT_NO
  HAVING COUNT(*) > 3;
④ SELECT DEPT_NO, AVG(SAL) AS AVG_SAL
  FROM EMP
  GROUP BY DEPT_NO
  ORDER BY AVG_SAL DESC;

GROUP BY를 사용할 때는 SELECT절에 그룹함수를 사용하거나 GROUP BY에 명시된 컬럼만 포함시켜야 함. ①에서 SELECT ENAME, SAL은 ENAME으로 그룹을 지으면서 SAL 값을 그룹함수 없이 단독 조회하려 하기 때문에 오류 발생

다음 SQL의 실행 결과로 가장 적절한 것은?

[STUDENTS]

STUD_ID	NAME	AGE
1	John	20
2	Alice	21
3	Brian	22

[SCORES]

STUD_ID	SUBJECT	SCORE
1	SQL	85
2	DB	90
4	SQL	70

```
SELECT COUNT(*)
FROM STUDENTS
NATURAL JOIN SCORES;
```

① 1
② 2
③ 3
④ 4

NATURAL JOIN은 공통 컬럼명(STUD_ID)을 기준으로 자동 조인함. STUDENTS에서 STUD_ID에는 1, 2, 3 있고 SCORES에는 1, 2, 4 있음. STUD_ID가 1, 2만 양쪽 테이블에 존재하므로 매칭되는 행은 2개. 즉, COUNT(*) 결과는 2

다음 SQL의 실행 결과로 가장 적절한 것은?

[PRODUCTS]

PID	PNAME
1	Monitor
2	Keyboard

[COLORS]

COLOR
Black
White
Pink

```
SELECT COUNT(*)
FROM PRODUCTS
CROSS JOIN COLORS;
```

① 2
② 3
③ 5
④ 6

CROSS JOIN은 모든 행의 조합(데카르트 곱)을 생성함 PRODUCTS는 2개 행, COLORS는 3개 행이 있으므로 2 × 3 = 6개, 따라서 COUNT(*)의 결과는 6

정답   23 ② 24 ④

★★
25

다음은 사원 정보와 부서 정보를 담고 있는 테이블이다. 아래 SQL을 실행했을 때 결과 행의 개수는?

[EMP]

EMP_NO	EMP_NAME	DEPT_NO	SALARY
1001	Ahn	10	3000
1002	Bae	20	2500
1003	Choi	10	2800
1004	Kim	30	4000
1005	Lee	NULL	3300

[DEPT]

DEPT_NO	DEPT_NAME
10	Sales
20	IT
30	HR
40	Marketing

```
SELECT
    D.DEPT_NAME,
    COUNT(E.EMP_NO) AS EMP_CNT,
    SUM(E.SALARY) AS TOTAL_SAL
FROM DEPT D
LEFT OUTER JOIN EMP E
  ON D.DEPT_NO = E.DEPT_NO
WHERE E.SALARY > 2500
GROUP BY D.DEPT_NAME
HAVING COUNT(E.EMP_NO) >= 1;
```

① 0
② 1
③ 2
④ 3

- DEPT를 기준으로 LEFT OUTER JOIN하지만 WHERE E.SALARY 〉 2500 조건 때문에 EMP가 없는 DEPT는 제외됨 → INNER JOIN처럼 동작
- SALARY 〉 2500인 EMP는 DEPT 10, 30에만 존재 → 20, 40은 결과에서 제외됨
- GROUP BY 부서명 기준으로 집계 후 해당 조건에 포함되는 사원 수가 1 이상인 값 출력 → 실행 결과 Sales(10), HR(30)

★★★
26

다음 테이블을 참고하여, 아래 SQL의 실행 결과로 가장 적절한 것은?

[CUSTOMER1]

NAME	AGE
John	30
Alice	NULL
Brian	25

[CUSTOMER2]

NAME	AGE
John	NULL
Alice	40
David	NULL

```
SELECT NAME
FROM CUSTOMER1
WHERE AGE IS NULL;

SELECT NAME
FROM CUSTOMER2
WHERE AGE = NULL;
```

① Alice, (결과 없음)
② Alice, David
③ (결과 없음), Alice
④ Alice, 오류 발생

- SELECT NAME FROM CUSTOMER1 WHERE AGE IS NULL;
  - CUSTOMER1을 기준으로 AGE 값이 NULL인 조건의 NAME을 찾음 → Alice
- SELECT NAME FROM CUSTOMER2 WHERE AGE = NULL;
  - AGE = NULL에 대해 NULL값은 항상 FALSE 혹은 UNKNOWN 값이기 때문에 비교 연산이 불가능하여 해당 쿼리는 조회 시 결과가 없음
  - 값 비교를 하고 싶다면 IS NULL 혹은 IS NOT NULL을 사용해야 함

다음 EMP 테이블을 참고하여, 실행 결과가 다른 SQL은?

[EMP]

EMP_ID	EMP_NAME	DEPTNO
2001	Ann	10
2002	Bob	20
2003	Cara	20
2004	Don	NULL
2005	Eva	30

① SELECT
    EMP_ID,
    DEPTNO,
    CASE
        WHEN DEPTNO = 10 THEN 'HR'
        WHEN DEPTNO = 20 THEN 'Sales'
        WHEN DEPTNO IS NULL THEN
        'etc'
        ELSE 'etc'
    END AS LABEL
  FROM EMP;

② SELECT
    EMP_ID,
    DEPTNO,
    CASE DEPTNO
        WHEN 10 THEN 'HR'
        WHEN 20 THEN 'Sales'
        ELSE 'etc'
    END AS LABEL
  FROM EMP;

③ SELECT
    EMP_ID,
    DEPTNO,
    DECODE(
        DEPTNO,
        10, 'HR',
        20, 'Sales',
        'etc') AS LABEL
  FROM EMP;

④ SELECT
    EMP_ID,
    DEPTNO,
    CASE DEPTNO
        WHEN 10 THEN 'HR'
        WHEN 20 THEN 'Sales'
        WHEN NULL THEN 'etc'
    END AS LABEL
  FROM EMP;

> ④을 제외한 나머지 보기는 DEPTNO컬럼의 값에 따라 다른 값을 부여하는 대체 함수로, 값을 비교한 후 그 결과를 반환함. WHEN NULL의 경우 값의 비교 자체가 불가능함. NULL값을 대체하고 싶을 경우 IS NULL, IS NOT NULL 등으로 대체해야 함

다음 ORDERS 테이블을 참고하여, 아래 실행 결과를 가장 적절하게 구하는 SQL은 무엇인가?

[ORDERS]

ORDER_ID	CUST_ID	AMOUNT
1	A	100
2	A	200
3	B	NULL
4	C	300
5	C	300

[실행 결과]

R1
3

① SELECT COUNT(AMOUNT) AS R1
   FROM ORDERS;
② SELECT COUNT(DISTINCT AMOUNT) AS R1
   FROM ORDERS;
③ SELECT COUNT(DISTINCT NVL(AMOUNT,0))
   AS R1
   FROM ORDERS;
④ SELECT COUNT(*)
   FROM (
        SELECT AMOUNT
        FROM ORDERS
        GROUP BY AMOUNT
   );

COUNT(DISTINCT AMOUNT) 절에서 중복을 제외한 AMOUNT 값의 개수이며 NULL은 포함되지 않음

★
29

다음 SQL의 실행 결과로 가장 적절한 것은?

SELECT NVL2(NULL, 'A', COALESCE(NULL, 'B', 'C')) AS R1
FROM DUAL;

① A
② B
③ C
④ NULL

NVL2(expr, value_if_not_null, value_if_null)
• expr가 NULL이 아니면 두 번째 인자 반환
• expr가 NULL이면 세 번째 인자 반환

현재 expr = NULL 이므로 세 번째 인자인 COALESCE(NULL, 'B', 'C') 실행함. COALESCE는 인자 중 첫 번째 NULL이 아닌 값을 반환하므로 NULL → 'B' → 'C' → 첫 번째 NULL 아닌 값은 'B'

★★
30

다음 중 실행 시 올바른 SQL로 가장 적절한 것은? (단, EMP 테이블의 컬럼은 EMP_ID, EMP_NAME, DEPT_NO, SAL이라고 가정함)

① SELECT DEPT_NO, SUM(SAL) AS TOTAL_SAL
   FROM EMP
   GROUP BY DEPT_NO
   HAVING SUM(SAL) > 10000;
② SELECT
        DEPT_NO,
        EMP_NAME,
        SUM(SAL)
   FROM EMP
   GROUP BY DEPT_NO;
③ SELECT DEPT_NO, COUNT(*)
   FROM EMP
   ORDER BY DEPT_NO
   HAVING COUNT(*) >= 5;
④ SELECT
        DEPT_NO,
        AVG(SAL),
        EMP_NAME
   FROM EMP
   GROUP BY DEPT_NO, EMP_ID;

① GROUP BY DEPT_NO 기준으로 집계 함수와 HAVING절에서 집계조건 필터링으로 문법적으로 올바름
② 집계함수 및 GROUP에 대해 BY절에 조회 조건이 포함되지 않아 오류 발생
③ HAVING은 반드시 GROUP BY 뒤에서 사용 가능. GROUP BY 없이 HAVING COUNT(*)을 사용하면 오류 발생
④ GROUP BY DEPT_NO, EMP_ID 했는데 SELECT에 EMP_NAME이 포함됨. EMP_ID와 EMP_NAME이 1:1 보장되지 않는 이상 오류 발생 가능

31

아래 집합 연산자 중 수학의 교집합 기능을 수행하는 연산자로 가장 적절한 것은?

① UNION
② UNION ALL
③ INTERSECT
④ MINUS

- UNION: 합집합 연산, 중복은 제거
- UNION ALL: 합집합 연산, 중복까지 포함하여 모두 반환
- INTERSECT: 교집합 연산
- MINUS (또는 EXCEPT): 차집합 연산

32

다음 중 SQL에 대한 설명으로 가장 적절한 것은?

[테이블 구조]
- 부서(DEPT) : (DEPT_ID, DEPT_NAME)
- 사원(EMP) : (EMP_ID, EMP_NAME, DEPT_ID, SALARY, JOB)

```
SELECT
    E.DEPT_ID,
    D.DEPT_NAME,
    AVG(E.SALARY) AS 평균급여
FROM EMP E, DEPT D
WHERE E.DEPT_ID = D.DEPT_ID
  AND E.JOB IN('MANAGER', 'ANALYST')
GROUP BY E.DEPT_ID, D.DEPT_NAME
HAVING MIN(E.SALARY) > 2000
ORDER BY AVG(E.SALARY) DESC;
```

① 부서별로 MANAGER와 ANALYST의 급여 합계를 구한 뒤, 합계가 2000을 초과하는 부서만 출력하고 평균급여가 큰 순서대로 정렬한다.
② 부서별로 MANAGER와 ANALYST의 급여 평균을 구한 뒤, 평균급여가 2000을 초과하는 부서만 출력하고 평균급여가 큰 순서대로 정렬한다.
③ 부서별로 모든 사원의 평균급여를 구한 뒤, 최소 급여가 2000 초과인 부서만 출력하고 평균급여가 큰 순서대로 정렬한다.
④ 부서별로 MANAGER와 ANALYST의 급여 평균을 구한 뒤, 해당 부서 내 최소 급여가 2000 초과인 부서만 출력하고 평균급여가 큰 순서대로 정렬한다.

- SELECT .. AVG(E.SALARY) AS 평균급여
  - SALARY에 대해 평균 급여를 집계함
- WHERE E.DEPT_ID=D.DEPT_ID AND E.JOB IN('MANAGER', 'ANALYST')
  - 부서 테이블과 사원 테이블을 DEPT_ID를 기준으로 JOIN함
  - 대상은 JOB이 MANAGER, ANALYST 한정
- GROUP BY E.DEPT_ID, D.DEPT_NAME
  - 부서별로 집계함
- HAVING MIN(E.SALARY)>2000
  - 최소 급여가 2000 초과인 부서만 남김
- ORDER BY AVG(E.SALARY) DESC
  - 평균 급여를 내림차순으로 정렬함

33

다음 중 SELF JOIN에 대한 설명으로 가장 적절하지 않은 것은?

① SELF JOIN은 두 개 이상의 서로 다른 테이블을 조인할 때 사용하는 일반적인 조인 방식이다.
② SELF JOIN 시에는 반드시 동일한 테이블에 서로 다른 별칭(Alias)을 부여해야 한다.
③ SELF JOIN은 상사-부하 직원 관계처럼 같은 테이블 내에서 계층적 관계를 표현할 때 유용하다.
④ SELF JOIN은 한 테이블이 자기 자신과 조인될 때 사용한다.

SELF JOIN은 같은 테이블을 자기 자신과 조인하는 기법이며 ①은 INNER JOIN / OUTER JOIN에 대한 설명임

34

다음 SQL의 실행 결과에 대한 설명으로 가장 적절한 것은?

```
SELECT
    E.EMP_ID,
    E.EMP_NAME,
    D.DEPT_NAME
FROM EMP E
LEFT OUTER JOIN DEPT D
  ON E.DEPT_NO = D.DEPT_NO;
```

① 모든 부서가 기준이 되어, 소속 사원이 없는 부서도 함께 출력된다.
② 모든 사원이 기준이 되어, 부서 정보가 없는 사원도 함께 출력된다.
③ EMP와 DEPT의 교집합만 출력된다.
④ EMP와 DEPT 모두 기준이 되어, 두 테이블의 합집합이 출력된다.

LEFT OUTER JOIN은 왼쪽 테이블(EMP)을 기준으로 하므로 사원이 기준이며, 부서가 없는 사원은 DEPT_NAME이 NULL로 표시됨

① RIGHT OUTER JOIN 설명
③ INNER JOIN 설명
④ FULL OUTER JOIN 설명

✿
35

다음 중 DROP 명령어에 대한 설명으로 가장 적절하지 않은 것은?

① DROP은 DDL 명령어이며, 실행 즉시 자동 COMMIT 된다.
② DROP으로 삭제된 테이블은 ROLLBACK으로 되돌릴 수 없다.
③ DROP은 테이블뿐만 아니라 인덱스, 뷰 등 객체 단위 삭제에도 사용된다.
④ DROP은 테이블의 모든 행을 삭제하지만, 테이블 구조는 유지된다.

DROP은 테이블 자체(데이터 + 구조)를 완전히 삭제함 (TRUNCATE는 데이터만 삭제하고 구조는 유지)

✿✿✿
36

다음 TBL 테이블을 참고하여, 아래 실행 결과를 출력하는 SQL로 가장 적절한 것은?

[TBL]

PROD_ID	PROD_NAME	PRICE
1	Mouse	25000
2	Keyboard	30000
3	Monitor	45000
4	Tablet	45000
5	Laptop	60000
6	Cable	15000

[실행 결과]

RANK	PROD_NAME	PRICE
1	Laptop	60000
2	Monitor	45000
2	Tablet	45000
4	Keyboard	30000
5	Mouse	25000
6	Cable	15000

① SELECT
　　RANK() OVER (
　　　　ORDER BY PRICE DESC
　　) AS RANK,
　　PROD_NAME,
　　PRICE
　FROM TBL;
② SELECT
　　ROW_NUMBER() OVER (
　　　　ORDER BY PRICE DESC
　　) AS RANK,
　　PROD_NAME,
　　PRICE
　FROM TBL;
③ SELECT
　　DENSE_RANK() OVER (
　　　　ORDER BY PRICE DESC
　　) AS RANK,
　　PROD_NAME,
　　PRICE
　FROM TBL;

정답　34 ② 35 ④ 36 ①

④ SELECT
       PERCENT_RANK() OVER (
           ORDER BY PRICE DESC
) AS RANK,
       PROD_NAME,
       PRICE
   FROM TBL;

실행 결과에서 중복순위를 부여하고 다음 순위는 중복 개수만큼 떨어진 순위로 출력하고 있기에 RANK() 사용

- DENSE_RANK(): 중복순위 부여 후 다음 순위에 대해 바로 후순위 부여
- ROW_NUMBER(): 동점 없이 단순 일련번호 부여
- PERCENT_RANK(): 0~1 사이의 백분위 값을 반환

✦✦ 37

다음 테이블을 참고하여, 아래 SQL의 실행 결과는 무엇인가?

[T1]

C1
100
200
300
400
500

[T2]

C1
200
NULL

```
SELECT COUNT(*)
FROM T1
WHERE C1 NOT IN (SELECT C1 FROM T2);
```

① 0
② 1
③ 2
④ 3

NOT IN (SELECT C1 FROM T2)의 서브쿼리 결과는 {200, NULL}. NOT IN 조건은 내부에 NULL이 존재하면 전체 비교가 UNKNOWN 처리됨. 따라서 T1의 모든 값은 TRUE가 되지 않고, 결과는 0건

✦ 38

다음 SQL의 실행 결과로 가장 적절한 것은?

```
SELECT REGEXP_SUBSTR('abc123xyz456', '[0-9]{2,3}', 1, 2)
FROM DUAL;
```

① 123
② 456
③ 12
④ 34

- 패턴 [0-9]{2,3}은 숫자(0~9)가 2자리 이상 3자리 이하 연속된 부분을 찾음
- 대상 문자열 'abc123xyz456'에서
  - 첫 번째 매칭: 123
  - 두 번째 매칭: 456
- REGEXP_SUBSTR(문자열, 패턴, 1, 2)은 2번째 매칭 결과 반환하므로 456 출력

✦✦✦ 39

다음 SQL을 실행했을 때, 빈칸 ⓐ에 들어갈 알맞은 구문은 무엇인가?

```
SELECT
    DEPT_NO,
    JOB,
    SUM(SALARY) AS 합계급여
FROM EMP
GROUP BY ( ⓐ );
```

[실행 결과]

DEPT_NO	JOB	합계급여
10	CLERK	1000
10	MANAGER	3000
10	NULL	4000
20	ANALYST	2000
20	CLERK	1500
20	NULL	3500
NULL	NULL	7500

① ROLLUP(DEPT_NO, JOB)
② ROLLUP(JOB, DEPT_NO)
③ CUBE(DEPT_NO, JOB)
④ GROUPING SETS(DEPT_NO, JOB)

★★
40

다음 SQL의 실행 결과로 가장 적절한 것은?

```
SELECT
    DEPT_NO,
    JOB,
    SUM(SALARY) AS 합계급여
FROM EMP
GROUP BY CUBE(DEPT_NO, JOB);
```

[EMP 예시 데이터]
- DEPT_NO : 10, 20
- JOB : CLERK, MANAGER

① 각 (DEPT_NO, JOB) 조합의 합계만 출력된다.
② 각 (DEPT_NO, JOB) 조합 + 전체 합계만 출력된다.
③ 각 (DEPT_NO, JOB) 조합 + DEPT_NO별 소계
만 출력된다.
④ 각 (DEPT_NO, JOB) 조합 + DEPT_NO별 소계
+ JOB별 소계 + 전체 합계가 출력된다.

★★
41

다음 실행 결과를 출력하는 SQL로 가장 적절한 것은?

[직원급여]

부서명	직급	급여액
인사부	사원	2000
인사부	대리	3000
총무부	사원	2500
총무부	대리	3500
영업부	과장	5000

[실행 결과]

부서명	직급	급여합계
인사부	사원	2000
인사부	대리	3000
인사부	NULL	5000
총무부	사원	2500
총무부	대리	3500
총무부	NULL	6000
영업부	과장	5000
영업부	NULL	5000
NULL	NULL	16000

① SELECT
    부서명,
    직급,
    SUM(급여액) AS 급여합계
  FROM 직원급여
  GROUP BY CUBE(부서명, 직급);
② SELECT
    부서명,
    직급,
    SUM(급여액)
  FROM 직원급여
  GROUP BY GROUPING SETS(부서명, 직급);
③ SELECT
    부서명,
    직급,
    SUM(급여액) AS 급여합계
  FROM 직원급여
  GROUP BY ROLLUP(부서명, 직급);
④ SELECT
    부서명,
    직급,
    SUM(급여액) AS 급여합계
  FROM 직원급여
  GROUP BY GROUPING SETS((부서명, 직급),
  (부서명));

정답   40 ④　41 ③

실행 결과는 (부서명, 직급)별 상세, (부서명)별 소계, 전체 합계 (NULL, NULL)가 생성됨. 즉, 계층적 집계가 이루어져 있으므로 ROLLUP(부서명, 직급)

① CUBE(부서명, 직급)
- (부서명, 직급)별 상세, (부서명)별 소계, (직급)별 소계, 전체 합계 생성
- (직급)별 소계가 추가됨
② GROUPING SETS(부서명, 직급)
- (부서명)별 소계, (직급)별 소계 생성
- (부서명, 직급)별 상세, 전체 합계가 빠지고 (직급)별 소계가 추가됨
④ GROUPING SETS((부서명, 직급), (부서명))
- (부서, 직급)별 상세, (부서명)별 소계
- 전체 합계가 빠짐

★★
42

다음 SQL을 실행했을 때, 최종 출력 결과는 몇 건인가?

```
CREATE TABLE TBL(
    COL1 NUMBER,
    COL2 NUMBER
);

INSERT INTO TBL VALUES (10, 100);
INSERT INTO TBL VALUES (20, 200);
INSERT INTO TBL VALUES (30, 300);
COMMIT;

SAVEPOINT A;

UPDATE TBL SET COL2 = 999 WHERE COL1 = 20;
INSERT INTO TBL VALUES (40, 400);

SAVEPOINT B;

DELETE FROM TBL WHERE COL1 = 10;

ROLLBACK TO B;
INSERT INTO TBL VALUES (50, 500);

ROLLBACK TO A;

INSERT INTO TBL VALUES (60, 600);
COMMIT;

SELECT COUNT(*) FROM TBL;
```

① 3 ② 4
③ 5 ④ 6

• 테이블 생성 및 초기 데이터 삽입
  - 현재 상태: {(10, 100), (20, 200), (30, 300)}
• SAVEPOINT A;
  - 현재 상태 저장
• UPDATE TBL SET COL2 = 999 WHERE COL1 = 20;
  - COL1이 20일 때 COL2를 999로 수정
  - 현재 상태: {(10, 100), (20, 999), (30, 300)}
• INSERT INTO TBL VALUES (40, 400);
  - (40, 400) 삽입
  - 현재 상태: {(10, 100), (20, 999), (30, 300), (40, 400)}
• SAVEPOINT B;
  - 현재 상태 저장
• DELETE FROM TBL WHERE COL1 = 10;
  - COL1이 10인 행 삭제
  - 현재 상태: {(20, 999), (30, 300), (40, 400)}
• ROLLBACK TO B;
  - B 시점으로 복원
  - 현재 상태: {(10, 100), (20, 999), (30, 300), (40, 400)}
• INSERT INTO TBL VALUES (50, 500);
  - (50, 500) 삽입
  - 현재 상태 : {(10, 100), (20, 999), (30, 300), (40, 400), (5, 500)}
• ROLLBACK TO A;
  - A 시점으로 복원
  - 현재 상태: {(10, 100), (20, 200), (30, 300)}
• INSERT INTO TBL VALUES (60, 600);
  - (60, 600) 삽입
  - 현재 상태 : {(10, 100), (20, 200), (30, 300), (6, 600)}
• SELECT COUNT(*);
  - 현재 기준 집계 되는 값: 4

★★☆
43

다음 지문에서 설명하는 트랜잭션의 특성으로 가장 적절한 것은?

> 트랜잭션은 전부 실행되거나 전혀 실행되지 않아야 하며, 작업이 부분적으로만 수행되는 것을 허용하지 않는다. 즉, 트랜잭션의 모든 연산이 반드시 완전하게 수행되거나 실패 시 전부 취소된다.

① 원자성
② 일관성
③ 고립성
④ 지속성

- 원자성(Atomicity): 트랜잭션이 전부 수행되거나 전혀 수행되지 않음
- 일관성(Consistency): 트랜잭션 수행 전후에 데이터베이스의 무결성이 보장됨
- 고립성(Isolation): 여러 트랜잭션이 동시에 실행될 때 서로의 결과에 영향을 주지 않음
- 지속성(Durability): 커밋된 결과는 시스템 장애가 발생하더라도 보존됨

★★★
44

다음 테이블을 참고하여, 아래 SQL의 실행 결과는 무엇인가?

[TBL1]

C1	C2
10	100
20	NULL
30	300
NULL	400

[TBL2]

C1	C2
20	200
30	NULL
40	400
NULL	500

```
SELECT A.C2 AS A_C2, B.C2 AS B_C2
FROM TBL1 A
INNER JOIN TBL2 B
  ON A.C1 = B.C1;
```

①

A_C2	B_C2
NULL	200
300	NULL

②

A_C2	B_C2
100	200
300	NULL

③

A_C2	B_C2
NULL	200
300	NULL
400	500

④

A_C2	B_C2
300	NULL

TBL1과 TBL2를 C1을 기준으로 INNER JOIN 하는 경우, NULL 값끼리 비교하면 UNKNOWN이므로 매칭이 불가함. 따라서 TBL1.C1 = NULL, TBL2.C1 = NULL 은 서로 매칭되지 않으므로 매칭 결과는 C1 = 20, C1 = 30
- C1 = 20 일때, TBL1(A)의 C2 = NULL, TBL(B)의 C2 = 200 이므로 (NULL, 200)
- C1 = 30 일때, TBL1(A)의 C2 = 300, TBL(B)의 C2 = NULL 이므로 (300, NULL)
최종 실행 결과는 (NULL, 200), (300, NULL)

43 ① 44 ①

45

다음 중 DELETE 명령어에 대한 설명으로 가장 적절하지 않은 것은?

① DELETE는 DML 명령어로, 실행 시 로그를 남기며 트랜잭션에 포함된다.
② DELETE는 실행 즉시 자동 COMMIT 되며, ROLLBACK이 불가능하다.
③ DELETE는 WHERE절을 사용하여 조건에 맞는 행만 삭제할 수 있다.
④ DELETE는 테이블의 구조(컬럼 정의)는 유지되며, 인덱스에는 영향을 줄 수 있다. 전체계가 출력된다.

> DELETE는 자동 COMMIT 되지 않으며, 사용자가 COMMIT/ROLLBACK을 선택할 수 있음(TRUNCATE와 혼동하기 쉬움)

46

다음 실행 결과를 참고하여, SQL의 빈칸 ⓐ에 들어갈 내용으로 가장 적절한 것은?

```
SELECT
    A.카테고리,
    A.제품,
    A.지점,
    SUM(A.판매수량) AS 총판매수량
FROM 매출 A
GROUP BY ( ⓐ );
```

[실행 결과]

카테고리	제품	지점	총판매수량
가전	TV	서울	10
가전	TV	부산	8
가전	TV	NULL	18
가전	냉장고	서울	6
가전	냉장고	부산	4
가전	냉장고	NULL	10
가전	NULL	NULL	28
NULL	NULL	NULL	28

① ROLLUP(카테고리, 제품, 지점)
② ROLLUP(카테고리, (제품, 지점))
③ ROLLUP((카테고리, 제품), 지점)
④ ROLLUP((카테고리, 제품, 지점))

실행 결과는 (카테고리, 제품, 지점)별 상세, (카테고리, 제품)별 소계, (카테고리)별 소계가 생성됨. 즉, 계층적 집계가 이루어져 있으므로 ROLLUP(카테고리, 제품, 지점)

② ROLLUP(카테고리, (제품, 지점))
  • (카테고리, 제품, 지점)별 상세, (카테고리)별 소계, 전체 합계 생성
  • (카테고리, 제품)별 소계 빠짐
③ ROLLUP((카테고리, 제품), 지점)
  • (카테고리, 제품, 지점)별 상세, (카테고리, 제품)별 소계, 전체 합계 생성
  • (카테고리)별 소계가 빠짐
④ ROLLUP((카테고리, 제품, 지점))
  • (카테고리, 제품, 지점)별 상세, 전체 합계 생성
  • (카테고리, 제품)별 소계, (카테고리)별 소계 빠짐

47

다음 SQL의 결과로 가장 적절한 것은?

[T1]

회원ID	회원명
201	김민수
202	이수진
203	박지훈

[T2]

회원ID	주문제품	주문금액
201	TV	3000
201	냉장고	4000
202	노트북	2500
202	마우스	500
202	키보드	1000
203	휴대폰	3500

```
SELECT
    T1.회원ID,
    T1.회원명,
    SUM(T2.주문금액) AS 총주문금액
FROM T1
JOIN T2
  ON T1.회원ID = T2.회원ID
GROUP BY T1.회원ID, T1.회원명
HAVING SUM(T2.주문금액) >= 4000
AND COUNT(*) >= 2;
```

① 201, 김민수, 7000
② 202, 이수진, 4000
③ 203, 박지훈, 3500
④ 201, 김민수, 7000 / 202, 이수진, 4000

T1과 T2를 회원 ID를 기준으로 INNER JOIN하고 회원별로 GROUP BY해서 주문 내역을 집계함
- 201 김민수 → 주문 2건 (3000 + 4000 = 7000)
- 202 이수진 → 주문 3건 (2500 + 500 + 1000 = 4000)
- 203 박지훈 → 주문 1건 (3500)

주문금액 >= 4000, 주문 건수 >= 2를 만족하는 행은 {(201, 김민수, 7000), (202, 이수진, 4000)}

✦✦
48

다음 SQL의 결과로 가장 적절한 것은? (단, DBMS는 오라클을 가정함)

[사원급여]

부서ID	사원ID	사원명	급여
D01	1001	Kim	2500
D01	1002	Lee	3200
D01	1003	Park	2800
D02	1004	Choi	4000
D02	1005	Han	3500
D03	1006	Jung	2000
D03	1007	Moon	2200
D03	1008	Shin	1800

```
SELECT
    부서ID,
    MIN(급여) KEEP (DENSE_RANK LAST ORDER BY 급여) AS 보너스
FROM 사원급여
GROUP BY 부서ID;
```

①

부서ID	보너스
D01	3200
D02	4000
D03	2200

②

부서ID	보너스
D01	2500
D02	3500
D03	1800

③

부서ID	보너스
D01	2800
D02	4000
D03	2000

④

부서ID	보너스
D01	2500
D02	4000
D03	1800

MIN(급여) KEEP (DENSE_RANK LAST ORDER BY 급여) → 부서별 가장 큰 급여 그룹을 찾고, 그 그룹에서 최소 급여 반환
- D01 부서: 급여(2500, 3200, 2800) → 최대 급여 = 3200 → 그 그룹에서 최소 = 3200
- D02 부서: 급여(4000, 3500) → 최대 급여 = 4000 → 그 그룹에서 최소 = 4000
- D03 부서: 급여(2000, 2200, 1800) → 최대 급여 = 2200 → 그 그룹에서 최소 = 2200

✦✦
49

다음 테이블을 참고하여, SQL의 실행 결과가 다른 하나는?

```
CREATE TABLE TBL(
    C1 VARCHAR2(5)
);

INSERT INTO TBL VALUES ('X');
INSERT INTO TBL VALUES ('Y');
INSERT INTO TBL VALUES ('Z');
INSERT INTO TBL VALUES (NULL);

COMMIT;
```

① SELECT *
  FROM TBL
  WHERE C1 NOT IN ('X', 'Y');

② SELECT *
  FROM TBL
  WHERE C1 IN ('Z', NULL);

③ SELECT *
  FROM TBL T1
  WHERE NOT EXISTS (
      SELECT 1
      FROM TBL T2
      WHERE T1.C1 = T2.C1
        AND T2.C1 IN ('X', 'Y')
  );

④ SELECT *
  FROM TBL T1
  WHERE EXISTS (
      SELECT 1
      FROM TBL T2
      WHERE T1.C1 = T2.C1
          AND T2.C1 IN ('Z', NULL)
  );

③ NOT EXISTS는 해당 값이 포함되지 않는 행을 출력하므로
   Z, NULL 출력함
① NOT IN으로 X, Y 제외하고 NULL을 NOT IN과 비교할
   경우 UNKNOWN이 되므로 Z만 출력함
② NULL을 IN과 비교할 경우 UNKNOWN이 되므로 Z만 출력함
④ NULL을 IN과 비교할 경우 UNKNOWN이 되므로 Z만 남음
   EXISTS는 해당 값을 포함하는 행을 출력하므로 Z 출력함

★★
50

부서별 평균 급여가 3000 이상인 부서를 대상으로, 평
균 급여가 낮은 순으로 정렬하려고 한다. 아래 SQL에
서 고쳐야 할 부분은 어느 것인가?

```
SELECT 부서ID, AVG(급여) ·························· (가)
FROM 사원
WHERE AVG(급여) > =3000 ·························· (나)
GROUP BY 부서ID ·························· (다)
ORDER BY AVG(급여) ASC; ·························· (라)
```

① (가)
② (나)
③ (다)
④ (라)

WHERE절에서는 집계 함수를 사용할 수 없음. 집계 함수 조건
은 반드시 HAVING절에서 사용해야 하기 때문에 (나)는
'HAVING AVG(급여) >= 3000'으로 고쳐야 실행 가능

☆
01

다음 테이블을 기준으로 엔터티, 인스턴스, 속성, 속성값 간의 관계를 올바르게 짝지은 것은?

[고객]

C_ID	CNAME	CITY	GRADE
C101	S사	서울	A
C102	L사	경기	B
C103	H사	울산	A
C104	K사	성남	C
C105	N사	분당	B

① 엔터티 : 고객, 인스턴스 : C101행,
  속성 : CNAME, 속성값 : "S사"
② 엔터티 : CITY, 인스턴스 : "서울",
  속성 : 고객, 속성값 : C101
③ 엔터티 : CNAME, 인스턴스 : "L사",
  속성 : GRADE, 속성값 : "B"
④ 엔터티 : 속성, 인스턴스 : 속성값,
  속성 : 엔터티, 속성값 : 인스턴스

- 엔터티(Entity): 고객(Customer) 테이블 전체
- 인스턴스(Instance): 고객 테이블의 한 행 → C101행
- 속성(Attribute): CNAME, CITY, GRADE 같은 컬럼
- 속성값(Value): "S사", "서울", "A" 등 실제 데이터 값

☆☆☆
02

다음 중 엔터티(Entity)의 특징 및 명명 규칙에 대한 설명으로 가장 적절하지 않은 것은?

① 엔터티는 반드시 업무에서 관리되어야 하는 집합적 대상을 의미하며, 지속적으로 데이터를 보관할 필요가 있다.
② 엔터티 이름은 가능하면 현업에서 사용하는 용어를 사용하고, 용어가 길더라도 약어 사용은 하지 않는다.
③ 엔터티는 인스턴스 집합으로 표현되며, 엔터티 간에는 반드시 최소 1개 이상의 관계가 존재해야 한다.
④ 엔터티 이름은 복수형보다는 단수형을 사용하고, 명사형으로 표현하는 것이 바람직하다.

길고 복잡한 경우 약어 사용을 권장함(단, 표준화 필요)

☆☆
03

다음 중 기본 엔터티의 특징에 대한 설명으로 가장 적절하지 않은 것은?

① 기본 엔터티는 독립적으로 존재할 수 있으며, 다른 엔터티에 의존하지 않는다.
② 기본 엔터티는 업무에서 반드시 관리되어야 하는 중심적 정보로 구성된다.
③ 기본 엔터티는 다른 엔터티로부터 주식별자를 상속받아 생성된다.
④ 기본 엔터티는 데이터베이스 테이블로 변환될 가능성이 높다.

주식별자를 상속받아 생성되는 것은 종속 엔터티의 특징임

정답

01 ① 02 ② 03 ③

★★
04

다음 중 트랜잭션의 ACID 특성에 대한 설명으로 가장 적절하지 않은 것은?

① Atomicity는 트랜잭션 내 모든 작업이 전부 수행되거나 전혀 수행되지 않아야 한다는 특성이다.
② Consistency는 트랜잭션 완료 후 데이터가 모든 무결성 규칙을 만족하는 일관된 상태로 유지되어야 한다는 특성이다.
③ Isolation은 여러 트랜잭션이 동시에 실행될 때 서로의 중간 결과를 볼 수 있어야 성능이 좋아진다는 특성이다.
④ Durability는 성공적으로 커밋된 데이터는 시스템 장애가 발생해도 보존되어야 한다는 특성이다.

> Isolation(격리성)은 동시에 실행되는 트랜잭션이 서로의 중간 결과를 볼 수 없어야 함. 즉, 서로 간섭 없이 독립적으로 실행되어야 함

★★★
05

다음 중 스키마에 대한 설명으로 옳은 것을 모두 고른 것은?

> (가) 스키마는 데이터베이스를 구성하는 데이터 객체들의 논리적 구조와 관계를 정의한다.
> (나) 외부 스키마는 사용자나 응용프로그램의 관점에서 데이터베이스를 바라본 뷰(View)이다.
> (다) 개념 스키마는 데이터가 실제로 저장되는 방식이나 파일 구조를 기술한다.
> (라) 내부 스키마는 인덱스, 저장 방식, 압축 기법 등 물리적 저장 구조를 설명한다.

① (가), (다)
② (나), (다)
③ (가), (나), (라)
④ (가), (나), (다), (라)

> (다)에서 데이터가 실제 저장되는 방식은 내부 스키마의 설명이지, 개념 스키마의 설명이 아님

★
06

두 엔터티 간의 관계에서 특정 엔터티가 반드시 관계에 참여해야 하는지 여부를 나타내는 용어로 가장 적절한 것은?

① 관계명
② 관계차수
③ 관계선택사양
④ 관계정의

> • 관계명: 두 엔터티 간의 관계를 의미하는 이름(⑩ 주문한다, 포함한다 등)
> • 관계차수: 두 엔터티 간 참여 수의 범위(1:1, 1:N, N:M)
> • 관계선택사양: 관계 참여가 필수(필수적 참여)인지, 선택(선택적 참여)인지를 나타냄
> • 관계정의: 관계의 의미와 참여 규칙 등을 서술적으로 기술한 것

★★
07

다음 지문에서 설명하는 트랜잭션의 특성으로 가장 적절한 것은?

> 트랜잭션이 성공적으로 수행되면 그 결과는 데이터베이스에 영구적으로 반영되어야 하며, 시스템 장애가 발생하더라도 결과가 보존되는 특성이다.

① 원자성
② 일관성
③ 고립성
④ 지속성

> • 원자성(Atomicity): 트랜잭션은 전부 수행되거나 전혀 수행되지 않아야 함
> • 일관성(Consistency): 트랜잭션 수행 전후에 데이터베이스 무결성이 유지되어야 함
> • 고립성(Isolation): 여러 트랜잭션이 동시에 실행될 때 서로 영향을 주지 않아야 함
> • 지속성(Durability): 트랜잭션이 완료되면 결과는 영구적으로 보존, 장애 발생 시에도 보장됨

정답 04 ③ 05 ③ 06 ③ 07 ④

다음 A 테이블을 B처럼 정규화하려고 한다. 이에 대한 설명으로 가장 적절하지 않은 것은?

[A]

주문번호	고객명	고객전화	상품명	단가	주문수량
O-101	김민수	010-1234	모니터	200000	2
O-101	김민수	010-1234	키보드	30000	1
O-102	이지은	010-5678	마우스	20000	3

[B]
[고객]

고객ID	고객명	고객전화
C01	김민수	010-1234
C02	이지은	010-5678

[주문]

주문번호	고객ID
O-101	C01
O-102	C02

[주문현황]

주문번호	상품명	단가	주문수량
O-101	모니터	200000	2
O-101	키보드	30000	1
O-102	마우스	20000	3

① [A]는 제1정규형(1NF)이지만, 부분 함수 종속이 존재한다.
② [A] → [B]로 정규화하면 삽입 이상을 제거할 수 있다.
③ 정규화 후에도 여전히 갱신 이상이 존재한다.
④ 정규화는 데이터 중복을 줄여 데이터 일관성을 높이는 과정이다.

- [A]의 기본키: (주문번호, 상품명)
  고객명, 고객전화는 주문번호에만 종속됨 → 부분 함수 종속 존재 → 제2정규형 위배
  따라서 [A]는 제1정규형(1NF)이지만, 2NF를 만족하지 않음
- 정규화 수행
  고객정보를 별도 테이블로 분리 → 부분 함수 종속 제거(2NF 충족)
  각 테이블의 비주요속성들은 기본키에 완전 종속 → 이상현상 제거
  → "정규화 후에도 갱신 이상이 존재한다"는 설명은 틀림

09

다음 수강 테이블에서 필요한 정규화 단계로 가장 적절한 것은?

[수강]

학번	과목명	성적	학생명	학과
S-101	데이터베이스	A	김민수	컴퓨터공학
S-101	운영체제	B	김민수	컴퓨터공학
S-102	운영체제	A	이수진	경영학
S-103	통계학	B	박지훈	통계학

① 1차 정규화
② 2차 정규화
③ 3차 정규화
④ BCNF

수강 테이블에서 기본키는 (학번, 과목명)으로 복합키임. 성적 컬럼은 기본키에 완전 함수 종속이지만 학생명, 학과 컬럼은 학번 컬럼에만 종속됨. 따라서 2차 정규화(부분 함수 종속 제거)가 필요함. 2차 정규화를 통해 학생(학번, 학생명, 학과) / 수강(학번, 과목명, 성적)으로 분리할 수 있음

다음 보기 중 SQL 연산자 우선순위가 가장 먼저인 것은?

① =
② ( )
③ AND
④ OR

SQL에서 연산자 우선순위는 다음과 같음
( ) → 비교 연산자 (=, 〈, 〉 등) → NOT → AND → OR

✦
11

다음 중 반정규화를 적용하는 것이 가장 타당하지 않은 경우는 어느 것인가?

① 대량 조회가 자주 발생하는 테이블에서, 조인을 줄이기 위해 자주 함께 사용되는 속성을 하나의 테이블에 통합하는 경우
② 데이터 접근 경로 단순화를 위해 코드성 테이블(예 지역 코드, 부서 코드)을 본 테이블에 중복 저장하는 경우
③ 시스템 성능 향상을 위해 집계 데이터를 미리 계산하여 별도의 컬럼이나 테이블로 추가하는 경우
④ 데이터의 무결성을 강화하고 이상 현상을 줄이기 위해 관계를 세분화하고 중복을 제거하는 경우

> 반정규화는 성능 개선을 위해 무결성과 중복을 희생하는 방식
>
> **반정규화 기법**
> • 조인 성능 저하 방지
> • 중복 속성 추가
> • 파생 속성 추가

✦✦
12

COL2의 값이 NULL인 경우만 조회하는 SQL로 가장 적절한 것은?

① SELECT *
   FROM TABLE1
   WHERE COL2 IS NULL;
② SELECT *
   FROM TABLE1
   WHERE COL2 = NULL;
③ SELECT *
   FROM TABLE1
   WHERE COL2 ^= NULL;
④ SELECT *
   FROM TABLE1
   WHERE COL2 NOT NULL;

> SQL에서 NULL은 비교 연산자(=, != 등)로 비교할 수 없음. 따라서 NULL 여부는 반드시 IS NULL 또는 IS NOT NULL 구문으로 확인해야 함

✦
13

다음 중 데이터 정의어(DDL)에 해당하는 명령어가 아닌 것은?

① CREATE
② ALTER
③ DROP
④ GRANT

> • DDL(데이터 정의어): CREATE, ALTER, DROP, TRUNCATE → 객체(테이블, 인덱스 등) 구조 정의 및 변경
> • DML(데이터 조작어): SELECT, INSERT, UPDATE, DELETE → 데이터 조회/조작
> • DCL(데이터 제어어): GRANT, REVOKE → 권한 부여/회수

14

다음 SQL의 실행 결과로 가장 적절한 것은?

```sql
SELECT
    COALESCE(
        NULL,
        COALESCE(NULL, 'A', 'B'),
        COALESCE('C', NULL, 'D')
    ) AS R1,
    COALESCE(
        NULL,
        NULL,
        NULL,
        'X'
    ) AS R2,
    COALESCE(
        NULL,
        LENGTH(NULL),
        LENGTH('SQLD')
    ) AS R3
FROM DUAL;
```

①

R1	R2	R3
A	X	4

②

R1	R2	R3
C	X	4

③

R1	R2	R3
B	NULL	3

④

R1	R2	R3
A	NULL	4

- R1
  - 첫 번째 NULL은 건너뜀
  - 두 번째 COALESCE(NULL, 'A', 'B') → A
  - 세 번째 COALESCE('C', NULL, 'D')는 평가되지 않음. 따라서 R1 = A
- R2
  - COALESCE(NULL, NULL, NULL, 'X') → 모두 NULL이지만 마지막 'X' 반환. 따라서 R2 = X
- R3
  - LENGTH(NULL)은 NULL 반환
  - LENGTH('SQLD') = 4. 따라서 R3 = 4

15

다음 중 별칭(Alias) 사용에 대한 설명으로 가장 적절하지 않은 것은? (단, DBMS는 오라클을 가정함)

① 별칭을 지정할 때 AS 키워드는 생략 가능하다.
② 별칭에 공백이나 특수문자가 포함될 경우 큰따옴표(" ")를 사용해야 한다.
③ 별칭은 SELECT절에만 지정할 수 있으며, WHERE절이나 ORDER BY절에서는 사용할 수 없다.
④ SELF JOIN을 수행할 때는 테이블 구분을 위해 반드시 별칭을 지정해야 한다.

별칭은 SELECT절뿐 아니라 ORDER BY절 등에서도 사용할 수 있음. 단, WHERE절에서는 직접 사용 불가(뷰/서브쿼리 활용 필요)

16

다음 중 오라클 DBMS에서 테이블 생성 시 오류가 발생하는 SQL은?

① CREATE TABLE DEPT_2025 (
       DEPT_ID VARCHAR2(10),
       DNAME VARCHAR2(50)
   );
② CREATE TABLE 2025_DEPT (
       DEPT_ID VARCHAR2(10),
       DNAME VARCHAR2(50)
   );
③ CREATE TABLE DEPT$2025 (
       DEPT_ID VARCHAR2(10),
       DNAME VARCHAR2(50)
   );
④ CREATE TABLE "Dept2025" (
       DEPT_ID VARCHAR2(10),
       DNAME VARCHAR2(50)
   );

테이블 생성 시 테이블 이름은 숫자로 시작할 수 없음

✦✦✦
17

다음 SQL의 실행 결과로 가장 적절하지 않은 것은?

① TRIM('   SQLD   ') = 'SQLD'
② RPAD('DB', 5, '*') = 'DB***'
③ INSTR('INFORMATION', 'MAT') = 6
④ SUBSTR('Database', -3, 4) = 'base'

④ SUBSTR('Database', -3, 4) → 문자열 끝에서 3번째('a')
부터 시작해 최대 4자리 추출 → 결과는 'ase'
① TRIM('   SQLD   ') → 앞뒤 공백 제거 → 'SQLD'
② RPAD('DB', 5, '*') → 길이 5까지 채움 → 'DB***'
③ INSTR('INFORMATION', 'MAT') → MAT의 시작 위치 찾
기 → 6

✦✦✦
18

다음 SQL의 실행 결과로 가장 적절한 것은?

[TAB]

COL1	COL2
1	2025-01-10 00:00:00
2	2025-03-15 00:00:00
1	2025-02-20 00:00:00
2	2025-01-05 00:00:00

```
SELECT COL1, COL2
FROM TAB
ORDER BY COL1 ASC, COL2 DESC;
```

①

COL1	COL2
1	2025-01-10 00:00:00
1	2025-02-20 00:00:00
2	2025-01-05 00:00:00
2	2025-03-15 00:00:00

②

COL1	COL2
1	2025-02-20 00:00:00
1	2025-01-10 00:00:00
2	2025-03-15 00:00:00
2	2025-01-05 00:00:00

③

COL1	COL2
2	2025-03-15 00:00:00
2	2025-01-05 00:00:00
1	2025-02-20 00:00:00
1	2025-01-10 00:00:00

④

COL1	COL2
2	2025-01-05 00:00:00
2	2025-03-15 00:00:00
1	2025-01-10 00:00:00
1	2025-02-20 00:00:00

• COL1 ASC
→ COL1에 대해 오름차순 정렬, COL1=1, 2 행 순서로 출력
• COL2 DESC
→ 같은 COL1 내에서는 COL2에 대해 내림차순 정렬. 날짜
가 큰 값부터 작은 값 순서로 COL1=1은 2월 20일 → 1
월 10일, COL1=2는 3월 15일 → 1월 5일 출력.

✦
19

다음 중 UNION에 대한 설명으로 가장 적절한 것은?

① UNION은 집합 간의 결과에서 중복된 행을 제거
한 후 반환한다.
② UNION은 두 SELECT문의 컬럼 개수와 데이터
타입이 달라도 결과를 합칠 수 있다.
③ UNION은 결과를 합칠 때 반드시 ORDER BY절
을 각 SELECT문마다 별도로 지정해야 한다.
④ UNION은 항상 UNION ALL보다 성능이 빠르다.

② 두 SELECT의 컬럼 개수와 데이터 타입은 반드시 동일해야 함
③ ORDER BY는 전체 UNION 결과에 대해 마지막에 한 번만
지정 가능
④ 중복 제거 작업이 있기 때문에 UNION ALL보다 성능이 느
린 경우가 많음

★★☆
20

다음 SALES 테이블에서 부서(DEPT)별 매출액(AMOUNT)이 가장 높은 상위 1건만 조회하려고 한다. 가장 적절한 SQL은? (단, 동점자가 있을 경우 그 값을 포함하여 출력함)

[SALES]

SALE_ID	DEPT	AMOUNT
1	A	500
2	A	700
3	B	300
4	B	800
5	C	400
6	C	400

① SELECT DEPT, AMOUNT
  FROM SALES
  WHERE ROWNUM = 1;

② SELECT DEPT, AMOUNT
  FROM (
      SELECT
          DEPT,
          AMOUNT,
          ROW_NUMBER() OVER (
              ORDER BY AMOUNT DESC
) AS RN
      FROM SALES
)
  WHERE RN = 1;

③ SELECT DEPT, AMOUNT
  FROM (
      SELECT
          DEPT,
          AMOUNT,
          DENSE_RANK() OVER (
              PARTITION BY DEPT
              ORDER BY AMOUNT DESC
) AS RK
      FROM SALES
)
  WHERE RK = 1;

④ SELECT DEPT, MAX(AMOUNT) AS AMOUNT
  FROM SALES
  WHERE DENSE_RANK() OVER (
      PARTITION BY DEPT
      ORDER BY AMOUNT DESC
) = 1
  GROUP BY DEPT;

PARTITION BY DEPT를 통해 부서별로 순위를 매기고, DENSE_ RANK=1만 조회하면 부서별 최고 매출을 정확히 구할 수 있음
① ROWNUM=1은 전체에서 첫 행만 추출
② ROW_NUMBER는 전체 데이터 기준 정렬하므로 부서별 파티션 고려 ×
④ WHERE절에서 윈도우 함수는 직접 사용할 수 없음(오류 발생)

★★★
21

다음 SQL의 실행 결과로 가장 적절한 것은?

[사원]

사원ID	사원명
1	김수현
2	이수현
3	박수민
4	최민수
5	한수지
6	강수현

```
SELECT COUNT(*)
FROM 사원
WHERE 사원명 LIKE '%수현';
```

① 1
② 2
③ 3
④ 4

사원명 LIKE '%수현'은 이름이 '수현'으로 끝나는 사람을 찾음. 따라서 테이블에서 해당되는 값은 김수현, 이수현, 강수현 총 3명

★★★
22

다음 연산의 실행 결과로 옳은 것은?

NULL + 10, 100 / 0, 50 * NULL

① NULL, 오류 발생, NULL
② 오류 발생, NULL, NULL
③ NULL, NULL, 오류 발생
④ 오류 발생, 오류 발생, 오류 발생

- NULL + 10
  → NULL과의 연산은 모두 결과가 NULL
- 100 / 0
  → 0으로 나누기는 런타임 오류
- 50 * NULL
  → NULL과의 곱셈도 NULL

★★
23

COMMIT, ROLLBACK, SAVEPOINT 명령어에 대한 설명으로 옳은 것을 모두 고른 것은? (단, DBMS는 오라클을 가정함)

(가) ROLLBACK TO SAVEPOINT를 사용하면, 지정한 저장점까지 롤백이 가능하다.
(나) DML(INSERT, UPDATE, DELETE)은 명시적인 COMMIT이 없으면 트랜잭션에 포함된다.
(다) DDL 명령어(CREATE, DROP 등)는 수행 시 자동으로 COMMIT된다.
(라) COMMIT 이후에는 SAVEPOINT를 기준으로도 ROLLBACK이 가능하다.

① (가), (나)
② (나), (다)
③ (가), (다)
④ (가), (나), (다)

COMMIT 이후에는 SAVEPOINT 사라짐, 더 이상 ROLLBACK은 불가능

항목	특징
COMMIT	트랜잭션 내의 작업을 영구 반영
ROLLBACK	COMMIT 이전 작업을 취소
SAVEPOINT	중간 저장점 설정, 특정 지점까지 ROLLBACK 가능
DDL 명령어	실행 시 자동 COMMIT, ROLLBACK 불가
COMMIT 이후 ROLLBACK	불가능, 저장점도 사라짐

★
24

다음은 SQL 명령어 중 하나에 대한 설명이다. 빈칸 ㉠에 들어갈 명령어로 가장 적절한 것은?

(㉠)은(는) 테이블 자체를 삭제하는 명령어로, 해당 테이블에 저장된 데이터뿐만 아니라 테이블의 구조 자체도 삭제된다.
삭제 후에는 ROLLBACK이 불가능하며, 테이블을 다시 사용하기 위해서는 다시 생성(CREATE)해야 한다.

① TRUNCATE
② DROP
③ DELETE
④ REMOVE

테이블에 저장된 데이터를 포함한 테이블 구조 전체를 삭제하는 명령어는 DROP

- DELETE: WHERE 조건 사용 가능, 데이터만 삭제, 트랜잭션 대상
- TRUNCATE: 조건없이 전체 삭제, 데이터만 삭제, 빠름, 구조 유지

★★
25

다음 STUDENT 테이블을 참고하여, 아래 SQL 중 실행 결과가 다른 것은?

[STUDENT]

학번	이름	학년
1001	김철수	1
1002	이영희	NULL
1003	박준형	2
NULL	최수진	1
1005	장민호	NULL
NULL	강하늘	NULL

① SELECT COUNT(*)
   FROM STUDENT;
② SELECT COUNT(학번)
   FROM STUDENT;
③ SELECT COUNT(*)
   FROM STUDENT
   WHERE 학번 IS NOT NULL;
④ SELECT COUNT(학번)
   FROM STUDENT
   WHERE 학번 IS NOT NULL;

②~④는 결과가 모두 4로 동일하고, ①번만 전체 6행을 포함하여 오답

- COUNT(*)는 조건 없이 전체 행 수를 셈
- COUNT(컬럼)은 NULL 제외한 컬럼 값의 개수만 셈
- WHERE 컬럼 IS NOT NULL을 통해 행 자체를 필터링할 수 있음

★★★
26

다음 실행 결과를 참고하여, SQL의 빈칸 @에 들어갈 내용으로 가장 적절한 것은?

[SALES]

주문ID	지역	제품분류	판매금액
1001	서울	A	30000
1002	부산	A	20000
1003	서울	B	25000
1004	부산	B	15000
1005	서울	A	35000

[실행 결과]

지역	제품분류	총판매금액
서울	A	65000
서울	B	25000
서울	NULL	90000
부산	A	20000
부산	B	15000
부산	NULL	35000
NULL	A	85000
NULL	B	40000

```
SELECT
    지역,
    제품분류,
    SUM(판매금액) AS 총판매금액
FROM SALES
GROUP BY ( @ )
ORDER BY 지역 NULLS LAST, 제품분류 NULLS LAST;
```

① ROLLUP(지역, 제품분류)
② CUBE(지역, 제품분류)
③ GROUPING SETS((지역, 제품분류), (지역), (제품분류))
④ 지역, 제품분류

실행 결과는 (지역, 제품분류)별 상세, (지역)별 소계, (제품분류)별 소계가 생성됨. 원하는 집계 수준을 명시할 수 있는 GROUPING SETS가 적합함.
ROLLUP은 단계별 누적합, CUBE는 모든 조합, GROUP BY는 단일 조합만 계산함.

27

다음 중 서브쿼리에 대한 설명으로 가장 적절하지 않은
것은?

① IN, ANY, ALL, EXISTS 등의 연산자는 서브쿼리
의 결과와 함께 사용할 수 있다.
② 서브쿼리는 SELECT, FROM, WHERE, HAVING
절 등 다양한 위치에서 사용될 수 있다.
③ 상관 서브쿼리는 외부 쿼리의 값을 참조하며, 반복
실행된다.
④ SELECT절에서 사용되는 서브쿼리는 반드시 GROUP
BY절과 함께 사용해야 한다.

> SELECT절에서 서브쿼리를 사용할 수는 있지만, GROUP BY
> 절과 반드시 함께 써야 하는 것은 아님

28

다음 아래 테이블을 참고하여, SQL의 실행 결과로 가
장 적절한 것은?

[학생]

학생ID	학생명	학과명
201	김정우	컴퓨터공학과
202	박소현	전자공학과
203	이승현	통계학과
204	정유미	전자공학과

[복학생]

학생ID	학생명	학과명
202	박소현	전자공학과
203	이승현	통계학과
205	최우진	수학과

```
SELECT 학생명, 학과명
FROM 학생
WHERE 학생ID IN (202, 203)

UNION

SELECT 학생명, 학과명
FROM 복학생
WHERE 학생ID IN (202, 203)

ORDER BY 학생명;
```

①

학생명	학과명
박소현	전자공학과
이승현	통계학과
이승현	통계학과
박소현	전자공학과

②

학생명	학과명
이승현	통계학과
박소현	전자공학과

③

학생명	학과명
박소현	전자공학과
이승현	통계학과

④

학생명	학과명
김정우	컴퓨터공학과
이승현	통계학과

> • UNION은 중복을 제거하고, 자동으로 정렬하지 않음
> • ORDER BY 학생명이 있으므로 학생명을 기준으로 오름차순
>   정렬
> • 학생ID IN (202, 203)
>   – 두 테이블 모두에서 박소현(전자공학과), 이승현(통계학과)
>   이 중복되어 조회됨
>   – 그러나 UNION이므로 중복 제거되어 각 1건씩만 출력됨

29

다음 SQL의 실행 결과로 가장 적절한 것은?

[TAB]

COL1	COL2	COL3
10	100	60
20	200	50
NULL	300	NULL
30	NULL	NULL
NULL	NULL	NULL

```
SELECT
    SUM(NVL(COL1, 0))
    +SUM(NVL2(COL2, COL2, 50))
    +SUM(COALESCE(COL3, 0)) AS RESULT
FROM TAB;
```

① 830

② 870

③ 800

④ NULL

- SUM(NVL(COL1, 0))
  - 현재 COL1 : 10, 20, NULL, 30, NULL
  - NVL(COL1, 0)은 COL1값이 NULL이면 0으로 변환하므로 COL1은 (10, 20, 0, 30, 0)
  - 합계: 10 + 20 + 0 + 30 + 0 = 60
- SUM(NVL2(COL2, COL2, 50))
  - 현재 COL2: 100, 200, 300, NULL, NULL
  - NVL2(COL2, COL2, 50)는 COL2가 NOT NULL이면 COL2, NULL이면 50으로 변환하므로 COL2는 (100, 200, 300, 50, 50)
  - 합계: 100 + 200 + 300 + 50 + 50 = 700
- SUM(COALESCE(COL3, 0))
  - 현재 COL3: 60, 50, NULL, NULL, NULL
  - COALESCE(COL3, 0)은 COL3이 NULL이면 0으로 반환하므로 COL3은 (60, 50, 0, 0, 0)
  - 합계: 60 + 50 + 0 + 0 + 0 = 110
따라서 전체 합계는 60 + 700 + 110 = 870

30

다음 중 산술 연산자들의 우선순위를 높은 순서대로 올바르게 나열한 것은?

① (), *, /, +, -

② +, -, *, /, ()

③ *, /, +, -, ()

④ *, /, (), +, -

SQL에서 산술 연산자 우선순위는 아래와 같음

우선순위	연산자	설명
1순위	( )	괄호 안의 식 먼저 계산
2순위	*, /	곱셈, 나눗셈
3순위	+. -	덧셈, 뺄셈

31

다음 지문에서 설명하는 개념으로 가장 적절한 것은?

> 데이터베이스에서 여러 사용자에게 동일한 권한을 부여해야 하는 경우, 개별적으로 권한을 부여하는 대신 하나의 논리적 단위로 묶어서 관리할 수 있다.
> 이를 통해 관리의 효율성이 높아지고, 권한 변경 시에도 일괄적으로 적용할 수 있어 보안 관리가 용이하다.

① GRANT

② ROLE

③ REVOKE

④ SCHEMA

- ROLE: 여러 권한을 묶어서 하나의 단위로 관리할 수 있는 개념
- GRANT: 특정 사용자에게 권한을 직접 부여하는 명령어
- REVOKE: 이미 부여된 권한을 회수하는 명령어
- SCHEMA: 데이터베이스 객체(테이블, 뷰, 프로시저 등)의 집합

✦ 32

다음 SQL의 실행 결과로 가장 적절한 것은?

```
SELECT SUBSTR('Database', 2, 3)
FROM DUAL;
```

① ata
② Dat
③ tab
④ aba

> SUBSTR(문자열, 시작위치, 길이)는 문자열에서 시작 위치부터
> 지정한 길이만큼 잘라냄. 시작 위치는 1부터 시작함. 따라서
> 'Database'에서 2번째 문자 = 'a'이고 이후 3글자 = 'ata'

✦✦ 33

다음 SQL을 실행했을 때 결과 행의 개수는?

```
CREATE TABLE SALES(
    REGION VARCHAR2(10),
    AMOUNT NUMBER
);

INSERT INTO SALES VALUES ('EAST', 1000);
INSERT INTO SALES VALUES ('WEST', 2000);
INSERT INTO SALES VALUES ('WEST', 1500);
COMMIT;

SELECT COUNT(*) FROM SALES GROUP BY ROLLUP(REGION);
```

① 2
② 4
③ 3
④ 5

> • 현재 데이터 상황
>   - ('EAST', 1000)
>   - ('WEST', 2000)
>   - ('WEST', 1500)
> • ROLLUP(REGION)
>   - (REGION)별 소계, 전체 합계를 생성함
> • COUNT(*)
>   - REGION = 'EAST' → COUNT = 1
>   - REGION = 'WEST' → COUNT = 2
>   - REGION = NULL (전체 집계) → COUNT = 3
> 따라서 결과 행의 개수는 3

✦✦ 34

다음 SQL의 실행 결과로 가장 적절한 것은?

```
SELECT REGEXP_INSTR(
    'abcabcabc',
    '(ab)(c)',
    1, 2, 0, 'c', 2
)
FROM DUAL;
```

① 3
② 6
③ 4
④ 9

> • REGEXP_INSTR: 문자열에서 정규표현식 패턴이 일치하는
>   위치를 찾아 그 위치 번호를 반환
> • REGEXP_INSTR(
>   string,   -- 'abcabcabc'
>   pattern,   -- '(ab)(c)'
>   position,   -- 1 : 검색 시작 위치
>   occurrence,   -- 2 : 몇 번째 패턴인지
>   return_opt,   -- 0 : 시작 위치 반환
>   match_param,   -- 'c' : 대소문자 구분(기본값과 동일)
>   subexpr   -- 2 : 몇 번째 괄호 그룹의 위치를 반환
>   할지
>   )
> • 문자열 인덱스
>   a b c a b c a b c
>   1 2 3 4 5 6 7 8 9
> • 패턴 (ab)(c)
>   - 그룹1: (ab)
>   - 그룹2: (c)
>   - occurrence(발생 순서): 2
> • 첫 번째 (ab)(c): 인덱스 1~3
> • 두 번째 (ab)(c): 인덱스 4~6
> 'c', 2 옵션은 두 번째 그룹 (ab)(c)의 (c) 시작 위치 반환한다는
> 의미이므로 두 번째 그룹(c) 시작 위치는 6

정답   32 ①   33 ③   34 ②

✰✰
35

다음 SQL의 실행 결과로 가장 적절한 것은?

[ORDERS]

주문ID	고객명	주문일시
1	김수현	2025-03-01 09:00:00
2	박민수	2025-03-01 15:30:00
3	이지은	2025-03-02 10:10:00
4	최현우	2025-03-02 23:59:59
5	정하늘	2025-03-03 00:00:00
6	박서준	2025-03-03 12:20:00

```
SELECT COUNT(*)
FROM ORDERS
WHERE 주문일시 BETWEEN
    TO_DATE('2025-03-01', 'YYYY-MM-DD')
    AND TO_DATE('2025-03-02', 'YYYY-MM-DD');
```

① 2
② 3
③ 4
④ 5

- BETWEEN A AND B 는 >= A AND <= B 와 동일함
- TO_DATE('2025-03-02', 'YYYY-MM-DD')
  → 시각을 기본적으로 2025-03-02 00:00:00 으로 인식함.
    즉, 3월 2일 자정까지만 포함
따라서 조건의 범위는 2025-03-01 00:00:00부터 2025-03-02 00:00:00까지임

✰✰
36

다음 성적 테이블과 같은 방식으로 순위를 매기는 데 사용되는 적절한 함수 또는 키워드는? (단, 성적 테이블의 '순위' 컬럼은 학생들의 점수에 대한 순위로 가정함)

[성적]

학번	이름	점수	순위
2001	김민수	95	1
2002	박지현	90	2
2003	이수빈	90	2
2004	최은우	85	4
2005	정해인	80	5

① RANK()
② DENSE_RANK()
③ ROWNUM
④ ROW_NUMBER()

- RANK(): 동일한 값에 대해 같은 순위를 부여하고 이후 순위는 건너뜀 ᅠ예 공동 2위가 2명 있으면 다음 순위는 4위
  → 문제의 요구사항에 적합
- DENSE_RANK(): 동일한 값에 같은 순위를 부여하지만, 이후 순위는 건너뛰지 않음
  ᅠ예 공동 2위가 2명 있으면 다음 순위는 3위
- ROWNUM: SELECT 결과 집합의 출력 순서대로 1부터 번호를 매기는데 정렬 전에 할당되므로 순위 함수와는 성격이 다름
- ROW_NUMBER(): 결과 집합에 대해 순차적인 일련번호를 부여하고 동일한 값이 있어도 고유한 번호를 매김

정답   35 ①   36 ①

다음 부서(DEPT) 테이블에서 재무팀 부서 아래 모든 하위 부서들을 포함한 계층 구조를 조회하려고 한다. 이에 가장 적절한 SQL은?

[DEPT]

DEPT_ID	DEPT_NAME	PARENT_DEPT
10	본사	NULL
11	인사팀	10
12	재무팀	10
13	급여팀	12
14	회계팀	12

① SELECT *
   FROM DEPT
   WHERE PARENT_DEPT = 12;

② SELECT *
   FROM DEPT
   START WITH DEPT_ID = 12
   CONNECT BY PRIOR PARENT_DEPT = DEPT_ID;

③ SELECT *
   FROM DEPT
   START WITH PARENT_DEPT = 12
   CONNECT BY PRIOR PARENT_DEPT = DEPT_ID;

④ SELECT *
   FROM DEPT
   START WITH DEPT_ID = 12
   CONNECT BY PRIOR DEPT_ID = PARENT_DEPT;

- START WITH DEPT_ID = 12로 재무팀부터 시작
- CONNECT BY PRIOR DEPT_ID = PARENT_DEPT 로 부모 → 자식 방향 계층 탐색을 수행하여 올바르게 모든 하위 부서(급여팀, 회계팀 포함) 조회 가능

38

다음 중 NATURAL JOIN에 대한 설명으로 가장 적절한 것은?

① NATURAL JOIN에서는 반드시 ON절을 사용하여 조건을 지정해야 한다.
② NATURAL JOIN은 동일한 이름의 컬럼이 없어도 임의로 컬럼을 매칭시켜 조인한다.
③ NATURAL JOIN을 사용할 경우, 조인되는 컬럼을 반드시 명시적으로 SELECT절에 지정해야 한다.
④ NATURAL JOIN은 두 테이블에서 동일한 이름과 데이터 타입을 가진 컬럼을 기준으로 자동으로 조인이 수행된다.

NATURAL JOIN
- 자동 조인
  - 두 테이블 간에 동일한 이름을 가진 컬럼이 있으면, 그 컬럼을 기준으로 자동으로 조인
  - ON절이나 USING절을 별도로 쓰지 않음
- 조건
  - 컬럼 이름이 같아야 하며, 데이터 타입도 호환 가능해야 함
  - 이름이 다르면 NATURAL JOIN으로는 매칭되지 않음
- 결과
  - 동일 컬럼은 한 번만 출력(중복 제거)
  - INNER JOIN 방식으로 동작

정답   37 ④   38 ④

다음 SQL의 실행 결과로 가장 적절한 것은?

[TBL]

상품ID	상품명	판매수량
201	TV	120
202	냉장고	80
203	세탁기	100
204	전자레인지	60
205	청소기	90
206	에어컨	70

```
SELECT AVG(판매수량)
FROM(
    SELECT 상품명, 판매수량
    FROM TBL
    ORDER BY 판매수량 DESC
)
WHERE ROWNUM < =2;
```

① 90

② 95

③ 110

④ 100

- ORDER BY 판매수량 DESC
  - 판매수량 내림차순 정렬
  - TV(120), 세탁기(100), 냉장고(80), 청소기(90), 에어컨(70), 전자레인지(60)
- ROWNUM <= 2
  - 상위 2개의 행만 선택
  - TV(120), 세탁기(100)
- AVG(판매수량)
  - (120 + 100) / 2 = 110

다음 테이블 정의를 참고하여, 다음 중 오류가 발생하는 INSERT문은?

```
CREATE TABLE 주문(
    주문번호 NUMBER PRIMARY KEY,
    고객ID NUMBER NOT NULL,
    주문일자 DATE DEFAULT SYSDATE,
    배송지 VARCHAR2(50) NOT NULL,
    상태 VARCHAR2(10) DEFAULT '대기'
);
```

① INSERT INTO 주문(주문번호, 고객ID, 배송지)
  VALUES (1, 1001, '서울시 강남구');

② INSERT INTO 주문(주문번호, 주문일자, 상태)
  VALUES (2, SYSDATE, '배송중');

③ INSERT INTO 주문(주문번호, 고객ID, 배송지, 상태)
  VALUES (3, 1002, '부산시 해운대구', DEFAULT);

④ INSERT INTO 주문
  VALUES (4, 1003, DEFAULT, '대전시 유성구', '완료');

고객ID와 배송지는 NOT NULL 제약조건이 있으나 ②에서는 입력하지 않았음

다음 SQL의 실행 결과로 가장 적절한 것은?

```
SELECT
    REGEXP_SUBSTR('sql developer exam', '[a-z]{3}') AS COL1,
    REGEXP_SUBSTR('sql developer exam', '[a-z]{5,}') AS COL2,
    REGEXP_SUBSTR('sql developer exam', 'exam') AS COL3
FROM DUAL;
```

①

COL1	COL2	COL3
sql	developer	exam

②

COL1	COL2	COL3
sql	NULL	exam

③

COL1	COL2	COL3
NULL	developer	NULL

④

COL1	COL2	COL3
NULL	NULL	NULL

- REGEXP_SUBSTR('sql developer exam', '[a-z]{3}')
  → 소문자 3글자 연속 → "sql"
- REGEXP_SUBSTR('sql developer exam', '[a-z]{5,}')
  → 소문자 5글자 이상 연속 → "developer"
- REGEXP_SUBSTR('sql developer exam', 'exam')
  → "exam" 직접 매칭

다음 STUDENT 테이블을 참고하여, 아래 SQL의 실행 결과로 가장 적절한 것은?

[STUDENT]

STD_ID	STD_NAME	CLASS_ID	SCORE
201	Anna	1	85
202	Brian	1	70
203	Chloe	2	90
204	David	2	60
205	Emma	2	75
206	Frank	3	80

```
SELECT STD_NAME
FROM STUDENT S
WHERE SCORE < (
    SELECT AVG(SCORE)
    FROM STUDENT
    WHERE CLASS_ID = S.CLASS_ID
);
```

① Anna, Chloe
② Brian, David
③ Brian, David, Frank
④ David, Frank

- CLASS_ID = 1
  - 학생: Anna(85), Brian(70)
  - 평균 = (85 + 70) / 2 = 77.5
  - 평균보다 작은 점수 = Brian(70)
- CLASS_ID = 2
  - 학생: Chloe(90), David(60), Emma(75)
  - 평균 = (90 + 60 + 75) / 3 = 75
  - 평균보다 작은 점수 = David(60)
- CLASS_ID = 3
  - 학생: Frank(80)
  - 평균 = 80
  - 평균보다 작은 점수가 없음

★★★
43

다음 매출 테이블을 참고하여, 아래 SQL의 빈칸 ⓐ에 들어갈 가장 적절한 것은?

[매출]

지점ID	상품명	매출액
201	TV	500
201	냉장고	300
202	TV	400
202	세탁기	250
203	냉장고	200
203	세탁기	350

```
SELECT
    지점ID,
    상품명,
    SUM(매출액) AS 총매출
FROM 매출
GROUP BY GROUPING SETS ( ⓐ );
```

[실행 결과]

지점ID	상품명	총매출
201	TV	500
201	냉장고	300
201	NULL	800
202	TV	400
202	세탁기	250
202	NULL	650
203	냉장고	200
203	세탁기	350
203	NULL	550

① (지점ID, 상품명), (지점ID)
② (지점ID), (상품명)
③ (상품명), (지점ID), ()
④ (지점ID, 상품명), ()

실행 결과는 (지점ID, 상품명)별 상세, (지점ID)별 소계가 생성됨. 즉, GROUPING SETS에 (지점ID, 상품명)과 (지점ID)를 명시한 경우임

★
44

학생별로 수강한 과목의 개수가 3개 이상인 학생의 이름과 수강 과목 수를 출력하려 한다. 다음 SQL의 빈칸 (A), (B)에 들어갈 가장 적절한 내용을 고르시오.

```
SELECT S.이름, COUNT(C.과목ID)
FROM student S
(A) course C
   ON S.학번 = C.학번
GROUP BY S.이름
(B) COUNT(C.과목ID) >= 3;
```

① (A) NATURAL JOIN,
　 (B) HAVING SUM(C.성적) >=
② (A) LEFT OUTER JOIN,
　 (B) WHERE
③ (A) INNER JOIN,
　 (B) HAVING COUNT(C.과목ID) > 5
④ (A) INNER JOIN,
　 (B) HAVING

- (A) 학생 테이블과 수강 테이블을 연결 → INNER JOIN
- (B) 집계 결과(과목 수 3개 이상) 조건 → HAVING

43 ① 　44 ④

다음 부서 테이블을 참고하여. 아래 SQL의 실행 결과로 가장 적절한 것은?

[부서]

부서ID	부서명	상위부서ID
10	본사	NULL
20	인사팀	10
30	개발팀	10
40	보안팀	30
50	인프라팀	30
60	채용팀	20

```
SELECT
    부서ID,
    부서명,
    상위부서ID
FROM 부서
START WITH 부서명 = '개발팀'
CONNECT BY PRIOR 부서ID = 상위부서ID;
```

①

부서ID	부서명	상위부서ID
30	개발팀	10
40	보안팀	30
50	인프라팀	30

②

부서ID	부서명	상위부서ID
10	본사	NULL
20	인사팀	10
30	개발팀	10

③

부서ID	부서명	상위부서ID
30	개발팀	10
60	채용팀	20

④

부서ID	부서명	상위부서ID
40	보안팀	30
50	인프라팀	30
60	채용팀	20

- START WITH 부서명 = '개발팀'
  → 루트는 개발팀(부서ID = 30)으로 지정함
- CONNECT BY PRIOR 부서ID = 상위부서ID
  → 부모의 부서ID가 자식의 상위부서ID와 매칭됨
따라서 개발팀(30)을 시작으로 그 하위 부서들을 탐색하면 보안팀(40), 인프라팀(50)까지 조회됨

다음 SALES 테이블을 참고하여, 아래 SQL의 실행 결과로 가장 적절한 것은?

[SALES]

SALES	EMP_NAME	DEPT_ID	AMOUNT
201	Anna	10	300
202	Brian	10	500
203	Chloe	20	400
204	David	20	250
205	Emma	20	450
206	Frank	30	600

```
SELECT EMP_NAME
FROM SALES S
WHERE AMOUNT > (
    SELECT AVG(AMOUNT)
    FROM SALES
    WHERE DEPT_ID = S.DEPT_ID
);
```

①

EMP_NAME
Anna
David

②

EMP_NAME
Brian
Chloe
Emma

③

EMP_NAME
Brian
Emma

④

EMP_NAME
Brian
Frank

- DEPT_ID = 10
  - 평균 = (300 + 500) / 2 = 400
  - Anna(300) 〈 400
  - Brian(500) 〉 400 (O)
- DEPT_ID = 20
  - 평균 = (400 + 250 + 450) / 3 = 366.6...
  - Chloe(400) 〉 366 (O)
  - David(250) 〈 366
  - Emma(450) 〉 366 (O)
- DEPT_ID = 30
  - 평균 = 600 (Frank 혼자)
  - Frank(600) = 600

정답   45 ① 46 ②

다음 중 ROW LIMITING절에 대한 설명으로 가장 적절하지 않은 것은?

① FETCH절은 데이터 삽입/삭제 시에도 사용할 수 있다.
② OFFSET절은 결과에서 건너뛸 행의 개수를 지정한다.
③ WITH TIES 옵션은 FETCH 시 마지막 행과 동일한 정렬 기준 값을 가진 행들을 추가로 반환한다.
④ FETCH PERCENT절은 결과 집합의 지정된 비율(%) 만큼의 행을 반환한다.

- FETCH: 반환할 행의 개수나 백분율 지정
- OFFSET: 앞에서 지정된 행 수를 건너뜀
- WITH TIES: 마지막 행과 동일한 정렬 기준 값 가진 행을 추가 반환
- FETCH PERCENT: 전체 결과 집합에서 일정 퍼센트(%) 만큼 반환

보기에서 주어진 Row Limiting절은 조회문에서만 사용 가능

다음 SQL의 실행 결과로 가장 적절한 것은?

```
CREATE TABLE ORDERS(
    ORDER_ID NUMBER(3),
    PROD_NAME VARCHAR2(20)
);

INSERT INTO ORDERS VALUES (1, 'TV');
SAVEPOINT A;

INSERT INTO ORDERS VALUES (2, 'Laptop');
SAVEPOINT B;

INSERT INTO ORDERS VALUES (3, 'Phone');
ROLLBACK TO B;

INSERT INTO ORDERS VALUES (4, 'Tablet');

SELECT COUNT(*) FROM ORDERS;
```

① 1
② 2
③ 3
④ 4

- 테이블 생성 및 초기 데이터 삽입
  - 현재 상태: {(1, 'TV')}
- SAVEPOINT A;
  - 현재 상태 저장
- INSERT INTO ORDERS VALUES (2, 'Laptop')
  - (2, 'Laptop') 삽입
  - 현재 상태: {(1, 'TV'), (2, 'Laptop')}
- SAVEPOINT B;
  - 현재 상태 저장
- INSERT INTO ORDERS VALUES (3, 'Phone');
  - (3, 'Phone') 삽입
  - 현재 상태: {(1, 'TV'), (2, 'Laptop'), (3, 'Phone')}
- ROLLBACK TO B;
  - B 시점으로 복원
  - 현재 상태: {(1, 'TV'), (2, 'Laptop')}
- INSERT INTO ORDERS VALUES(4, 'Tablet');
  - (4, 'Tablet') 삽입
  - 현재 상태: {(1, 'TV'), (2, 'Laptop'), (4, 'Tablet')}
- SELECT COUNT(*) FROM ORDERS;
  - 행 개수: 3

정답

47 ①   48 ③

다음은 도서관 관리 데이터베이스 관련 SQL 실행 시나리오이다. TX1과 TX2가 동시에 수행될 때, 오류가 발생하는 경우는 어느 것인가?

```
CREATE TABLE 회원(
    회원ID NUMBER PRIMARY KEY,
    회원명 VARCHAR2(20)
);

CREATE TABLE 대출(
    대출ID NUMBER PRIMARY KEY,
    회원ID NUMBER,
    FOREIGN KEY(회원ID) REFERENCES 회원(회원ID)
);

INSERT INTO 회원 VALUES (1, '홍길동');
INSERT INTO 회원 VALUES (2, '김철수');
INSERT INTO 회원 VALUES (3, '이영희');
COMMIT;
```

[실행 시나리오]

시간	TX1	TX2
t1	DELETE FROM 회원 WHERE 회원ID=1;	
t2	COMMIT;	
t3		INSERT INTO 대출 VALUES (100, 1);
t4		COMMIT;
t5	INSERT INTO 대출 VALUES (200, 2);	
t6	COMMIT;	

① t1에서 DELETE 실행 시 오류 발생
② t3에서 INSERT 실행 시 정상 동작
③ t5에서 INSERT 실행 시 오류 발생
④ t3에서 INSERT 실행 시 외래키 제약조건 오류 발생

- 회원 테이블은 회원ID를 PK로 가지며, 대출 테이블은 회원ID를 FK로 참조함
- t1 ~ t2: TX1에서 회원ID=1 삭제 후 COMMIT → 회원 ID=1 데이터는 회원 테이블에서 완전히 삭제
- t3: TX2에서 회원ID=1을 참조하여 대출에 INSERT 시도 → 부모 테이블(회원)에 1이 존재하지 않으므로 외래키 제약 조건 위배하여 오류 발생
- t5: 회원ID=2는 여전히 회원 테이블에 존재하므로 정상적으로 INSERT 가능

따라서 오류가 발생하는 시점은 t3 INSERT 실행 시이므로 정답은 ④

50

다음 DEPT 테이블에 LOCATION 컬럼(길이 30)을 NOT NULL 제약조건과 함께 추가하려고 한다. 가장 적절한 SQL은?

```
CREATE TABLE DEPT(
    DEPT_ID NUMBER(3) PRIMARY KEY,
    DEPT_NAME VARCHAR2(20)
);
```

① ALTER TABLE DEPT
  MODIFY LOCATION VARCHAR2(30) NOT NULL;
② ALTER TABLE DEPT
  ADD LOCATION VARCHAR2(30) NOT NULL;
③ ALTER TABLE DEPT
  ADD CONSTRAINT LOC_NN NOT NULL (LOCATION);
④ ALTER TABLE DEPT ADD LOCATION VARCHAR2(30);

① MODIFY는 이미 존재하는 컬럼을 수정할 때만 사용 가능하므로 오류 발생
③ NOT NULL은 CHECK처럼 CONSTRAINT 이름을 붙여 추가할 수 없어 문법오류 발생
④ 컬럼 추가는 되지만 NOT NULL 조건이 빠졌으므로 요구사항 미충족

★★
01

다음 중 엔터티(Entity)의 특징으로 가장 적절하지 않은 것은?

① 엔터티는 업무상 관리할 필요가 있는 정보를 포함해야 한다.
② 엔터티는 반드시 하나 이상의 속성을 가져야 한다.
③ 엔터티는 2개 이상의 주식별자만 가져야 한다.
④ 엔터티는 2개 이상의 인스턴스를 가지고 있어야 한다.

> 엔터티를 유일하게 대표하는 식별자를 주식별자로 구성하며 반드시 1개로만 구성되어 있음

★
02

다음 중 속성(Attribute)의 특징으로 가장 적절하지 않은 것은?

① 모든 속성은 반드시 엔터티의 주식별자에 포함되어야 한다.
② 속성은 의미상 더 이상 분해되지 않는 최소 데이터 단위이다.
③ 한 개의 속성은 일반적으로 하나의 속성값을 가진다.
④ 속성은 특성에 따라 기본 속성, 설계 속성, 파생 속성 등으로 분류될 수 있다.

> 속성은 주식별자를 포함할 수도 있고 그렇지 않을 수도 있음. 모든 속성이 주식별자에 포함될 필요는 없으며, 독립적으로 의미를 가질 수도 있음

★★
03

다음 중 인조식별자(Artificial Identifier)에 대한 설명으로 가장 적절한 것은?

① 인조식별자는 외부 엔터티로부터 받아오는 식별자를 의미하며, 주로 관계를 통해 생성된다.
② 인조식별자는 주식별자와 동일한 의미를 가지며, 별도로 생성할 필요가 없다.
③ 인조식별자는 본질식별자가 너무 복잡하거나 유일성을 보장하기 어려울 때 새로 생성하여 사용하는 대체 식별자이다.
④ 인조식별자는 엔터티 내에서 자연적으로 발생하는 속성 중 하나를 그대로 사용하는 식별자이다.

> 본질식별자가 너무 복잡하거나 유일성을 보장하기 어려울 때 새로 생성하는 식별자는 인조식별자임
> ① 외부식별자
> ② 주식별자
> ④ 본질식별자

다음 지문에서 설명하는 모델링 단계로 가장 적절한 것은?

> 데이터베이스 설계의 마지막 단계로, 실제 DBMS에 맞게 테이블, 인덱스, 파티션, 저장 구조 등을 정의하고 성능과 보안 요건을 반영하여 구현 가능한 형태로 변환하는 과정이다.

① 개념적 데이터 모델링
② 논리적 데이터 모델링
③ 물리적 데이터 모델링
④ 계층적 데이터 모델링

- 개념적 데이터 모델링: 비즈니스 요구사항을 추상적으로 모델링하여 엔터티, 속성, 관계를 정의하는 단계
- 논리적 데이터 모델링: 개념적 모델을 기반으로 정규화, 무결성 제약 조건, 관계형 구조로 변환하는 단계
- 물리적 데이터 모델링: 논리적 모델을 기반으로 실제 DBMS에 맞게 테이블, 인덱스, 파티션, 성능 요소 등을 설계하는 단계

★★
05

다음 중 식별자 관계와 비식별자 관계에 대한 설명으로 가장 적절하지 않은 것은?

① 식별자 관계에서는 부모 엔터티의 기본키가 자식 엔터티의 기본키에 포함된다.
② 비식별자 관계에서는 부모 엔터티와 자식 엔터티의 생명주기가 독립적일 수 있다.
③ 식별자 관계는 부모와 자식 간의 강한 종속 관계를 의미한다.
④ 비식별자 관계에서는 자식 엔터티가 부모의 기본키 없이도 부모 엔터티에 종속된다.

비식별자 관계에서도 자식은 보통 부모의 기본키를 외래키(FK)로 참조하며, FK가 없으면 부모와의 연결(참조무결성)이 없으니 "종속된다"는 표현 자체가 성립하지 않으므로 약한 결합

★★
06

다음 중 트랜잭션의 ACID 특성으로 가장 적절하지 않은 것은?

① 원자성
② 병행성
③ 고립성
④ 영속성

- 원자성(Atomicity): 트랜잭션이 전부 실행되거나 전혀 실행되지 않도록 보장함
- 일관성(Consistency): 트랜잭션 전후로 데이터 무결성과 규칙이 항상 유지되도록 함
- 고립성(Isolation): 동시에 실행되는 트랜잭션 간 간섭 없이 독립적으로 수행되도록 함
- 영속성(Durability): 트랜잭션이 성공적으로 완료되면 결과가 영구적으로 반영됨

★★
07

다음 중 주식별자의 특징에 대한 설명으로 가장 적절하지 않은 것은?

① 각 엔터티 인스턴스를 고유하게 식별할 수 있어야 한다.
② 유일성을 보장하는 최소한의 속성으로 구성되어야 한다.
③ 주식별자의 값은 가능하면 변하지 않고 안정적으로 유지되어야 한다.
④ 값이 없는 경우에는 NULL 값으로 허용해도 된다.

주식별자 특징
- 유일성 보장: 엔터티의 모든 인스턴스를 고유하게 구분함
- 최소성 만족: 유일성을 만족하는 데 필요한 최소 속성으로만 구성됨
- 변하지 않음: 값이 가급적 안정적이고 잘 변경되지 않는 값이어야 함
- NULL 불허: 값이 항상 존재해야 하며 NULL값 불가

정답   04 ③   05 ④   06 ②   07 ④

08

다음 중 NULL에 대한 설명으로 가장 적절하지 않은 것은?

① 산술 연산에서 NULL 값은 0으로 계산된다.
② 문자열 연산에서 NULL 값은 공백이 아니라 알 수 없는 값으로 처리된다.
③ NULL 값이 포함된 집계 함수(COUNT, SUM 등)에서는 집계 시 제외된다.
④ NULL 여부는 컬럼 정의 시 허용 여부를 명시할 수 있다.

> 산술 연산에서 NULL은 0이 아닌 알 수 없는 값(Unknown)으로 처리됨
> 예 NULL + 10 = 10 (×), NULL (O)

09

다음과 같이 파견 직원 엔터티를 만들었을 때 필요한 정규화 작업으로 가장 적절한 것은?

파견 직원

직원ID
부서코드
부서명
소속기관
계약일자

함수종속성(FD)
[직원ID, 부서코드] → 소속기관
[직원ID] → 계약일자
[부서코드] → 부서명

① 1차 정규화(1NF)
② 2차 정규화(2NF)
③ 3차 정규화(3NF)
④ BCNF

> 현재 파견 직원 엔터티의 기본키는 (직원ID, 부서코드)임. 그러나 함수 종속성을 보면 부서명이 부서코드에만 종속되어 있음. 즉, 부분 함수 종속이 발생하여 2차 정규화가 필요함

10

다음 ERD에 대한 설명으로 가장 적절하지 않은 것은?

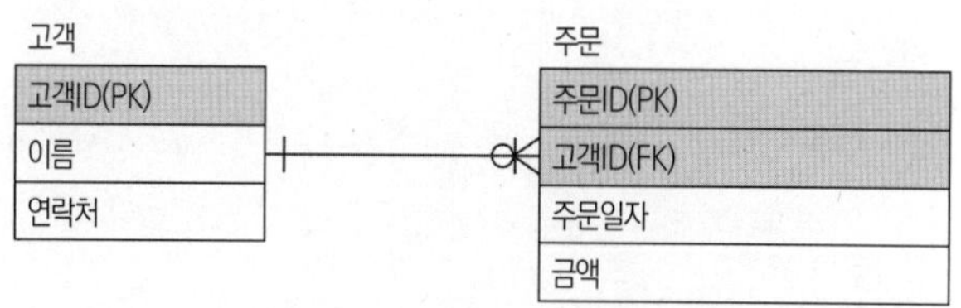

① 한 명의 고객은 여러 개의 주문을 할 수 있다.
② 고객은 주문을 한 건도 하지 않을 수도 있다.
③ 주문 테이블의 고객ID는 고객 테이블의 고객ID를 참조한다.
④ 고객과 주문의 관계는 비식별 관계이다.

> 고객ID가 주문 테이블의 기본키(PK)에 포함되므로 이 관계는 식별자 관계(Identifying Relationship)임. 따라서 비식별 관계라는 설명은 틀림

11

다음 지문에서 설명하는 용어로 가장 적절한 것은?

> 데이터베이스에서 논리적으로 하나의 작업 단위로 간주되며, 원자성·일관성·고립성·영속성(ACID) 특성을 보장해야 하는 것

① 로그
② 세그먼트
③ 프로시저
④ 트랜잭션

> • 트랜잭션(Transaction): 데이터베이스에서 읽기·쓰기 연산을 수행할 때 하나의 논리적 작업 단위로 묶은 것
> • 로그(Log): 데이터 변경 이력이나 복구를 위한 기록을 저장하는 것
> • 세그먼트(Segment): 테이블, 인덱스 등 DB 객체가 차지하는 저장 공간 단위
> • 프로시저(Procedure): 미리 작성된 SQL문을 모아 저장해두고 실행하는 프로그램 단위

정답 08 ① 09 ② 10 ④ 11 ④

다음 SQL의 실행 결과와 동일한 것은?

```
SELECT
    COL2,
    CASE
        WHEN COL2 = 'A' THEN NULL
        ELSE COL2
    END AS R1
FROM TBL;
```

① SELECT
    COL2,
    NULLIF(COL2, 'A') AS R1
  FROM TBL;

② SELECT
    COL2,
    NVL(COL2, 'A') AS R1
  FROM TBL;

③ SELECT
    COL2,
    NVL(NULLIF(COL2, 'A'), 'A') AS R1
  FROM TBL;

④ SELECT
    COL2,
    CASE
        WHEN COL2 IS NULL THEN 'A'
        ELSE COL2
    END AS R1
  FROM TBL;

실행 결과는 COL2가 'A'이면 NULL, 그 외에는 그대로 COL2

① NULLIF(COL2, 'A')는 COL2 = 'A'일 때 NULL, 아니면 COL2 → 실행 결과와 일치
② NVL(COL2, 'A')는 COL2가 NULL이면 'A' 반환 → 원래 SQL과 다름
③ NVL(NULLIF(COL2, 'A'), 'A') NULLIF에서 COL2가 'A'일 때 NULL이고 NVL은 다시 'A'로 치환 → 결국 'A'가 그대로 나오므로 원래 SQL과 다름
④ CASE WHEN COL2 IS NULL THEN 'A'는 NULL이면 'A' 반환 → 조건이 아예 반대

다음 SQL의 실행 결과로 가장 적절한 것은?

[회원]

회원ID	포인트
201	10
202	20
203	20
204	30
205	NULL

```
SELECT AVG(DISTINCT 포인트) AS 평균포인트
FROM 회원;
```

① 15
② 20
③ 22
④ NULL

포인트 값 = {10, 20, 20, 30, NULL}
중복 제거(DISTINCT) 후 포인트 값 = {10, 20, 30}
평균 계산: (10 + 20 + 30) / 3 = 60 / 3 = 20
NULL 값은 AVG 집계 시 자동 제외됨

정답   12① 13②

14

빈칸 ㉠에 들어갈 명령어로 가장 적절한 것은?

> (㉠)은(는) 트랜잭션 도중 실행된 데이터 변경 작업
> 을 취소하고, 트랜잭션 시작 시점 또는 특정 저장 지
> 점(SAVE POINT)으로 되돌리는 명령어이다.
> 예기치 못한 오류나 장애가 발생했을 때 데이터 무결
> 성을 유지하기 위해 사용된다.

① COMMIT
② ROLLBACK
③ SAVEPOINT
④ GRANT

- ROLLBACK: 트랜잭션 수행 중 문제가 생기면 변경 내용을 취소하고 이전 상태로 되돌림
- COMMIT: 트랜잭션의 변경 내용을 데이터베이스에 영구적으로 반영하며 취소 불가
- SAVEPOINT: 트랜잭션 내 특정 지점(체크포인트)을 저장하며, ROLLBACK 시 지정한 지점까지만 되돌릴 수 있음
- GRANT: 권한을 부여하는 DCL(데이터 제어어)로 트랜잭션 복구와 무관

15

뷰(View)에 대한 설명으로 가장 적절하지 않은 것은?

① 뷰는 실제 테이블의 데이터를 저장하지 않고, 정의된 SQL 문을 기반으로 결과를 보여준다.
② 단순 뷰(Simple View)의 경우 기본 테이블의 일부 열만을 선택할 수 있다.
③ 뷰는 독립적으로 인덱스를 생성할 수 있으며, 기본 테이블과 무관하게 데이터를 저장한다.
④ 뷰를 통해 기본 테이블의 특정 열만 사용자에게 보여줌으로써 보안성을 강화할 수 있다.

뷰 자체는 데이터를 저장하거나 독립적인 인덱스를 생성할 수 없으며, 인덱스는 기본 테이블에 종속됨

다음 SQL의 실행 결과로 가장 적절한 것은?

[TBL]

A	B
1	NULL
NULL	5
NULL	NULL
3	7
NULL	0

```
SELECT COALESCE(A + B, B, 0) AS R1
FROM TBL;
```

①

R1
0
5
0
10
0

②

R1
1
5
NULL
10
0

③

R1
0
5
NULL
10
0

④

R1
NULL
5
NULL
10
0

COALESCE 함수는 인수를 왼쪽부터 평가하여 NULL이 아닌 첫 번째 값을 반환함. 이때, SQL에서 NULL을 포함하는 산술 연산(A + B)의 결과는 무조건 NULL이 됨.

행	A	B	A+B(인수 1)	COALESCE 실행순서	결과 R1
1	1	NULL	1+NULL → NULL	NULL → NULL → 0	0
2	NULL	5	NULL+5 → NULL	NULL → 5	5
3	NULL	NULL	NULL+NULL → NULL	NULL → NULL → 0	0
4	3	7	3+7 →10	10	10
5	NULL	0	NULL+0 → NULL	NULL → 0	0

다음 중 INNER JOIN에 대한 설명으로 가장 적절하지 않은 것은?

① INNER JOIN은 두 테이블 간 공통 컬럼 값을 기준으로 행을 결합한다.
② ON 조건에서 NULL 값을 가진 행은 JOIN 결과에 포함되지 않는다.
③ WHERE 절을 이용하여 INNER JOIN과 동일한 결과를 얻을 수 있다.
④ INNER JOIN은 반드시 USING절을 사용해야 하며, ON절은 사용할 수 없다.

INNER JOIN은 ON, USING, NATURAL JOIN 등 다양한 방법으로 조건을 지정할 수 있으며, 반드시 USING절만 써야 하는 것은 아님

18

다음 중 서브쿼리에 대한 설명으로 가장 적절하지 않은 것은?

① 서브쿼리는 메인쿼리의 WHERE절, HAVING절, FROM절 등 다양한 위치에서 사용될 수 있다.
② 다중행 서브쿼리를 사용할 경우, IN, ANY, ALL과 같은 연산자를 함께 사용해야 한다.
③ 단일행 서브쿼리를 비교 연산자와 함께 사용할 경우, 결과는 반드시 하나의 값이어야 한다.
④ 스칼라 서브쿼리는 여러 행과 여러 열을 동시에 반환할 수 있으며, SELECT절에서만 사용할 수 있다.

스칼라 서브쿼리는 하나의 행과 하나의 열만 반환해야 하며, SELECT절뿐만 아니라 WHERE절 등에서도 사용할 수 있음

다음 SQL 중 오류가 발생하는 것은? (단, DBMS는 오라클로 가정함)

① SELECT EMP_ID, EMP_NAME
   FROM EMP;
② SELECT D.DEPT_ID, D.DEPT_NAME
   FROM DEPT D
   WHERE D.DEPT_ID IS NOT NULL;
③ SELECT E.EMP_ID, E.SALARY
   FROM EMP E
   WHERE E.SALARY >= 3000;
④ SELECT EMP_ID, AVG(SALARY)
   FROM EMP
   WHERE SALARY > 2000;

AVG(SALARY)는 집계 함수이므로 반드시 GROUP BY절과 함께 사용해야 하며, 일반 컬럼(EMP_ID)과 집계 함수를 동시에 SELECT절에 쓸 수 없음

★★★
20

다음 SQL의 실행 결과로 가장 적절한 것은?

[TBL]

C1	C2
1	1
2	2
3	NULL
4	5
NULL	10

```
SELECT COUNT(*)
FROM TBL
WHERE C1 NOT IN (SELECT C2 FROM TBL);
```

① 0

② 1

③ 2

④ 3

- NOT IN절은 서브쿼리 결과에 NULL이 포함될 경우 항상 FALSE 또는 UNKNOWN 판정이 나와서 결과를 반환하지 못함
- 서브쿼리 (SELECT C2 FROM TBL) 의 결과는 {10, 20, NULL, 30, 40}
  - → NULL 값이 존재하므로 C1 NOT IN (서브쿼리) 조건은 전체가 UNKNOWN 처리됨

따라서 COUNT(*) 결과는 0

★★
21

다음 SQL의 실행 결과로 가장 적절한 것은?

[EMP_A]

EMP_ID	EMP_NAME	AGE
201	이민호	30
202	김서준	28
203	박지훈	35

[EMP_B]

EMP_ID	EMP_NAME	DEPT
201	이민호	인사부
202	김서준	총무부

```
SELECT COUNT(*)
FROM EMP_A
NATURAL JOIN EMP_B;
```

① 0

② 1

③ 2

④ 오류 발생

- NATURAL JOIN은 두 테이블에서 동일한 이름의 컬럼을 기준으로 자동 조인을 수행함
- EMP_A, EMP_B에는 EMP_ID, EMP_NAME 두 컬럼이 동일하게 존재
  - → 이 두 컬럼이 모두 일치해야 매칭됨
- 매칭 확인
  - (201, 이민호) → 일치 (COUNT = 1)
  - (202, 김서준) → 일치 (COUNT = 2)
  - (203, 박지훈) → EMP_B에 없음 → 제외

따라서 최종 결과는 2행

✷ 22

다음 중 테이블의 제약 조건(Constraint)에 대한 설명으로 가장 적절하지 않은 것은?

① 기본키는 한 테이블에 하나만 생성할 수 있으며, NULL 값을 허용하지 않는다.
② 고유키는 반드시 NOT NULL 제약과 함께 사용되어야 하며, NULL 값을 절대 허용하지 않는다.
③ 외래키는 참조 무결성을 보장하며, 참조 대상 테이블의 기본키나 고유키를 참조해야 한다.
④ Check 제약 조건은 특정 컬럼 값의 범위나 조건을 제한하여 데이터의 무결성을 유지하는 역할을 한다.

고유키(Unique Key)는 NULL 값을 허용할 수 있으며, 여러 NULL 값도 저장 가능함

✷✷ 23

다음 중 부서ID가 10이면서 동시에 직급이 '과장'인 사원의 사번을 구하는 SQL로 가장 적절한 것은?

① SELECT 사번
　 FROM 사원
　 WHERE 부서ID = 10
　　　 AND 직급 = '과장';
② SELECT 사번
　 FROM 사원
　 WHERE 부서ID IN (10, 20)
　　　 AND 직급 = '과장';
③ SELECT 사번
　 FROM 사원
　 WHERE 부서ID = 10
　 INTERSECT
　 SELECT 사번
　 FROM 사원
　 WHERE 직급 <> '과장';
④ SELECT 사번
　 FROM 사원
　 WHERE 부서ID = 10
　 UNION
　 SELECT 사번
　 FROM 사원
　 WHERE 직급 = '과장';

부서ID가 10이면서 직급이 '과장'이어야 하는 두 조건을 AND로 동시에 만족하는 행을 구해야 함

② 부서ID = 10 또는 20이면서 직급 = '과장'만 선택 → 요구사항(부서ID=10에 한정)과 불일치
③ INTERSECT는 교집합이므로 결과는 부서ID=10 이면서 직급이 '과장이 아닌' 사원 → 요구사항(직급='과장')과 불일치
④ UNION은 합집합이라 부서ID = 10 또는 직급 = '과장'인 모든 사원을 반환 → 요구사항(AND)와 불일치

✷ 24

다음 중 아래 윈도우 함수에 대한 설명으로 가장 적절하지 않은 것은?

① ROW_NUMBER() 함수는 파티션 내의 각 행에 대해 순차적으로 고유한 번호를 부여하며, 동일 값이라도 중복 없이 1부터 시작한다.
② RANK() 함수는 동일한 값에 대해 동일 순위를 부여하며, 동일 순위 이후는 건너뛰어 순번이 매겨진다.
③ DENSE_RANK() 함수는 동일한 값에 대해 동일 순위를 부여하며, 동일 순위 이후는 반드시 건너뛴 순번이 매겨진다.
④ CUME_DIST() 함수는 파티션 내에서 특정 행 이하의 누적 비율을 반환하며, 값의 범위는 (0,1) 사이다.

DENSE_RANK()는 동일 값에 같은 순위를 부여하지만, 이후 순위를 건너뛰지 않음

★★ 25

다음 지문에서 설명하는 제약조건으로 가장 적절한 것은?

> 외래키 제약조건에서 참조 무결성을 위반하지 않도록 부모 테이블의 데이터가 삭제되거나 수정될 때, 이를 자동으로 막아 오류를 발생시키는 방식이다.
> 즉, 자식 테이블의 데이터는 그대로 유지되고 부모 테이블의 변경이 제한된다.

① RESTRICT
② CASCADE
③ SET NULL
④ SET DEFAULT

- RESTRICT: 부모 테이블 데이터 삭제/수정을 제한하여 참조 무결성 위반을 방지. 자식 테이블에 데이터가 남아 있다면 부모 데이터 변경 불가
- CASCADE: 부모 데이터가 삭제/수정되면 자식 데이터도 자동으로 삭제/수정됨
- SET NULL: 부모 데이터 변경 시 자식 테이블의 외래키 값을 NULL로 설정
- SET DEFAULT: 부모 데이터 변경 시 자식 테이블의 외래키 값을 기본값으로 변경

★ 26

다음 SQL의 실행 결과로 가장 적절한 것은?

[TAB]

C1	C2
X	5
Y	10
Z	15
NULL	20
Y	25

```
SELECT *
FROM TAB
WHERE C1 IN ('X', 'Y');
```

①
C1	C2
X	5
Y	10
Y	25

②
C1	C2
X	5
Y	10
Z	15
Y	25

③
C1	C2
X	5
Y	10
Y	25
NULL	20

④
C1	C2
Y	10
Y	25

- IN ('X', 'Y')은 C1 = 'X' OR C1 = 'Y'와 동일
- C1 IS NULL은 비교 결과가 UNKNOWN이므로 WHERE에서 제외
- 테이블에 Y가 2행 있으므로 둘 다 반환해야 함
- 따라서 반환 행은 (X, 5), (Y, 10), (Y, 25)

27

다음 SQL의 실행 결과로 가장 적절한 것은?

[TAB]

COL1	COL2	COL3
10	5	10
20	NULL	20
30	15	30
NULL	25	40

```
SELECT
    MIN(COL2),
    MAX(COL3),
    SUM(COL1 + NVL(COL2, 0))
FROM TAB;
```

① 5, 40, 100
② 15, 40, 120
③ 5, 40, 80
④ 10, 30, 95

- MIN(COL2)
  - 현재 COL2: 5, NULL, 15, 25
  - NULL 제외하면 최소값 = 5
- MAX(COL3)
  - 현재 COL3: 10, 20, 30, 40
  - 최대값 = 40
- SUM(COL1 + NVL(COL2, 0))
  - 1행: 10 + 5 = 15
  - 2행: 20 + 0(NULL이므로 0으로 변환) = 20
  - 3행: 30 + 15 = 45
  - 4행: NULL + 25 = NULL (NULL은 합산에서 제외)
  - 전체 합계 = 15 + 20 + 45 = 80

28

다음 SQL의 실행 결과로 가장 적절한 것은?

[EMP]

EMP_ID	NAME
201	ADAM
202	AMANDA
203	ALEXIS
204	BRAD
205	ALINA
206	AARON
207	ANNA

```
SELECT COUNT(*)
FROM EMP
WHERE NAME LIKE 'A%A%';
```

① 2
② 3
③ 4
④ 5

패턴 'A%A%' 의미
- 'A' : 첫 글자는 반드시 A
- '%A%' : 그 뒤 어딘가에 A가 최소 한 번은 더 등장해야 함
- 즉, A(생략가능)A 형태를 포함해야 함. 이때 포함되는 값은
  ADAM, AMANDA, ALINA, AARON, ANNA로 총 5개

29

다음 실행 결과를 참고하여, SQL의 빈칸 Ⓐ에 들어갈 함수로 가장 적절한 것은?

[EMP_TAB]

E_NO	E_NAME	D_NO	SAL
2001	Alice	1	3200
2002	Brian	2	4500
2003	Carol	1	3700
2004	David	3	5200
2005	Ethan	2	4000
2006	Fiona	1	3600
2007	Grace	2	4800

[실행 결과]

E_NO	E_NAME	D_NO	SAL	SAL-2
2001	Alice	1	3200	3200
2006	Fiona	1	3600	3200
2003	Carol	1	3700	3200

```
SELECT
    E_NO,
    E_NAME,
    D_NO,
    SAL,
    ( Ⓐ ) (SAL) OVER (
        PARTITION BY D_NO
        ORDER BY SAL
    ) AS SAL_2
FROM EMP_TAB
WHERE D_NO = 1;
```

① FIRST_VALUE

② LAST_VALUE

③ LAG

④ LEAD

- PARTITION BY D_NO ORDER BY SAL
  → 부서별(D_NO)로 급여(SAL)를 오름차순 정렬
- FIRST_VALUE(SAL)
  → 정렬된 결과에서 첫 번째 값을 반환

따라서 D_NO = 1에 해당하는 직원은 Alice(3200), Fiona(3600), Carol(3700)이고, 모두 첫 번째 값(3200, Alice의 SAL)을 참조하여 SAL_2가 3200으로 고정됨

② LAST_VALUE → 마지막 값(3700)을 반환했을 것
③ LAG → 이전 행의 값 참조
④ LEAD → 다음 행의 값 참조

30

다음 SQL의 실행 결과로 가장 적절한 것은?

[TAB1]

COL1	COL2
1	100
2	200
3	300
4	400
5	500

[TAB2]

COL1	COL2
1	100
2	999
3	300
4	NULL

```
SELECT *
FROM TAB1 T1
LEFT OUTER JOIN TAB2 T2
  ON (T1.COL1 = T2.COL1
      AND (T2.COL2 = 300 OR T2.COL2 IS NULL))
ORDER BY T1.COL1;
```

①

COL1	COL2	COL1	COL2
1	100	NULL	NULL
2	200	NULL	NULL
3	300	3	300
4	400	4	NULL
5	500	NULL	NULL

②

COL1	COL2	COL1	COL2
1	100	1	NULL
2	200	NULL	NULL
3	300	3	300
4	400	NULL	NULL
5	500	5	NULL

③

COL1	COL2	COL1	COL2
1	100	NULL	NULL
2	200	2	999
3	300	NULL	NULL
4	400	4	NULL
5	500	NULL	NULL

④

COL1	COL2	COL1	COL2
1	100	1	100
2	200	NULL	NULL
3	300	3	300
4	400	NULL	NULL
5	500	5	500

- LEFT OUTHER JOIN TAB T2
  - 왼쪽 테이블 기준으로 일치하지 않는 오른쪽 값은 NULL 처리하여 모두 보여줌
- T1.COL1 = T2.COL1 AND (T2.COL2 = 300 OR T2.COL2 IS NULL)
  - ON 조건절을 만족하는 경우에만 TAB2의 행을 매칭함.
  - T1.COL1 = T2.COL1 이면서 T2.COL2가 300이거나 NULL인 경우에만 매칭함

따라서 TAB1의 전체 행이 출력되고 TAB2에서는 {(COL1 = 3, COL2 = 300), (COL1 = 4, COL2 = NULL)}이 매칭되어 출력됨

✦✦✦
31

다음 SQL의 실행 결과로 가장 적절한 것은?

[TBL]

COL1	COL2
10	A
NULL	B
20	A
30	NULL
NULL	C
40	A

```
SELECT
    COUNT(*)
    + COUNT(DISTINCT COL1)
    + COUNT(COL2)
FROM TBL;
```

① 15

② 16

③ 17

④ NULL

- COUNT(*)
  - 전체 행 개수: 6
- COUNT(DISTINCT COL1)
  - 현재 COL1: 10, NULL, 20, 30, NULL, 40
  - NULL 제외하고 중복 제거하면 (10, 20, 30, 40)으로 4개
- COUNT(COL2)
  - 현재 COL2: A, B, A, NULL, C, A
  - NULL 제외하면 (A, B, A, C, A)으로 5개

전체 합계는 6 + 4 + 5 = 15

✦
32

아래 SQL의 실행 결과 중 가장 많은 행이 나오는 SQL로 가장 적절한 것은?

[T1]

CODE	ITEM
1	책상
2	의자
3	펜
4	가방

[T2]

CODE	BRAND
1	A
2	B
3	C
5	D

① SELECT *
  FROM T1
  INNER JOIN T2
    ON T1.CODE = T2.CODE;

② SELECT *
  FROM T1, T2
  WHERE T1.ITEM IN ('책상', '의자')
    OR T2.BRAND IN ('A', 'B', 'C');

③ SELECT *
  FROM T1
  LEFT OUTER JOIN T2
    ON T1.CODE = T2.CODE;

④ SELECT CODE
  FROM T1
  UNION ALL
  SELECT CODE
  FROM T2;

① INNER JOIN
  - T1.CODE = T2.CODE 조건이 일치하는 행만 매칭함
  - 결과: 3행
② CARTESIAN PRODUCT + WHERE 조건
  - FROM T1, T2 로 먼저 4 × 4 = 16행의 CARTESIAN PRODUCT 생성
  - WHERE T1.ITEM IN ('책상', '의자') OR T2.BRAND IN ('A', 'B', 'C') 조건을 만족하는 조합만 남김
  - 결과: 14행 → 네 쿼리 중 가장 많은 행
③ LEFT OUTER JOIN
  - T1의 4행이 모두 유지되고, 각 CODE에 대해 T2의 행이 1개씩 매칭됨
  - 결과: 4행
④ UNION ALL
  - T1.CODE 4개 + T2.CODE 4개를 중복 제거 없이 그대로 이어 붙임
  - 결과: 8행

다음 SQL의 실행 결과가 다른 하나는? (단, EMP 테이블의 행은 3개라고 가정함)

① SELECT *
FROM EMP
WHERE ROWNUM >= 1;
② SELECT *
FROM EMP
WHERE ROWNUM <= 3;
③ SELECT *
FROM EMP
WHERE ROWNUM < 4;
④ SELECT *
FROM EMP
WHERE ROWNUM = 3;

ROWNUM은 1부터 시작하며, SELECT 결과 집합이 생성되는 시점에 부여됨. 따라서 조건식에서 = n을 직접 쓰면 결과가 나오지 않음

④ ROWNUM = 3 → 세 번째 행에 도달하기 전에 이미 조건에서 탈락하므로 결과는 0행
① ROWNUM >= 1 → EMP의 모든 행(3개) 출력
② ROWNUM <= 3 → 행이 총 3개이므로 전부 출력
③ ROWNUM < 4 → 행이 총 3개이므로 전부 출력

다음 SQL의 실행 결과로 가장 적절한 것은?

[DEPT]

DEPT_NO	LOC_CODE
01	A1
02	B1
03	C2
04	D3
05	A1

```
SELECT
    DEPT_NO,
    CASE
        WHEN LOC_CODE = 'A1' THEN 'SEOUL'
        WHEN LOC_CODE = 'B1' THEN 'BUSAN'
        WHEN LOC_CODE = 'C2' THEN 'INCHEON'
        ELSE 'ETC'
    END AS LOC_NAME
FROM DEPT;
```

①

DEPT_NO	LOC_NAME
01	SEOUL
02	BUSAN
03	INCHEON
04	ETC
05	ETC

②

DEPT_NO	LOC_NAME
01	SEOUL
02	BUSAN
03	INCHEON
04	ETC
05	SEOUL

③

DEPT_NO	LOC_NAME
01	SEOUL
02	BUSAN
03	INCHEON
04	NULL
05	SEOUL

④

DEPT_NO	LOC_NAME
01	SEOUL
02	NULL
03	INCHEON
04	ETC
05	SEOUL

• LOC_CODE = 'A1' → SEOUL
• LOC_CODE = 'B1' → BUSAN
• LOC_CODE = 'C2' → INCHEON
• 나머지는 ELSE 조건 → ETC

DEPT_NO	LOC_CODE	LOC_NAME
01	A1	SEOUL
02	B1	BUSAN
03	C2	INCHEON
04	D3	ETC
05	A1	SEOUL

다음 SQL의 실행 결과로 가장 적절한 것은?

```
SELECT SUBSTR('SQLDEVELOPER', 4, 5) AS RESULT
FROM DUAL;
```

① SQLDE
② LDEVE
③ DEVEL
④ EVELO

'SQLDEVELOPER'에서 4번째 문자는 D이고 4번째 문자부터
5글자 추출하면 DEVEL

SUBSTR(문자열, 시작위치, 길이)
- 시작위치는 1부터 시작
- 길이는 추출할 문자의 개수

36

다음 SQL의 실행 결과로 가장 적절한 것은?

[T1]

C1	C2	C3
X	가	5
Y	나	NULL
Z	다	3

[T2]

C1	C2
P	가
Q	나
R	라

```
SELECT *
FROM T1
INNER JOIN T2
  ON T1.C2 = T2.C2
WHERE T1.C3 >= 3
  AND T1.C2 IN ('가', '나', '라');
```

①

T1.C1	T1.C2	T1.C3	T2.C1	T2.C2
X	가	5	P	가

②

T1.C1	T1.C2	T1.C3	T2.C1	T2.C2
Z	다	3	R	라

③

T1.C1	T1.C2	T1.C3	T2.C1	T2.C2
X	가	5	P	가
Z	다	3	NULL	NULL

④

T1.C1	T1.C2	T1.C3	T2.C1	T2.C2
X	가	5	P	가
Y	나	NULL	Q	나

- INNER JOIN T2 ON T1.C2 = T2.C2
  - T1과 T2에서 C2값이 같은 행만 매칭됨
  - X-가 ↔ P-가 → 매칭
  - Y-나 ↔ Q-나 → 매칭
  - Z-다 ↔ 매칭 없음
- WHERE T1.C3 >= 3 AND T1.C2 IN ('가', '나', '라');
  - C3 = 5인 행은 남고 C3 = NULL인 행은 제외
  - C2가 '가','나','다'에 포함되면 남음(이미 위 조건에서 제외됨)
최종적으로 (X, 가, 5, P, 가) 행 남음

37

다음 실행 결과를 나타내는 SQL로 가장 적절한 것은?

[판매]

상품ID	연도	매출
P-001	2021	1000
P-001	2022	1500
P-002	2021	2000
P-002	2022	2500
P-003	2021	3000
P-003	2022	3500

[실행 결과]

상품ID	연도	매출
P-001	2021	1000
P-002	2021	2000
P-003	2021	3000
NULL	2021	6000
P-001	2022	1500
P-002	2022	2500
P-003	2022	3500
NULL	2022	7500
P-001	NULL	2500
P-002	NULL	4500
P-003	NULL	6500
NULL	NULL	13500

① SELECT
　　　상품ID,
　　　연도,
　　　SUM(매출) AS 매출
　FROM 판매
　WHERE 연도 BETWEEN 2021 AND 2022
　　GROUP BY ROLLUP(상품ID, 연도);

② SELECT
　　　상품ID,
　　　연도,
　　　SUM(매출) AS 매출
FROM 판매
WHERE 연도 BETWEEN 2021 AND 2022
GROUP BY ROLLUP(연도, 상품ID);

③ SELECT
　　　상품ID,
　　　연도,
　　　SUM(매출) AS 매출
FROM 판매
WHERE 연도 BETWEEN 2021 AND 2022
GROUP BY GROUPING SETS(
　　　　　(상품ID, 연도),
　　　　　(상품ID),
　　　　　(연도)
　　　　);

④ SELECT
　　　상품ID,
　　　연도,
　　　SUM(매출) AS 매출
FROM 판매
WHERE 연도 BETWEEN 2021 AND 2022
GROUP BY CUBE(상품ID, 연도);

실행 결과를 보면 (상품ID, 연도)별 상세, (상품ID)별 소계, (연도)별 소계, 전체 합계가 생성됨.

④ CUBE(상품ID, 연도)
- (상품ID, 연도)별 상세, (상품ID)별 소계, (연도)별 소계, 전체 합계 생성됨
① ROLLUP(상품ID, 연도)
- (상품ID, 연도)별 상세, (상품ID)별 소계, 전체 합계 생성됨
- (연도)별 소계 빠짐
② ROLLUP(연도, 상품ID)
- (연도, 상품ID)별 상세, (연도)별 소계, 전체 합계 생성됨
- (상품ID)별 소계 빠짐
③ GROUPING SETS((상품ID, 연도), (상품ID), (연도))
- (상품ID, 연도)별 상세, (상품ID)별 소계, (연도)별 소계 생성됨
- 전체 합계 빠짐

37 ④

38

다음 중 단일행 함수에 대한 설명으로 가장 적절하지 않은 것은?

① 단일행 함수는 각 행(row)에 대해 독립적으로 적용되며, 행 개수는 변하지 않는다.
② 단일행 함수는 문자, 숫자, 날짜 데이터 모두에 적용 가능하다.
③ 단일행 함수는 다른 함수와 함께 중첩하여 사용할 수 있다.
④ 단일행 함수는 반드시 GROUP BY절에서만 사용할 수 있으며, ORDER BY절에서는 사용할 수 없다.

> 단일행 함수는 GROUP BY절에서 사용되는 것이 아니라 SELECT, WHERE, ORDER BY 등 거의 모든 절에서 활용 가능함

39

다음 중 CTAS에 대한 설명으로 가장 적절한 것은?

① CTAS를 사용하면 기존 테이블의 모든 제약조건(PK, FK, CHECK 등)이 그대로 복사된다.
② CTAS로 생성된 테이블은 데이터와 NOT NULL 제약조건만 복사되며, 다른 제약조건(PK, FK, CHECK 등)은 복사되지 않는다.
③ CTAS는 원본 테이블과 동일한 인덱스까지 자동으로 생성한다.
④ CTAS를 사용하면 SELECT절에 포함되지 않은 컬럼도 자동으로 생성된다.

> CTAS(Create Table As Select): 기존 테이블이나 쿼리 결과를 이용해서 새로운 테이블을 생성하는 SQL구문
> - SELECT 결과의 컬럼 구조와 데이터를 새로운 테이블에 복사
> - NOT NULL 제약조건만 유지되고, PK(Primary Key), FK(Foreign Key), UNIQUE, CHECK 제약조건은 복사되지 않음
> - SELECT문에 명시된 컬럼만 복사
> - 대량 데이터를 복사하는 데 자주 사용

40

다음 SQL의 실행 결과로 가장 적절한 것은?

[EMP]

EMP_ID	DEPT_ID	SALARY
101	10	3000
102	20	4000
103	10	3500
104	30	2800
105	20	4200

[DEPT]

DEPT_ID	BONUS
10	200
20	300
30	400
40	500

```
SELECT SUM(E.SALARY + D.BONUS)
FROM EMP E
INNER JOIN DEPT D
  ON E.DEPT_ID = D.DEPT_ID
WHERE E.DEPT_ID IN (10, 20);
```

① 14,500
② 15,000
③ 15,200
④ 15,700

> INNER JOIN 사용으로 두 테이블 간 DEPT_ID 가 일치하는 행끼리 조인하고 그 결과 중 EMP 테이블의 DEPT_ID가 10 또는 20인 행만 필터링 후 필터링된 행들의 (SALARY + BONUS) 합계 구해야 함
>
> | EMP_ID | DEPT_ID | SALARY | DEPT_ID | BONUS | SUM |
> | --- | --- | --- | --- | --- | --- |
> | 101 | 10 | 3000 | 10 | 200 | 300+200=3200 |
> | 102 | 20 | 4000 | 20 | 300 | 4000+300=4300 |
> | 103 | 10 | 3500 | 10 | 200 | 3500+200=3700 |
> | 105 | 20 | 4200 | 20 | 300 | 4200+300=4500 |
>
> 따라서 총 합계는 3,200 + 4,300 + 3,700 + 4,500 = 15,700

다음 SQL에 대한 설명으로 가장 적절한 것은?

- 고객(Customer) (고객ID, 고객명, 지역)
- 주문(Order) (주문 ID, 고객ID, 주문일자)
- 주문상세(Order_Detail) (주문ID, 상품ID, 수량, 단가)

```
SELECT
    C.고객ID,
    C.고객명,
    SUM(OD.수량) AS 총주문수량
FROM 고객 C, 주문 O, 주문상세 OD
WHERE C.고객ID = O.고객ID
    AND O.주문ID = OD.주문ID
GROUP BY C.고객ID, C.고객명
HAVING SUM(OD.수량) > 100
ORDER BY 총주문수량 DESC;
```

① 고객별 주문을 집계하여 총주문수량을 계산하고, 그 값이 100을 초과하는 고객만 추출하여 총주문수량 기준 내림차순으로 출력한다.

② 고객별 주문을 집계하여 총주문수량을 계산하고, 그 값이 100 이상인 고객을 포함하여 총주문수량 오름차순으로 출력한다.

③ 고객별 주문을 집계하여 총주문금액을 계산하고, 그 값이 100을 초과하는 고객만 추출하여 총주문금액 기준 내림차순으로 출력한다.

④ 고객별 주문을 집계하되, HAVING 조건 대신 WHERE 조건에서 수량 > 100을 먼저 제한한 후 그 결과를 내림차순으로 출력한다.

- GROUP BY C.고객ID, C.고객명
  → 고객별 집계 수행
- SUM(OD.수량)
  → 총주문수량을 합산
- HAVING SUM(OD.수량) > 100
  → 집계 이후 조건으로 총주문수량이 100 초과인 고객만 추출
- ORDER BY 총주문수량 DESC
  → 결과를 총주문수량 기준으로 내림차순 정렬

다음 SQL의 실행 결과로 가장 적절한 것은?

[부서매출]

부서번호	부서명	연도	매출
D-01	기획부	2021	3000
D-01	기획부	2022	2000
D-02	홍보부	2021	4000
D-02	홍보부	2022	1000
D-03	총무부	2022	1500
D-04	영업부	2021	5000

```
SELECT
    부서번호,
    부서명,
    SUM(매출) AS 총매출
FROM 부서매출
GROUP BY 부서번호, 부서명
ORDER BY 총매출, 부서명 DESC;
```

①

부서번호	부서명	총매출
D-03	총무부	1500
D-02	홍보부	5000
D-04	영업부	5000
D-01	기획부	5000

②

부서번호	부서명	총매출
D-01	기획부	5000
D-03	총무부	1500
D-04	영업부	5000
D-02	홍보부	5000

③

부서번호	부서명	총매출
D-04	영업부	5000
D-01	기획부	5000
D-02	홍보부	5000
D-03	총무부	1500

④

부서번호	부서명	총매출
D-02	홍보부	5000
D-01	기획부	5000
D-04	영업부	5000
D-03	총무부	1500

- GROUP BY 부서번호, 부서명
  - 부서별로 그룹화
- SUM(매출) AS 총매출
  - 부서별 매출 합계
  - D-01: 3000 + 2000 = 5000
  - D-02: 4000 + 1000 = 5000
  - D-03: 1500
  - D-04: 5000
- ORDER BY 총매출, 부서명 DESC
  - 총매출 기준 오름차순(작은 값 먼저)
  - 총매출이 같으면 부서명 기준 내림차순

따라서 총매출이 가장 낮은 총무부가 먼저 출력되고 나머지는 홍보부, 영업부, 기획부 순으로 출력됨

정답   41 ①   42 ①

✭ 43

다음 SQL의 실행 결과로 가장 적절한 것은?

```
SELECT PHONE_NUMBER
FROM USERS
WHERE REGEXP_LIKE(PHONE_NUMBER,
    '^010-[0-9]{4}-[0-9]{4}$');
```

① 011-9876-5432
② 019-333-4444
③ 02-123-4567
④ 010-2345-6789

정규표현식 ^010-[0-9]{4}-[0-9]{4}$을 해석하면, 반드시 010
으로 시작하고 이어서 -가 옴. 중간 번호는 정확히 4자리이며
마지막 번호도 정확히 4자리임

✭✭ 44

다음 SQL의 실행 결과와 동일한 결과를 반환하는 것은?

```
SELECT *
FROM EMP T1
WHERE (T1.DEPTNO, T1.SAL) IN (
    SELECT D.DEPTNO, D.SAL
    FROM DEPT_SALARY D
    WHERE D.SAL <= 3000
);
```

① SELECT *
  FROM EMP T1
  WHERE (T1.DEPTNO, T1.SAL) IN (
      SELECT D.DEPTNO, D.SAL
      FROM DEPT_SALARY D
      WHERE D.SAL > 3000
  );

② SELECT *
  FROM EMP T1
  WHERE EXISTS (
      SELECT 1
      FROM DEPT_SALARY D
      WHERE T1.DEPTNO = D.DEPTNO
        AND T1.SAL = D.SAL
        AND D.SAL <= 3000
  );

③ SELECT *
  FROM EMP T1
  WHERE NOT EXISTS (
      SELECT 1
      FROM DEPT_SALARY D
      WHERE T1.DEPTNO = D.DEPTNO
        AND T1.SAL = D.SAL
        AND D.SAL <= 3000
  );

④ SELECT *
  FROM EMP T1
  WHERE NOT EXISTS (
      SELECT 1
      FROM DEPT_SALARY D
      WHERE T1.DEPTNO = D.DEPTNO
        AND T1.SAL = D.SAL
        OR D.SAL > 3000
  );

EMP의 (부서번호, 급여) 조합이 DEPT_SALARY 테이블에 존
재하고, 그 급여가 3000 이하일 때만 선택됨

① D.SAL > 3000 조건이라 반대 의미
② D.SAL <= 3000 조건으로 IN과 동일하게 동작
③ NOT EXISTS 조건이라 의미 반대
④ OR D.SAL > 3000 조건이 들어가 결과가 달라짐

45

다음 SQL에 대한 설명으로 가장 적절하지 않은 것은?

[사원]

사원ID	사원명	관리자ID
100	최부장	NULL
200	김과장	100
201	이과장	100
300	박대리	200
301	정대리	200
400	한사원	300
401	조사원	301

```
SELECT
    LEVEL AS LVL,
    사원ID,
    사원명,
    관리자ID
FROM 사원
START WITH 사원ID = '100'
CONNECT BY PRIOR 사원ID = 관리자ID;
```

① 최부장은 LVL이 1이며, 직속 부하 김과장과 이과장은 LVL이 2가 된다.
② 한사원(사원ID 400)의 LVL은 4이다.
③ CONNECT BY PRIOR 조건에 의해 부모-자식 관계가 위에서 아래로 확장된다.
④ START WITH 절에서 사원ID = '100' 대신 관리자ID IS NULL 조건을 주면, 결과는 달라진다.

④ START WITH 사원ID = '100'과 START WITH 관리자ID IS NULL은 같은 결과 도출함. 관리자ID IS NULL인 사원은 오직 최부장(100) 뿐이므로 결과는 같음
① START WITH 사원ID = '100'은 최부장(100)부터 시작한다는 의미로, 최부장이 LVL = 1이고 직속 부하 김과장(200), 이과장(201)이 LVL = 2
② 경로는 100 → 200 → 300 → 400 총 4단계이므로 한사원의 LVL은 4
③ CONNECT BY PRIOR 사원ID = 관리자ID는 부모의 사원ID가 자식의 관리자ID와 매칭되어 위에서 아래로 확장한다는 의미임

다음은 부서(Dept)와 그 상위 부서(ManagerDept)를 관리하는 테이블이다. 각 부서의 ID, 부서명, 그리고 상위 부서명을 자기 조인을 통해 출력하고자 한다. 실행 결과를 올바르게 출력하는 SQL로 가장 적절한 것은?

[Dept]

DeptID	DeptName	ManagerDeptID
10	인사부	30
11	총무부	30
12	재무부	40
13	기획부	40
30	관리본부	50
40	전략본부	50
50	본사	NULL

[실행 결과]

DeptID	DeptName	ManagerDeptID
10	인사부	관리본부
11	총무부	관리본부
12	재무부	전략본부
13	기획부	전략본부
30	관리본부	본사
40	전략본부	본사

① SELECT
        A.DeptID,
        A.DeptName,
        B.DeptName AS ManagerName
    FROM Dept A, Dept B
    WHERE A.ManagerDeptID = B.DeptID;
② SELECT
        A.DeptID,
        B.DeptName,
        A.DeptName AS ManagerName
    FROM Dept A, Dept B
    WHERE A.DeptID = B.ManagerDeptID;

③ SELECT
        B.DeptID,
        B.DeptName,
        A.DeptName AS ManagerName
    FROM Dept A, Dept B
    WHERE A.ManagerDeptID = B.DeptID;
④ SELECT
        A.DeptID,
        A.DeptName,
        B.DeptName AS ManagerName
    FROM Dept A
    WHERE A.ManagerDeptID = B.DeptID;

자기 조인을 통해 자식 부서(A)와 상위 부서(B)를 연결해야 함
조건: A.ManagerDeptID = B.DeptID
SELECT절에서 A.DeptID, A.DeptName, B.DeptName을
조회하면 자식 부서와 그 상위 부서명이 매칭됨

★★★ 47

다음 SQL의 실행 결과로 가장 적절한 것은?

[수학점수]

학생ID	학생명	수학점수
2001	김철수	95
2002	이영희	85
2003	박민수	95
2004	최지훈	80
2005	정수빈	75
2006	오하늘	85
2007	한유리	70

```
SELECT R1, R2
FROM (
    SELECT
        학생ID,
        학생명,
        수학점수,
        RANK( ) OVER(ORDER BY 수학점수 DESC) AS R1,
        DENSE_RANK( ) OVER(ORDER BY 수학점수 DESC) AS R2
    FROM 수학점수
) X
WHERE 학생ID = 2006;
```

① 2, 2   ② 2, 3
③ 3, 2   ④ 4, 3

• ORDER BY 수학점수 DESC
  – 수학점수를 기준으로 내림차순 정렬함
  – 95점 → 김철수(2001), 박민수(2003)
  – 85점 → 이영희(2002), 오하늘(2006)
  – 80점 → 최지훈(2004)
  – 75점 → 정수빈(2005)
  – 70점 → 한유리(2007)
• RANK() ... AS R1
  – 동점자에게 같은 순위를 부여하고, 다음 순위는 건너뜀
  – 95점 → 1위, 1위
  – 85점 → 3위, 3위
  – 80점 → 5위
• DENSE_RANK() ... AS R2
  – 동점자에게 같은 순위를 부여하지만, 순위를 건너뛰지 않음
  – 95점 → 1위
  – 85점 → 2위
  – 80점 → 3위
  – 75점 → 4위
따라서 학생ID 2006(오하늘)은 R1 = 3, R2 = 2

다음 실행 결과를 출력하는 SQL의 빈칸 ㉠에 들어갈 내용으로 가장 적절한 것은?

```
WITH EMP AS (
    SELECT '김철수' 사원명, 3200 급여 FROM DUAL
    UNION ALL
    SELECT '이영희', 4500 급여 FROM DUAL
    UNION ALL
    SELECT '박민수', 5200 급여 FROM DUAL
    UNION ALL
    SELECT '최지훈', 5000 급여 FROM DUAL
    UNION ALL
    SELECT '정수빈', 6000 급여 FROM DUAL
    UNION ALL
    SELECT '홍길동', 7000 급여 FROM DUAL
)
SELECT
    사원명,
    급여,
    (SELECT ( ㉠ )
     FROM EMP E2
     WHERE E2.급여 >= E1.급여) AS 순위
FROM EMP E1
ORDER BY 순위;
```

[실행 결과]

사원명	급여	순위
홍길동	7000	1
정수빈	6000	2
박민수	5200	3
최지훈	5000	4
이영희	4500	5
김철수	3200	6

① *

② COUNT(E2.급여)

③ RANK() OVER(ORDER BY E1.급여 DESC)

④ DENSE_RANK() OVER(ORDER BY E1.급여 DESC)

- (SELECT COUNT(E2.급여) ... WHERE E2.급여 >= E1.급여) AS 순위
  - 자기 급여 이상을 받는 사람이 몇 명인지 세는 것
- 사원별 계산
  - 홍길동(7000) → 7000 → 1명 → 1위
  - 정수빈(6000) → 7000, 6000 → 2명 → 2위
  - 박민수(5200) → 7000, 6000, 5200 → 3명 → 3위
  - 최지훈(5000) → 7000, 6000, 5200, 5000 → 4명 → 4위
  - 이영희(4500) → 7000, 6000, 5200, 5000, 4500 → 5명 → 5위
  - 김철수(3200) → 전원 6명 → 6위

49

다음 SQL에 대한 설명으로 가장 적절하지 않은 것은?

[EMP]

EMP_ID	EMP_NAME	DEPT	SALARY
201	Alice	HR	4000
202	Brian	IT	5000
203	Carol	HR	4500
204	David	Sales	3500
205	Emma	IT	6000

```
CREATE TABLE EMP_BACKUP AS
SELECT *
FROM EMP;

UPDATE EMP_BACKUP a
SET SALARY = (
    SELECT SALARY * 1.1
    FROM EMP_BACKUP b
    WHERE a.EMP_ID = b.EMP_ID
      AND b.DEPT = 'HR'
);

SELECT *
FROM EMP_BACKUP
WHERE DEPT = 'HR';
```

① 부서가 'HR'인 사원들의 급여를 10% 인상하는 쿼리이다.

② 최종적으로 조회되는 사원은 Alice, Carol 두 명이다.

③ 부서가 'IT'인 사원들의 급여도 10% 인상되어 결과에 포함된다.

④ CREATE TABLE EMP_BACKUP AS SELECT * FROM EMP; 구문은 EMP의 구조와 데이터를 복사해 EMP_BACKUP 테이블을 생성한다.

UPDATE 서브쿼리 조건은 AND B.DEPT = 'HR'이므로 HR 부서의 급여만 변경됨

① HR 부서 급여 * 1.1 → 맞음
② HR 부서는 Alice, Carol → 맞음
③ IT 부서 급여는 조건에 해당하지 않음 → 틀림
④ CREATE TABLE … AS SELECT (CTAS) 는 구조+데이터 복사 가능 → 맞음

48 ② 49 ③

★ 50

다음 조건에서 실행하는 SQL로 가장 적절한 것은?

[사원]

사원ID	사원명	부서ID	급여
201	김철수	30	2500
202	이영희	30	2800
203	박민수	30	3100
204	최은지	30	3500
205	장호준	30	4000

> 부서ID가 30인 사원들에 대해, 해당 사원의 급여 기준으로 -200 ~ +500 범위에 속하는 사원 수를 구하려 한다.

① SELECT
    사원ID,
    사원명,
    급여,
    COUNT(*) OVER(
        PARTITION BY 부서ID
        ORDER BY 급여
        RANGE BETWEEN 200 PRECEDING
        AND 500 FOLLOWING
) AS 인원수
FROM 사원
WHERE 부서ID = 30
ORDER BY 급여;

② SELECT
    사원ID,
    사원명,
    급여,
    COUNT(*) OVER(
        PARTITION BY 부서ID
        ORDER BY 급여 DESC
        RANGE BETWEEN 200 PRECEDING
        AND 500 FOLLOWING
) AS 인원수
FROM 사원
WHERE 부서ID = 30
ORDER BY 급여 DESC;

③ SELECT
    사원ID,
    사원명,
    급여,
    COUNT(*) OVER(
        ORDER BY 급여
        RANGE BETWEEN 500 PRECEDING
        AND 200 FOLLOWING
) AS 인원수
FROM 사원
WHERE 부서ID = 30
ORDER BY 급여;

④ SELECT
    사원ID,
    사원명,
    급여,
    COUNT(*) OVER(
        PARTITION BY 부서ID
        ORDER BY 급여
        RANGE BETWEEN 500 PRECEDING
        AND 200 FOLLOWING
) AS 인원수
FROM 사원
WHERE 부서ID = 30
ORDER BY 급여;

> 문제 조건을 보면 부서ID = 30이어야 하고 기준 급여에서 -200~+500 범위이어야 하므로 RANGE BETWEEN 200 PRECEDING AND 500 FOLLOWING이어야 함
>
> ② ORDER BY DESC 사용 → 급여 기준이 뒤집혀 결과 왜곡
> ③ PARTITION BY가 없음 → 전체 사원 대상으로 계산됨
> ④ 범위 순서가 반대 (500 PRECEDING ~ 200 FOLLOWING) → 조건 불일치

      50 ①

★★★
01

다음 중 엔터티의 분류에 대한 설명으로 가장 적절하지 않은 것은?

① 업무상 관리할 필요가 있는 실체를 개념적으로 표현한 엔터티를 유형 엔터티라 한다.
② 기본 엔터티는 다른 엔터티에 종속되어 생성되며, 독립적으로 존재할 수 없다.
③ 행위나 사건과 같은 발생 사실을 나타내는 엔터티를 사건 엔터티라 한다.
④ 두 개 이상의 엔터티로부터 파생되어 자주 변경되는 속성을 가지는 엔터티를 행위 엔터티라 한다.

② 기본 엔터티: 독립적으로 생성되며, 다른 엔터티에 의존하지 않으므로 "종속되어 생성된다"라는 설명은 틀림
① 유형 엔터티: 물리적 형태가 존재하거나 관리할 필요가 있는 실체를 표현
③ 사건 엔터티: 업무 처리 과정에서 발생하는 사건이나 행위를 표현
④ 행위 엔터티: 두 개 이상의 엔터티 간의 관계에서 발생하며, 자주 변하는 속성을 가짐

★★
02

다음 중 속성(Attribute)의 분류에 대한 설명으로 가장 적절한 것은?

① PK 속성은 다른 속성의 값을 계산하거나 규칙에 따라 변형하여 생성되는 속성이다.
② FK 속성은 독립적으로 존재하며, 다른 엔터티와의 관계와는 무관하다.
③ 설계 속성은 업무적으로 꼭 필요한 속성으로, 규칙이나 파생과는 관련이 없다.
④ 파생 속성은 다른 속성의 값을 계산하거나 특정 규칙에 의해 변형하여 생성된 속성이다.

파생 속성은 기존 속성을 이용해 계산·변형하여 생성된 속성
① PK 속성은 엔터티 인스턴스를 식별하기 위한 기본키이며, 계산이나 변형으로 생성되지 않음
② FK 속성은 부모 엔터티의 기본키를 참조하는 속성으로, 관계를 나타내며, 독립적인 속성이 아님
③ 설계 속성은 업무에는 필요하지 않지만, 시스템 구현이나 성능을 위해 추가되는 속성

정답　　01 ②　02 ④

다음 중 데이터 모델링의 3가지 주요 관점에 해당하지 않은 것은?

① 데이터 관점
② 프로세스 관점
③ 보안 관점
④ 데이터와 프로세스의 상관 관점

> • 데이터 관점: 어떤 데이터가 필요하고, 어떻게 구조화될지를 보는 관점
> • 프로세스 관점: 데이터가 실제로 어떻게 활용되고 처리되는지 보는 관점
> • 데이터와 프로세스의 상관 관점: 데이터와 프로세스가 서로 어떤 연관성을 갖고 있는지를 파악하는 관점

✿✿✿
04

다음 중 식별자의 분류에 대한 설명으로 가장 적절하지 않은 것은?

① 엔터티 인스턴스를 유일하게 구분할 수 있으며, 유일성·최소성·불변성·존재성을 만족하는 식별자를 주식별자라 한다.
② 주식별자 외에 후보키로 사용될 수 있는 속성을 보조식별자라 한다.
③ 다른 엔터티의 속성을 단순히 복사해 사용하는 경우 이를 인조식별자라 한다.
④ 부모 엔터티의 주식별자가 자식 엔터티의 식별자로 사용되는 경우 외부식별자라 한다.

> 인조식별자(Artificial Identifier): 본질식별자가 복잡하거나 유일성이 확보되지 않을 때 새로 생성한 식별자임

✿✿
05

다음 중 성능 데이터 모델링을 수행할 때 고려해야 할 사항으로 가장 적절하지 않은 것은?

① 데이터베이스의 보안 정책을 상세하게 수립한다.
② 데이터베이스 용량 산정을 수행한다.
③ 발생하는 트랜잭션의 유형을 파악한다.
④ 정규화 수준을 조정하고 PK/FK, 슈퍼타입/서브타입 등을 설계한다.

> 보안 정책은 데이터베이스 운영이나 관리 단계에서 중요한 요소이지만, 성능 데이터 모델링의 주요 고려 사항은 아님

✿✿✿
06

다음 지문에서 설명하는 모델링 단계로 가장 적절한 것은?

> 기본키가 두 개 이상의 속성으로 구성된 경우, 기본키의 일부 속성에만 종속된 부분 함수 종속을 제거하는 과정이다.

① 1차 정규화(1NF)
② 2차 정규화(2NF)
③ 3차 정규화(3NF)
④ BCNF

> 부분 함수 종속 제거 단계로, 복합키의 일부 속성에만 종속되는 속성을 분리하는 것은 2차 정규화를 의미함
>
> ① 1차 정규화(1NF): 반복 속성을 제거하여 모든 속성이 원자 값을 가지도록 하는 단계
> ③ 3차 정규화(3NF): 이행 함수 종속 제거. 일반 속성이 다른 일반 속성에 종속되지 않도록 함
> ④ BCNF: 모든 결정자가 후보키가 되도록 제약

정답   03 ③   04 ③   05 ①   06 ②

★★
07

다음 중 트랜잭션의 특징에 대한 설명으로 가장 적절하지 않은 것은?

① 트랜잭션은 전부 수행되거나 전혀 수행되지 않아야 한다.
② 트랜잭션이 성공적으로 수행되면 그 결과는 영구적으로 반영되어야 한다.
③ 트랜잭션 수행 전과 후의 데이터는 항상 무결성을 유지해야 한다.
④ 트랜잭션은 동시에 실행될 경우, 반드시 순차적으로만 실행되어야 한다.

> • 원자성(Atomicity): 트랜잭션은 모두 수행되거나 전혀 수행되지 않아야 함
> • 영속성(Durability): 성공적으로 끝난 트랜잭션 결과는 영구히 보관됨
> • 일관성(Consistency): 수행 전후 데이터는 항상 무결성 유지
> • 고립성(Isolation): 여러 트랜잭션이 동시에 수행되더라도 상호 간섭 없이 독립적으로 수행

★★
08

다음 중 식별자/비식별자 관계에 대한 설명으로 가장 적절하지 않은 것은?

① 식별자 관계는 부모 엔터티의 기본키가 자식 엔터티의 기본키에 포함되는 강한 종속 관계를 의미한다.
② 비식별자 관계는 부모 엔터티의 기본키가 자식 엔터티의 외래키로만 존재하는 약한 종속 관계를 의미한다.
③ 부모 엔터티와 자식 엔터티의 생명주기가 항상 동일하므로, 비식별자 관계에서는 독립적인 존재가 불가능하다.
④ IE 표기법에서는 식별자 관계를 실선, 비식별자 관계를 점선으로 표현한다.

> • 식별자 관계: 부모 엔터티의 PK가 자식 엔터티의 PK에 포함되어 강한 종속 관계를 맺음
> • 비식별자 관계: 부모 엔터티의 PK가 자식 엔터티의 FK로만 존재, 자식은 독립적인 PK를 가질 수 있음
> • 생명주기: 식별자 관계에서는 부모와 자식이 생명주기를 공유하지만, 비식별자 관계에서는 독립적인 생명주기를 가질 수 있음
> • IE 표기법: 식별자 관계는 실선, 비식별자 관계는 점선으로 표현

★★★
09

다음 중 반정규화(De-Normalization)에 대한 설명으로 가장 적절하지 않은 것은 무엇인가?

① 반정규화는 성능 향상을 위해 정규화된 데이터 모델을 의도적으로 조정하는 과정이다.
② 반정규화는 데이터 무결성을 반드시 보장하므로 검토 과정이 필요하지 않다.
③ 반정규화 기법에는 중복 속성 추가, 테이블 통합, 테이블 분할 등이 있다.
④ 반정규화는 조회 성능 향상을 위해 데이터의 중복을 일부 허용할 수 있다.

> 반정규화는 성능 향상 효과가 있지만, 데이터 무결성이 깨질 수 있으므로 신중한 검토가 반드시 필요함

★★
10

다음 데이터모델에서 수행한 정규화 작업으로 가장 적절한 것은?

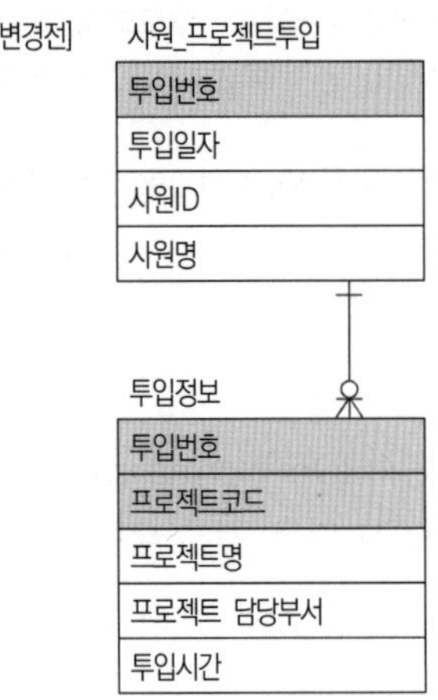

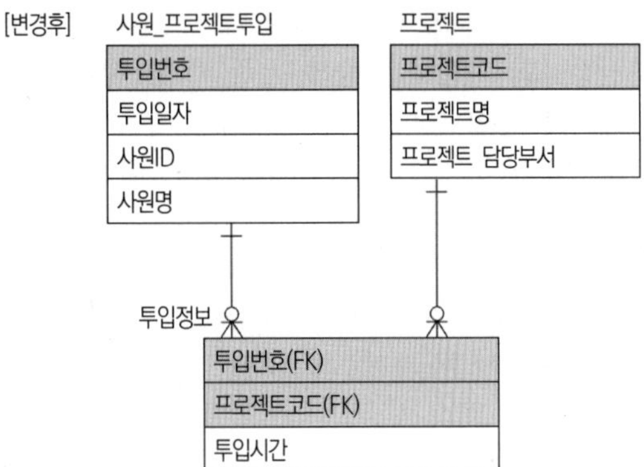

① 1차 정규화(1NF)
② 2차 정규화(2NF)
③ 3차 정규화(3NF)
④ BCNF

• 변경 전 모델
  - 투입정보 엔터티의 기본키는 (투입번호, 프로젝트코드)와 같은 복합키로 구성되어 있음
  - 프로젝트명, 프로젝트 담당부서 속성은 복합키 전체가 아닌, 프로젝트코드에만 종속되어 있으므로 부분 함수 종속(Partial Dependency)이 존재하는 상태
• 변경 후 모델
  → 프로젝트 엔터티를 따로 분리하고, 투입정보에서는 프로젝트코드(FK)만 남겨 부분 함수 종속을 제거함

★★★
11

다음 아래 SQL 중 실행 결과가 NULL이 되는 것은? (DBMS는 오라클로 가정함)

① SELECT NVL(NULL, NULL)
   FROM DUAL;
② SELECT NULLIF(10, 20)
   FROM DUAL;
③ SELECT COALESCE(NULL, 'A', 'B')
   FROM DUAL;
④ SELECT
       CASE
           WHEN 1 = 1 THEN 'Y'
           ELSE NULL
       END
   FROM DUAL;

① NVL(NULL, NULL)
  → NVL 함수는 첫 번째 인자가 NULL이면 두 번째 인자를 반환. 두 번째 인자도 NULL이므로 최종 결과는 NULL
② NULLIF(10, 20)
  → 두 값이 같으면 NULL, 다르면 첫 번째 값을 반환. 10 ≠ 20 이므로 결과는 10
③ COALESCE(NULL, 'A', 'B')
  → NULL이 아닌 첫 번째 값을 반환. 따라서 'A' 반환
④ CASE WHEN 1=1 THEN 'Y' ELSE NULL END
  → WHEN 1=1 조건은 항상 참이므로 ELSE NULL은 실행되지 않고 'Y' 반환

12

다음 SQL의 실행 결과로 가장 적절하지 않은 것은?

① SUBSTR('ORACLE', 2, 3) = 'RAC'
② LENGTH('SQL') = 3
③ REPLACE('DATABASE', 'A', '*') = 'D*TABASE'
④ LPAD('DB', 5, '#') = '###DB'

REPLACE('DATABASE', 'A', '*')는 'DATABASE'에서 A를 *
로 바꾸면 'D*T*B*SE'

13

다음 중 오류가 발생하는 SQL은? (단, T1 테이블에는
C1, C2 컬럼이 존재한다고 가정함)

① SELECT *
   FROM T1 a;
② SELECT a.C1
   FROM T1 a;
③ SELECT T1.C2
   FROM T1 a;
④ SELECT a.*
   FROM T1 a;

③ 테이블에 별칭(a)을 부여하면 원래 테이블명 T1은 사용할
   수 없음
① 테이블 T1에 별칭 a를 부여하고 전체 컬럼 조회
② 별칭 a를 사용하여 C1 컬럼 조회
④ 별칭 a를 통해 모든 컬럼 조회

14

다음 SQL의 실행 결과로 가장 적절한 것은?

[T1]

C1
1
2
2
3

[T2]

C1
2
2
4

```
SELECT COUNT(*)
FROM T1
INNER JOIN T2
  ON T1.C1 = T2.C1;
```

① 2
② 4
③ 6
④ 8

- 현재 데이터 상황
  - T1의 C1: 1, 2, 2, 3
  - T2의 C1: 2, 2, 4
- INNER JOIN T2 ON T1.C1 = T2.C1
  - T1.C1=1 / T2에 1 없음 → 매칭 0건
  - T1.C1=2 (첫 번째) / T2.C1=2 → 매칭 2건
  - T1.C1=2 (두 번째) / T2.C1=2 → 매칭 2건
  - T1.C1=3 / T2에 3 없음 → 매칭 0건
총 매칭 결과는 4건으로 COUNT(*)는 4

15

다음 중 DML(Data Manipulation Language)에 해당하는 명령어는 무엇인가?

① CREATE, DROP, ALTER
② INSERT, UPDATE, DELETE, SELECT
③ GRANT, REVOKE
④ COMMIT, ROLLBACK

② INSERT, UPDATE, DELETE, SELECT는 실제 데이터를 삽입·수정·삭제·조회하는 명령어로 DML(Data Manipulation Language)에 해당함
① CREATE, DROP, ALTER는 객체(테이블, 뷰, 인덱스 등)의 구조를 정의/변경/삭제하는 명령어로 DDL(Data Definition Language)에 해당함
③ GRANT, REVOKE는 사용자 권한을 부여하거나 회수하는 명령어로 DCL(Data Control Language)에 해당함
④ COMMIT, ROLLBACK는 트랜잭션의 결과를 확정하거나 취소하는 명령어로 TCL(Transaction Control Language)에 해당함

16

다음 SQL의 실행 결과로 가장 적절한 것은?

[PRODUCT]

P_ID	CATEGORY	PRICE
2001	A	500
2002	B	1500
2003	A	1000
2004	B	1200
2005	C	800

```
SELECT
    P_ID,
    CATEGORY,
    PRICE
FROM PRODUCT
ORDER BY CATEGORY ASC, PRICE DESC;
```

①

P_ID	CATEGORY	PRICE
2001	A	500
2003	A	1000
2004	B	1200
2002	B	1500
2005	C	800

②

P_ID	CATEGORY	PRICE
2003	A	1000
2001	A	500
2004	B	1200
2002	B	1500
2005	C	800

③

P_ID	CATEGORY	PRICE
2003	A	1000
2001	A	500
2002	B	1500
2004	B	1200
2005	C	800

④

P_ID	CATEGORY	PRICE
2005	C	800
2002	B	1500
2004	B	1200
2003	A	1000
2001	A	500

먼저 CATEGORY를 기준으로 오름차순(A → B → C)하고, 동일한 CATEGORY 내에서 PRICE를 기준으로 내림차순 함
• CATEGORY = A
  → (2003, 1000), (2001, 500)
• CATEGORY = B
  → (2002, 1500), (2004, 1200)
• CATEGORY = C
  → (2005, 800)

정답   15 ② 16 ③

★★
17

아래 SQL의 실행 결과로 가장 적절한 것은? (단, DBMS는 오라클로 가정함)

[TAB]

C1	C2
200	x
200	y
200	Y
201	y

```
SELECT COUNT(*)
FROM TAB
WHERE (C1, C2) IN ((200,'y'), (201, 'y'));
```

① 1
② 2
③ 3
④ 4

(C1, C2) IN ((200, 'y'), (201, 'y'))는 (200 AND 'y') 또는 (201 AND 'y')를 의미함
• (200, 'x') → 불일치
• (200, 'y') → (200, 'y')와 일치
• (200, 'Y') → 대소문자 구분됨(오라클은 대소문자를 구분함) → 불일치
• (201, 'y') → (201, 'y')와 일치
따라서 총 2건 조회

★★★
18

다음 중 집합 연산자에 대한 설명으로 가장 적절하지 않은 것은?

① INTERSECT는 두 집합의 교집합을 반환하며, 중복된 행은 제거된다.
② MINUS는 첫 번째 SELECT 결과에서 두 번째 SELECT 결과를 제외한 차집합을 반환한다.
③ UNION은 중복을 제거한 합집합 결과를 반환한다.
④ UNION ALL은 중복을 제거한 후 합집합 결과를 반환한다.

④ UNION ALL: "중복을 제거한 후 반환한다"라고 되어 있으나, 실제로는 중복을 제거하지 않고 모두 반환함
① INTERSECT: 교집합 반환, 중복 제거
② MINUS: 차집합 연산
③ UNION: 합집합, 중복은 자동 제거됨

★★
19

다음 중 DROP, DELETE, TRUNCATE에 대한 설명 중 가장 적절하지 않은 것은?

① DROP 명령은 테이블 정의 자체를 삭제하여 데이터뿐 아니라 객체 구조까지 제거한다.
② TRUNCATE 명령은 모든 데이터를 삭제하며, 자동으로 COMMIT이 수행된다.
③ DELETE 명령은 WHERE절을 사용하여 특정 행만 삭제할 수 있고, 롤백(ROLLBACK)이 가능하다.
④ DELETE와 TRUNCATE 모두 트랜잭션 로그를 남기지 않기 때문에, 실행 후 ROLLBACK이 불가능하다.

DELETE는 트랜잭션 로그를 남기므로 ROLLBACK이 가능하지만 TRUNCATE는 롤백 불가
• DROP: 테이블 정의 자체를 삭제, 데이터와 스키마 모두 제거
• TRUNCATE: 모든 데이터 삭제, 자동 COMMIT, 테이블 구조 유지
• DELETE: WHERE절로 특정 행만 삭제 가능, 트랜잭션 로그 기록, ROLLBACK 가능

20

다음 SQL의 실행 결과로 가장 적절한 것은?

```
SELECT LTRIM('XXYYXX', 'X')
FROM DUAL;
```

① YYXX
② XXYYXX
③ XYXX
④ YY

원본 문자열 'XXYYXX'에서 LTRIM을 사용하여 왼쪽부터 'X'를 제거함

- 첫 번째 X 제거 → 'XYYXX'
- 두 번째 X 제거 → 'YYXX'

이제 왼쪽 첫 문자가 Y이므로 더 이상 제거하지 않음. 따라서 최종 결과는 'YYXX'

21

다음 조건에 해당하는 학생명을 조회하는 SQL로 가장 적절한 것은?

학생의 이름이 4글자 이상이고, 세 번째 글자가 '수'인 경우

① SELECT name
   FROM student
   WHERE name LIKE '_ _수%';
② SELECT name
   FROM student
   WHERE name LIKE '_수%';
③ SELECT name
   FROM student
   WHERE name LIKE '%수_ _';
④ SELECT name
   FROM student
   WHERE name LIKE '수_ _%';

언더스코어(_)는 정확히 한 글자를 의미함. _ _수%는 "앞에 최소 두 글자 + 세 번째가 '수' + 뒤에 0글자 이상"을 의미함. 따라서 LIKE '_ _수%';

22

다음 중 아래 순위 함수에 대한 설명으로 가장 적절하지 않은 것은?

① ROW_NUMBER() 함수는 정렬된 결과 집합에서 각 행에 대해 1부터 시작하는 고유한 순번을 반환한다.
② RANK() 함수는 동일한 값에 대해 동일한 순위를 부여하고, 동일 값 이후의 순위는 건너뛰어 반환한다.
③ DENSE_RANK() 함수는 동일한 값이 존재할 경우 건너뛴 순위를 반환하며, 이후 순위는 중복 개수만큼 증가한다.
④ NTILE(n) 함수는 결과 집합을 n개의 그룹으로 나누어, 각 행에 그룹 번호를 순차적으로 부여한다.

③ DENSE_RANK()는 동순위 발생 시 같은 순위를 부여하지만, 이후 순위를 건너뛰지 않고 연속적으로 부여함
  ⓔ 값 (100, 100, 90) → 순위 (1, 1, 2)
① ROW_NUMBER()는 정렬된 결과 집합에서 각 행에 대해 고유 번호를 순차적으로 매김
② RANK()는 동순위 발생 시 같은 순위를 부여하고, 이후 순위는 건너뜀
④ NTILE(n)는 전체 결과 집합을 균등하게 n개의 그룹으로 나누고 그룹 번호 부여

23

다음 SQL을 실행했을 때 오류가 발생한 원인으로 가장 적절한 것은?

```
SELECT DEPTNO, COUNT(*) AS CNT
FROM EMP
HAVING JOB = 'MANAGER'
GROUP BY DEPTNO
ORDER BY CNT DESC;
```

① SELECT절에서 COUNT(*) 집계 함수를 사용하고 있어 오류가 발생한다.
② ORDER BY절에서 별칭(Alias)을 사용하고 있어 오류가 발생한다.
③ HAVING절에서 집계 함수가 아닌 일반 컬럼 조건을 사용하고 있어 오류가 발생한다.
④ GROUP BY절에서 DEPTNO 컬럼을 사용하고 있어 오류가 발생한다.

HAVING JOB = 'MANAGER'은 HAVING절은 집계 함수 조건을 작성해야 하는 함수이며, JOB = 'MANAGER' 같은 일반 컬럼 조건은 반드시 WHERE절에서 사용해야 함

★
24

다음 SQL 함수의 실행 결과로 가장 적절한 것은? (단, DBMS는 오라클로 가정함)

① MOD(10, 4) = 2
② ROUND(12.345, 1) = 12.4
③ CHR(65) = '65'
④ TRIM(TRAILING 'X' FROM 'XXABX') = 'AB'

① MOD(10, 4)
→ 나머지 연산: 10 ÷ 4 = 2 ⋯ 나머지 2 반환
② ROUND(12.345, 1)
→ 소수점 첫째 자리까지 반올림하면 12.3 반환
③ CHR(65)
→ ASCII 코드 65는 'A' 반환
④ TRIM(TRAILING 'X' FROM 'XXABX')
→ 오른쪽 'X'를 제거하면 'XXAB' 반환

★★
25

다음 SQL의 실행 결과로 가장 적절한 것은?

[직원]

직원ID	직원명
E-01	홍길동
E-02	이순신

[부서]

부서ID	부서명
D-01	인사팀
D-02	개발팀
D-03	영업팀
D-04	총무팀

```
SELECT COUNT(*)
FROM 직원
CROSS JOIN 부서;
```

① 2
② 4
③ 6
④ 8

CROSS JOIN은 두 테이블의 모든 행을 곱집합(Cartesian Product)으로 결합
• [직원] 테이블의 행 개수 = 2
• [부서] 테이블의 행 개수 = 4
결과 = 2 × 4 = 8 행

26

★★

다음 SQL의 실행 결과와 동일한 결과를 반환하는 구문은?

```
SELECT *
FROM EMP
WHERE (DEPTNO, JOB) IN ((10, 'MANAGER'), (20, 'CLERK'));
```

① SELECT *
　FROM EMP
　WHERE DEPTNO = 10
　　AND JOB = 'MANAGER'
　　OR JOB = 'CLERK';

② SELECT *
　FROM EMP
　WHERE (DEPTNO = 10 AND JOB = 'MANAGER')
　　OR (DEPTNO = 20 AND JOB = 'CLERK');

③ SELECT *
　FROM EMP
　WHERE DEPTNO IN (10, 20)
　　AND JOB IN ('MANAGER', 'CLERK');

④ SELECT *
　FROM EMP
　WHERE DEPTNO = 10
　　OR JOB = 'MANAGER';

(DEPTNO, JOB) IN ((10, 'MANAGER'), (20, 'CLERK'))는 (10, MANAGER) 또는 (20, CLERK) 튜플만 만족해야 한다는 의미로 (DEPTNO = 10 AND JOB = 'MANAGER') OR (DEPTNO = 20 AND JOB = 'CLERK') 과 동일한 의미

① (DEPTNO = 10 AND JOB = 'MANAGER' OR JOB = 'CLERK' → JOB = 'CLERK'만 만족해도 모두 반환

③ DEPTNO IN (10, 20) AND JOB IN ('MANAGER', 'CLERK') → 조합이 교차 가능하므로 (10, CLERK)나 (20, MANAGER)도 허용됨

④ DEPTNO = 10 OR JOB = 'MANAGER'
　→ 단순한 OR 조건으로 결과 집합 과도하게 넓음

27

★★★

다음 SQL의 실행 결과로 가장 적절한 것은?

[고객]

고객ID	고객명	지역
201	이지훈	서울
202	김민지	부산
203	박성호	서울

[주문]

주문ID	고객ID	지역
501	201	서울
502	202	대전
503	204	서울

```
SELECT COUNT(*)
FROM 고객
NATURAL JOIN 주문;
```

① 1
② 2
③ 3
④ 오류 발생

NATURAL JOIN은 동일한 이름의 모든 컬럼을 기준으로 자동 조인을 수행함. 여기서는 고객 테이블과 주문 테이블 모두 고객ID, 지역이라는 두 컬럼이 존재하므로, 두 컬럼 모두를 기준으로 조인
• 고객.고객ID = 주문.고객ID
• 고객.지역 = 주문.지역
따라서 고객(201,서울)은 주문(201, 서울)과 매칭되어 총 1행

⭐⭐⭐
28

직원 테이블에서 직원명은 오름차순, 부서는 오름차순, 급여는 내림차순으로 조회하려 한다. 이에 가장 적절한 SQL문은?

① SELECT
　　　직원명,
　　　부서,
　　　급여
　　FROM 직원
　　ORDER BY
　　직원명 ASC,
　　부서 DESC,
　　급여 DESC;

② SELECT
　　　직원명,
　　　부서,
　　　급여
　　FROM 직원
　　ORDER BY
　　직원명,
　　부서,
　　급여;

③ SELECT
　　　직원명,
　　　부서,
　　　급여
　　FROM 직원
　　ORDER BY
　　직원명 ASC,
　　부서 ASC,
　　급여 DESC;

④ SELECT
　　　직원명,
　　　부서,
　　　급여
　　FROM 직원
　　ORDER BY
　　직원명 DESC,
　　부서 ASC,
　　급여 DESC;

③ 직원명 오름차순 → 직원명 ASC
　부서 오름차순 → 부서 ASC
　급여 내림차순 → 급여 DESC
① 직원명은 오름차순이어야 하는데, 부서를 DESC로 정렬해서 조건 불일치
② ORDER BY 뒤에 기본 정렬은 ASC지만, 급여를 DESC로 명시하지 않아 조건 불일치
④ 직원명을 내림차순(DESC)으로 정렬해서 조건 불일치

⭐⭐
29

다음 SQL의 실행 결과로 가장 적절한 것은?

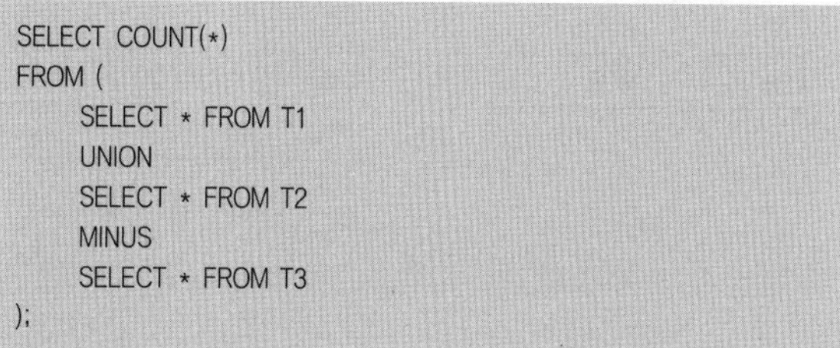

[T1]	[T2]	[T3]
COL1	COL1	COL1
10	20	30
20	30	50
30	50	
40	60	

```
SELECT COUNT(*)
FROM (
    SELECT * FROM T1
    UNION
    SELECT * FROM T2
    MINUS
    SELECT * FROM T3
);
```

① 3
② 4
③ 5
④ 6

- SELECT * FROM T1 UNION SELECT * FROM T2
  → UNION은 중복 제거하므로 결과는 {10, 20, 30, 40, 50, 60} (총 6개)
- 위 결과에서 MINUS SELECT * FROM T3
  → T3 값 = {30, 50}이므로 {10, 20, 40, 60} 이 남음 (총 4개)
- COUNT(*)이므로 최종 결과 개수 = 4

★★
30

다음 SQL의 실행 결과로 가장 적절한 것은?

[TABLE_B]

COL1	COL2
5	10
10	20
15	25
20	30
25	35

```
SELECT *
FROM TABLE_B
WHERE COL1 >= ALL(10, 15)
    AND COL2 >= ANY(20, 30);
```

①

COL1	COL2
15	25
20	30
25	35

②

COL1	COL2
10	20
15	25

③

COL1	COL2
20	30
25	35

④

COL1	COL2
5	10
10	20
15	25
20	30
25	35

- COL1 >= ALL(10, 15)
  - ALL은 모든 값 이상이어야 하므로 COL1 >= 15
  - 후보: {(15, 25), (20, 30), (25, 35)}
- COL2 >= ANY(20, 30)
  - ANY는 하나라도 만족하면 되므로 COL2 >= 20 OR COL2 >= 30, 사실상 COL2 >= 20과 동일
  - 위 후보 {(15, 25), (20, 30), (25, 35)} 모두 통과
최종적으로 {(15, 25), (20, 30), (25, 35)} 출력

★★★
31

다음 SQL의 실행 결과로 가장 적절한 것은?

```
CREATE TABLE TBL (
    C1 NUMBER
);

INSERT INTO TBL VALUES (5);
INSERT INTO TBL VALUES (10);
INSERT INTO TBL VALUES (15);

SAVEPOINT A1;

UPDATE TBL SET C1 = 20 WHERE C1 = 10;

SAVEPOINT A2;

DELETE FROM TBL WHERE C1 >= 15;

ROLLBACK TO A2;

INSERT INTO TBL VALUES(25);

SELECT MAX(C1) FROM TBL;
```

① 10 ② 15
③ 20 ④ 25

- 테이블 생성 및 초기 데이터 삽입
  - 현재 상태 : {5, 10, 15}
- SAVEPOINT A1;
  - 현재 상태 저장
- UPDATE TBL SET C1 = 20 WHERE C1 = 10;
  - C1이 10일 때 C1을 20으로 수정
  - 현재 상태 : {5, 20, 15}
- SAVEPOINT A2;
  - 현재 상태 저장
- DELETE FROM TBL WHERE C1 >= 15;
  - C1이 15 이상인 행 삭제
  - 현재 상태 : {5}
- ROLLBACK TO A2;
  - A2 시점으로 복원
  - 현재 상태 : {5, 20, 15}
- INSERT INTO TBL VALUES (25);
  - 25 삽입
  - 현재 상태 : {5, 20, 15, 25}
- SELECT MAX(C1) FROM TBL;
  - 최댓값은 25

✿✿✿
32

다음 테이블에 대한 INSERT 구문 수행 시 오류가 발생하지 않는 SQL문은?

```
CREATE TABLE STUDENT (
    STU_ID NUMBER PRIMARY KEY,
    STU_NO NUMBER UNIQUE,
    NAME VARCHAR2(30) NOT NULL,
    GENDER VARCHAR2(1)
);
```

① INSERT INTO STUDENT VALUES (100, 200, NULL, 'M');
② INSERT INTO STUDENT (STU_ID, NAME, GENDER) VALUES (101, 'Alice', 'F');
③ INSERT INTO STUDENT (STU_ID, STU_NO) VALUES ('M', 200);
④ INSERT INTO STUDENT VALUES (103, 200, NULL, 'M');

② 모든 제약조건 충족하므로 정상 실행
① NAME이 NULL이라 NOT NULL 제약 위반 오류 발생
③ 숫자 형식에 문자열이 들어가 데이터 형식 오류 발생
④ NAME이 NULL이라 NOT NULL 제약 위반 오류 발생

✿✿✿
33

다음 SQL의 실행 결과로 가장 적절한 것은?

[EMP]

EMP_NO	NAME
1	SMITH
2	ALLEN
3	miller
4	adams
5	clark
6	blake

```
SELECT COUNT(*)
FROM EMP
WHERE NAME LIKE '%a%';
```

① 2
② 3
③ 4
④ 5

LIKE '%a%'는 소문자 a가 포함된 문자열만 매칭
• SMITH → 소문자 a 없으므로 불일치
• ALLEN → 소문자 a 없으므로 불일치
• miller → 소문자 a 없으므로 불일치
• adams → 소문자 a 있으므로 일치
• clark → 소문자 a 있으므로 일치
• blake → 소문자 a 있으므로 일치

다음 SQL의 실행 결과로 가장 적절한 것은?

```
SELECT REGEXP_SUBSTR('Apple, Banana, Cherry', '[^,]+', 1, 3)
FROM DUAL;
```

① Apple
② Banana
③ Cherry
④ AppleBanana

- REGEXP_SUBSTR(문자열, 패턴, 시작위치, 반복번째)
  - '[^,]+': [^,]는 콤마(,)가 아닌 문자, +는 하나 이상 반복한다는 의미로 콤마로 구분된 단어 단위를 추출
  - 1: 문자열 시작 위치부터 검색
  - 3: 세 번째 매칭 항목 반환
- 문자열 대입
  - 'Apple, Banana, Cherry'를 콤마 기준으로 매칭
  - 세 번째 매칭 항목은 Cherry

다음 SQL의 실행 결과로 가장 적절한 것은?

[부서]

부서번호	부서명
10	총무부
20	인사부
30	영업부

[백업]

부서번호	부서명
20	인사부
30	영업부
40	마케팅부

```
SELECT COUNT(*)
FROM (
    SELECT 부서번호, 부서명 FROM 부서
    UNION
    SELECT 부서번호, 부서명 FROM 백업
);
```

① 3
② 4
③ 5
④ 6

UNION은 중복 제거 후 결과를 합치는 연산자임. 두 테이블을 합치면 결과 집합은 {(10, 총무부), (20, 인사부), (30, 영업부), (40, 마케팅부)}가 되고 총 4건이므로 COUNT(*) = 4 반환됨

★★★
36

다음 SQL의 실행 결과로 가장 적절한 것은?

[T1]
C1
1
2
3

[T2]
C2
2
3
4

[T3]
C3
2
3
NULL

```
SELECT COUNT(*)
FROM T1
INNER JOIN T2
  ON T1.C1 = T2.C2
INNER JOIN T3
  ON T1.C1 = T3.C3;
```

① 1

② 2

③ 3

④ 0

- INNER JOIN T2 ON T1.C1 = T2.C2
  - 현재 T1의 C1: {1, 2, 3}
  - 현재 T2의 C2: {2, 3, 4}
  - 매칭 결과: {2, 3}
- INNER JOIN T3 ON T1.C1 = T3.C3 (위 결과와 T3 조인)
  - 현재 T3의 C3: {2, 3, NULL}
  - 매칭 결과: {2, 3}
- COUNT(*)
  - 최종 행 개수: 2

★★
37

다음 중 GROUP BY절과 HAVING절에 대한 설명으로 가장 적절하지 않은 것은?

① GROUP BY절은 지정된 컬럼 값을 기준으로 행들을 그룹화한다.

② HAVING절에서는 집계 함수(예 SUM, AVG 등)를 사용할 수 없고 단순 조건만 지정해야 한다.

③ HAVING절은 일반적으로 GROUP BY절 뒤에 위치한다.

④ GROUP BY절에서 SELECT절에 사용된 별칭(Alias)을 사용할 수 있다.

HAVING은 집계 함수 조건을 걸기 위해 쓰는 절이기에 "집계 함수를 사용할 수 없다"는 설명은 틀린 설명임

★
38

다음 중 VIEW에 대한 설명으로 가장 적절하지 않은 것은?

① 뷰(View)는 실제 데이터를 저장하며, 테이블과 동일하게 물리적 저장공간을 차지한다.

② 뷰는 특정 컬럼이나 행만 보여주도록 정의할 수 있어 데이터 보안 측면에서 유용하다.

③ 뷰를 사용하면 동일한 SQL을 반복 작성하지 않고 재사용할 수 있어 유지보수가 편리하다.

④ 뷰는 기본 테이블을 기반으로 하며, 기본 테이블 구조가 변경되면 뷰에도 영향을 줄 수 있다.

뷰(View)
- 가상의 테이블로, 실제 데이터를 저장하지 않고 SELECT문을 저장해 둔 객체
- 뷰를 조회하면 저장된 SELECT문이 실행되어, 기본 테이블의 데이터를 보여줌
- 뷰 자체는 데이터를 보관하지 않음
- 민감 데이터는 숨기고 필요한 데이터만 제공 가능
- 재사용성/편의성 높음
- 뷰는 기본 테이블에 의존

정답   36 ② 37 ② 38 ①

다음 학생수학점수 테이블에서 수학점수가 높은 순으로 3등까지 출력하되, 3등의 점수가 동일한 학생이 있다면 함께 출력하려 한다. 이에 가장 적절한 SQL은? (단, DBMS는 SQL Server를 가정함)

[학생수학점수]

학번	학생명	수학점수
1	김수현	95
2	박영수	90
3	최민지	85
4	이다은	85
5	정호석	70
6	오세훈	60

① SELECT
　　　TOP(3) 학번,
　　　학생명,
　　　수학점수
　　FROM 학생수학점수
　　ORDER BY 수학점수 DESC;
② SELECT
　　　TOP(3) 학번,
　　　학생명,
　　　수학점수
　　FROM 학생수학점수
　　ORDER BY 학번 ASC;
③ SELECT
　　　학번,
　　　학생명,
　　　수학점수
　　FROM 학생수학점수
　　WHERE 수학점수 >= 85;
④ SELECT
　　　TOP(3) WITH TIES 학번,
　　　학생명,
　　　수학점수
　　FROM 학생수학점수
　　ORDER BY 수학점수 DESC;

④ TOP(n) WITH TIES 구문은 ORDER BY 기준으로 상위 N개를 동점자를 포함하여 함께 출력함. 즉, 동점자를 포함하여 점수 상위 3등까지 출력함.
① 단순히 TOP(3)을 지정하면 점수 상위 3명만 출력함. 동점자가 있어도 잘라서 출력함.
② 학번 기준 정렬이므로 점수 순서와 상관없음
③ 수학점수가 85 이상 조건으로 출력하면 "상위 3등까지만"이라는 조건을 충족하지 못함

★★
40

다음 SQL에 대한 설명으로 가장 적절한 것은?

```
SELECT
    부서번호,
    AVG(급여) AS 평균급여,
    COUNT(*) OVER(
        ORDER BY AVG(급여)
        RANGE BETWEEN 500 PRECEDING AND 500 FOLLOWING
    ) AS 범위내부서_CNT
FROM 사원
GROUP BY 부서번호;
```

① 범위내부서_CNT 컬럼은 부서별 평균급여를 기준으로 ±500 범위 내에 존재하는 부서의 개수를 구한다.
② 범위내부서_CNT 컬럼은 부서 전체의 평균급여를 기준으로 ±500 범위 내에 존재하는 사원 수를 구한다.
③ ORDER BY절에 집계 함수를 사용했으므로 오류가 발생한다.
④ RANGE 대신 ROWS를 사용하면 동일한 결과가 나온다.

• GROUP BY 부서번호
　→ 부서별로 데이터를 묶음
• SELECT 부서번호 AVG(급여)
　→ 각 부서의 평균 급여(AVG(급여))를 구함
• ORDER BY AVG(급여)
　→ 부서별 평균 급여를 기준으로 정렬
• COUNT(*) OVER … RANGE BETWEEN 500 PRECEDING AND 500 FOLLOWING)
　→ 부서별 평균 급여를 기준으로 ±500 범위 안에 포함되는 부서 행의 개수

41

다음 중 테이블의 컬럼을 수정할 때 고려해야 할 점으로 가장 적절하지 않은 것은? (단, DBMS는 오라클을 가정함)

① 컬럼의 데이터 유형을 변경하려면 해당 컬럼이 비어 있거나, 기존 값이 새로운 유형으로 변환 가능해야 한다.
② 컬럼의 데이터 크기는 제약 없이 자유롭게 축소하거나 늘릴 수 있다.
③ 컬럼에 NOT NULL 제약을 추가하려면 기존에 NULL 값이 없어야 한다.
④ 컬럼의 DEFAULT 값을 변경하면, 이후 입력되는 행에 대해서만 새로운 값이 적용된다.

> 컬럼 크기를 줄이는 경우 기존 데이터가 크기를 초과하면 오류가 발생함. 늘리는 것은 자유롭지만 축소는 데이터 검증이 필요함.

42

다음 SQL의 실행 결과로 가장 적절한 것은? (단, DBMS는 오라클을 가정함)

[EMP_SAL]

EMP_ID	EMP_NAME	SALARY	BONUS
201	Kim	4000	900
202	Lee	5200	1200
203	Park	4700	700
204	Choi	6000	1000
205	Jung	4500	1100

```
SELECT MAX(SALARY) + MIN(TO_CHAR(BONUS))
FROM EMP_SAL;
```

① 7000
② 7100
③ 6000
④ 오류 발생

> • MAX(SALARY)
>   - SALARY의 최댓값: 6000
> • MIN(TO_CHAR(BONUS))
>   - BONUS 값을 문자형으로 변환 후 문자열 비교함. 이때 기준은 숫자 크기 순이 아니라 사전순임.
>   - 문자열 비교 순서: '1000' 〈 '1100' 〈 '1200' 〈 '700' 〈 '900'
>   - 문자열 변환한 BONUS의 최소값: '1000'
> 오라클은 문자 '1000'을 숫자로 암묵 변환하므로 6000 + '1000' = 7000

★★★
43

다음 중 아래 계층형 쿼리에 대한 설명으로 가장 적절한 것은?

[EMP]

EMP_ID	MGR_ID	EMP_NAME
1	NULL	James
2	1	Linda
3	1	Kevin
4	2	Susan
5	2	Frank
6	3	Lisa
7	6	Andrew

```
SELECT
    EMP_ID,
    MGR_ID,
    EMP_NAME
FROM EMP
START WITH MGR_ID IS NULL
CONNECT BY PRIOR EMP_ID = MGR_ID;
```

① James의 하위 노드만 조회되고 James 자신은 출력되지 않는다.

② 루트 노드인 James부터 시작하여 각 사원의 상위-하위 관계가 계층적으로 출력된다.

③ CONNECT BY PRIOR EMP_ID = MGR_ID 대신 CONNECT BY MGR_ID = PRIOR EMP_ID를 사용해야만 정상 동작한다.

④ 루트 노드가 여러 개일 경우 오류가 발생하여 쿼리가 실행되지 않는다.

계층형 쿼리는 루트 노드(James)부터 시작하여 CONNECT BY PRIOR EMP_ID = MGR_ID 조건에 따라 상위-하위 관계를 따라 내려가며 데이터를 조회함. 즉, James → Linda, Kevin → Susan, Frank, Lisa → Andrew 형태로 계층적으로 출력됨

① START WITH MGR_ID IS NULL 조건이므로 James(루트 노드)도 포함됨

③ CONNECT BY PRIOR EMP_ID = MGR_ID가 계층형 관계를 표현하는 올바른 구문

④ 루트 노드가 여러 개일 경우에도 쿼리는 오류가 아니라 여러 루트부터 각각 계층 구조를 출력함

★★★
44

다음 SQL의 실행 결과로 가장 적절한 것은? (단, DBMS는 오라클을 가정함)

[TBL]

COL1	COL2	COL3
10	NULL	20
NULL	30	10
15	25	NULL
NULL	NULL	30
20	40	20

```
SELECT
    NVL(MAX(COL1), 0),
    NVL(MIN(COL2), 0),
    SUM(NVL(COL3, 0))
FROM TBL;
```

① 20, 25, 50

② 20, 30, 80

③ 20, 25, 80

④ 0, 25, 60

- NVL(MAX(COL1), 0)
  - 현재 COL1: 10, NULL, 15, NULL, 20
  - COL1의 최대값은 20, NVL 적용 시 그대로 20
- NVL(MIN(COL2), 0)
  - 현재 COL2: NULL, 30, 25, NULL, 40
  - COL2의 최소값은 25, NVL 적용 시 그대로 25
- SUM(NVL(COL3, 0))
  - 현재 COL3: 20, 10, NULL, 30, 20
  - NULL을 0으로 변환하면 20, 10, 0, 30, 20
  - 합계: 20 + 10 + 0 + 30 + 20 = 80
따라서 순서대로 20, 25, 80 출력

★★★
45

다음 SQL의 실행 결과로 가장 적절한 것은? (단, DBMS는 오라클을 가정함)

[TAB]

STD_NAME	KOR	ENG	MATH
Ann	70	80	90
Ben	85	95	100
Chris	60	75	80

```
SELECT
    STD_NAME,
    SUBJECT,
    SCORE
FROM TAB
UNPIVOT (
    SCORE
    FOR SUBJECT IN (
        KOR,
        ENG,
        MATH
    )
)
WHERE STD_NAME = 'Ben'
ORDER BY SUBJECT;
```

①
STD_NAME	SUBJECT	SCORE
Ben	SUBJECT	280

②
STD_NAME	SUBJECT	SCORE
Ben	KOR	85
Ben	ENG	95

③
STD_NAME	SUBJECT	SCORE
Ben	KOR	85
Ben	ENG	95
Ben	MATH	NULL

④
STD_NAME	SUBJECT	SCORE
Ben	ENG	95
Ben	KOR	85
Ben	MATH	100

- UNPIVOT (SCORE FOR SUBJECT IN (KOR, ENG, MATH))
  - KOR, ENG, MATH 컬럼을 각각 행으로 변환
  - 컬럼명은 SUBJECT, 값은 SCORE로 매핑됨
- WHERE STD_NAME = 'Ben'
  - Ben의 성적만 추출
- ORDER BY SUBJECT
  - SUBJECT 기준 정렬 (ENG → KOR → MATH 순서)
  - 따라서 결과는
    (Ben, ENG, 95)
    (Ben, KOR, 85)
    (Ben, MATH, 100)

★★★
46

다음 SQL의 실행 결과와 일치하는 SQL은 무엇인가? (단, DBMS는 오라클을 가정함)

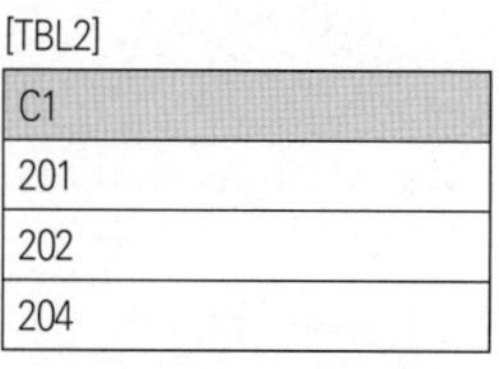

[TBL1]

C1
200
201
202
203

[TBL2]

C1
201
202
204

```
SELECT DISTINCT A.C1
FROM TBL1 A
WHERE NOT EXISTS (
    SELECT 1
    FROM TBL2 B
    WHERE B.C1 = A.C1
);
```

① SELECT C1 FROM TBL1
   UNION
   SELECT C1 FROM TBL2;
② SELECT C1 FROM TBL1
   UNION ALL
   SELECT C1 FROM TBL2;
③ SELECT C1 FROM TBL1
   MINUS
   SELECT C1 FROM TBL2;
④ SELECT C1 FROM TBL1
   INTERSECT
   SELECT C1 FROM TBL2;

NOT EXISTS 서브쿼리는 TBL1의 값 중 TBL2에 없는 값만 반환하므로 TBL1 - TBL2 (차집합)을 구하는 것과 같음. {200, 201, 202, 203} - {201, 202, 204} = {200, 203}

③ MINUS → 차집합 {200, 203} 이므로 원래 쿼리 결과와 동일
① UNION → 합집합 {200, 201, 202, 203, 204}
② UNION ALL → 중복 포함한 합집합 {200, 201, 201, 202, 202, 203, 204}
④ INTERSECT → 교집합 {201, 202}

정답

45 ④   46 ③

★★★
47

다음 SQL의 실행 결과로 가장 적절한 것은?

```
CREATE TABLE TBL (
    COL1 NUMBER
);

INSERT INTO TBL VALUES (10);
INSERT INTO TBL VALUES (20);

SAVEPOINT S1;

DELETE FROM TBL WHERE COL1 = 20;

ROLLBACK TO S1;

INSERT INTO TBL VALUES (30);

ROLLBACK;

INSERT INTO TBL VALUES (40);

SELECT COUNT(*) FROM TBL;
```

① 1 ② 2
③ 3 ④ 4

- 테이블 생성 및 초기 데이터 삽입
  - 현재 상태: {10, 20}
- SAVEPOINT S1;
  - 현재 상태 저장
- DELETE FROM TBL WHERE COL1 = 20;
  - COL1이 20인 행 삭제
  - 현재 상태: {10}
- ROLLBACK TO S1;
  - S1 시점으로 복원
  - 현재 상태: {10, 20}
- INSERT INTO TBL VALUES (30);
  - 30 삽입
  - 현재 상태: {10, 20, 30}
- ROLLBACK;
  - 트랜잭션 전체 취소. 테이블 완전 비움
- INSERT INTO TBL VALUES (40);
  - 40 삽입
  - 현재 상태: {40}
- SELECT COUNT(*) FROM TBL;
  - 행의 개수: 1

★★★
48

다음 SQL을 실행했을 때, 빈칸 ㉠에 들어갈 내용으로 가장 적절한 것은?

[직원급여]

부서명	직급	급여
인사팀	대리	4000
인사팀	과장	6000
인사팀	사원	3000
총무팀	과장	5500
총무팀	사원	3500
영업팀	대리	5000
영업팀	과장	6500

```
SELECT
    부서명,
    직급,
    SUM(급여)
FROM 직원급여
GROUP BY ( ㉠ );
```

[실행 결과]

부서명	직급	SUM(급여)
NULL	NULL	33500
NULL	과장	18000
NULL	대리	9000
NULL	사원	6500
인사팀	NULL	13000
인사팀	과장	6000
인사팀	대리	4000
인사팀	사원	3000
총무팀	NULL	9000
총무팀	과장	5500
총무팀	사원	3500
영업팀	NULL	11500
영업팀	과장	6500
영업팀	대리	5000

① ROLLUP(부서명, 직급)
② 부서명, ROLLUP(직급)
③ GROUPING SETS(부서명, 직급)
④ CUBE(부서명, 직급)

실행 결과는 (부서명, 직급)별 상세, (부서명)별 소계, (직급)별 소계, 전체 합계가 생성됨.

④ CUBE(부서명, 직급)
  • (부서명, 직급)별 상세, (부서명)별 소계, (직급)별 소계, 전체 합계 생성되므로 일치
① ROLLUP(부서명, 직급)
  • (부서명, 직급)별 상세, (부서명)별 소계, 전체 합계 생성
  • (직급)별 소계가 빠짐
② 부서명, ROLLUP(직급)
  • (부서명, 직급)별 상세, (부서명)별 소계 생성
  • (직급)별 소계, 전체 합계가 빠짐
③ GROUPING SETS(부서명, 직급)
  • (부서명, 직급)별 상세, (부서명)별 소계, (직급)별 소계 생성
  • 전체 합계가 빠짐

⭐⭐
49

다음 두 테이블을 조인할 때, 오류가 발생하는 SQL은?
(단, DBMS는 오라클을 가정함)

[T1]

ID	COL1
1	A
2	B
3	C

[T2]

ID	COL2
1	X
2	Y
4	Z

① SELECT *
   FROM T1
   LEFT OUTER JOIN T2
     USING(ID);
② SELECT *
   FROM T1
   RIGHT JOIN T2
     USING(ID);
③ SELECT *
   FROM T1
   LEFT JOIN T2
     USING(T1.ID);

④ SELECT *
   FROM T1 JOIN T2
     USING(ID);

USING절 내 컬럼 기재 시 테이블 이름이나 별칭 사용 불가
• INNER JOIN
  - 두 테이블에서 조인 조건에 모두 일치하는 행만 반환
• LEFT OUTER JOIN
  - 왼쪽 테이블(T1)의 모든 행을 반환
  - 오른쪽 테이블(T2)에 매칭되는 값이 없으면 NULL로 채움
  - ON, USING 모두 사용 가능
• RIGHT OUTER JOIN
  - 오른쪽 테이블(T1)의 모든 행을 반환
  - 왼쪽 테이블(T2)에 매칭되는 값이 없으면 NULL로 채움
• USING(컬럼명)
  - 양쪽 테이블에 동일한 이름을 가진 컬럼으로 조인할 때 사용
  - SELECT 결과에서는 해당 컬럼이 한 번만 나타남

⭐
50

다음 데이터 모델과 지문을 확인한 후 실행 결과를 출력하는 SQL로 가장 적절한 것은?

[데이터 모델]

학생별 과목 점수를 기준으로 상위 2위 이내 점수를 받은 기록을 조회하려 한다.
동일 점수일 경우 동일한 순위를 부여하며, 학생ID, 과목, 점수, 순위를 함께 출력하시오.

[실행 결과]

학생ID	과목	점수	순위
S01	수학	95	1
S01	영어	90	2
S01	과학	90	2
S02	수학	92	1
S02	영어	92	1

49 ③　50 ④

① SELECT
    학생ID,
    과목,
    점수,
    순위
  FROM (
    SELECT
      과목,
      RANK() OVER(PARTITION BY 과목
      ORDER BY 점수 DESC) AS 순위,
      학생ID,
      점수
    FROM 성적
)
  WHERE 순위 <= 2;
② SELECT
    학생ID,
    과목,
    점수,
    순위
FROM (
    SELECT
      학생ID,
      RANK() OVER(
        PARTITION BY 고객번호
        ORDER BY 점수 DESC
) AS 순위,
      과목,
      점수
    FROM 성적
)
WHERE 순위 <= 2;
③ SELECT
    학생ID,
    과목,
    점수,
    순위

FROM (
    SELECT
      학생ID,
      ROW_NUMBER() OVER(
        PARTITION BY 학생ID
        ORDER BY 점수 DESC
) AS 순위,
      과목,
      점수
    FROM 성적
)
WHERE 순위 <= 2;
④ SELECT
    학생ID,
    과목,
    점수,
    순위
FROM (
    SELECT
      학생ID,
      DENSE_RANK() OVER(
        PARTITION BY 학생ID
        ORDER BY 점수 DESC
) AS 순위,
      과목,
      점수
    FROM 성적
)
WHERE 순위 <= 2;

학생별 과목 점수를 기준으로 하므로 PARTITION BY 학생ID
ORDER BY 점수 DESC로 지정함. 또한 동일 점수일 경우 동
일한 순위를 부여하므로 DENSE_RANK()를 사용해야 함.

① 과목별로 점수를 내림차순 정렬하고 순위를 매김
② 고객번호 기준으로 점수 순위를 매김. 테이블 속성이 잘못 지
  정됨.
③ ROW_NUMBER()은 각 PARTITION 내에서 ORDER BY
  절에 의해 정렬된 순서를 기준으로 고유한 값을 반환하는 함
  수이므로 실행 결과와 무관한 순위 매김

★★
01

다음 중 논리적 데이터 모델링에 대한 설명으로 가장 적절하지 않은 것은?

① 데이터 독립성을 확보하기 위해 엔터티와 속성을 정의한다.
② 식별자를 도출하고 관계를 정의하여 데이터 구조를 명확히 한다.
③ 물리적인 저장 구조, 인덱스, 파티셔닝 등을 고려하는 단계이다.
④ 정규화를 통해 데이터의 중복을 최소화하고 일관성을 유지한다.

물리적인 저장 구조, 인덱스, 파티셔닝 등을 고려하는 단계는 물리적 데이터 모델링 단계임

• 개념적 데이터 모델링: 추상화, 엔터티, 관계, 업무 중심, DBMS 독립적
• 물리적 데이터 모델링: 구현, 성능, 저장구조, DBMS 종속적

★
02

다음 중 업무에 필요한 데이터를 담고 있으며, 다른 엔터티에 의존하지 않고 독립적으로 존재할 수 있는 엔터티 유형은?

① 기본 엔터티
② 중심 엔터티
③ 행위 엔터티
④ 관계 엔터티

• 기본 엔터티
 - 독립적으로 생성되는 엔터티
 - 자체 고유 식별자를 가짐
 - 다른 엔터티에 의존하지 않고 존재 가능
• 중심 엔터티
 - 기본 엔터티와 행위 엔터티를 연결하는 허브 역할
 - 업무 처리에 따라 많은 관계를 가짐
• 행위 엔터티
 - 두 개 이상의 엔터티 사이의 상호작용(이력, 이벤트)을 표현
• 관계 엔터티
 - 두 개 이상의 엔터티 사이의 N:M 관계를 해소하기 위해 생성

★
03

다음 중 엔터티를 성격에 따라 구분할 때 사용하는 유형이 아닌 것은?

① 파생 엔터티
② 기본 엔터티
③ 중심 엔터티
④ 행위 엔터티

발생시점(역할)에 따른 분류
• 기본 엔터티: 업무에 원래부터 존재하여 다른 엔터티의 부모 역할, 고유한 주식별자 가짐
• 중심 엔터티: 기본 엔터티로부터 파생되어 여러 행위 엔터티와의 관계 중심
• 행위 엔터티: 두 개 이상의 부모 엔터티로부터 발생, 가변적임

정답　　　　　　　　　　　01 ③　02 ①　03 ①

04

다음 중 개념 스키마에 대한 설명으로 가장 적절하지 않은 것은?

① 데이터베이스의 전체적인 논리적 구조를 정의한다.
② 모든 응용 프로그램과 사용자들이 공통으로 참조하는 데이터 관점을 제공한다.
③ 개체 간의 관계, 제약 조건, 보안 및 접근 권한 등을 기술한다.
④ 특정 사용자나 응용 프로그램의 필요에 따라 데이터베이스의 일부만 표현한다.

> 특정 사용자나 응용 프로그램에 맞춰 일부만 표현하는 것은 외부 스키마에 해당
>
> • 외부 스키마: 사용자 관점, 개인적 논리 구조, 뷰(View), 부분적, 응용 프로그램 맞춤
> • 개념 스키마: 구현, 전체 논리 구조, 통합, 제약조건, 관계, 보안/권한, DB 독립
> • 내부 스키마: 물리적 저장 구조, 인덱스, 경로, 성능 최적화, DB 종속

05

다음 중 엔터티, 인스턴스, 속성, 속성값 간의 관계에 대한 설명으로 가장 적절하지 않은 것은?

① 한 개의 엔터티는 여러 개의 속성을 가질 수 있다.
② 한 개의 속성은 여러 인스턴스에서 여러 개의 속성값을 가질 수 있다.
③ 한 개의 엔터티는 여러 개의 인스턴스로 표현될 수 있다.
④ 한 개의 속성값은 반드시 두 개 이상의 속성에 속해야 한다.

> 속성
> • 속성은 값을 저장하는 틀이며 각 인스턴스가 실제로 가지는 값
> • 하나의 속성은 여러 인스턴스에서 여러 개의 속성값을 가질 수 있음
> • 속성값은 반드시 하나의 속성에만 속함

06

다음 중 식별자 관계에 대한 설명으로 가장 적절한 것은?

① 식별자 관계는 약한 연결 관계로, 부모 엔터티의 식별자가 자식 엔터티에 영향을 주지 않는다.
② 자식 엔터티는 부모 엔터티의 식별자를 상속받아 자신의 기본키 일부로 사용한다.
③ 부모 엔터티와 자식 엔터티가 항상 1:1 관계일 때만 식별자 관계라고 한다.
④ 식별자 관계에서는 부모 엔터티가 삭제되더라도 자식 엔터티는 독립적으로 존재할 수 있다.

> 특정 사용자나 응용 프로그램에 맞춰 일부만 표현하는 것은 외부 스키마에 해당
>
> **식별자 관계**
> • 식별자 관계는 부모 엔터티의 식별자(Primary Key)가 자식 엔터티의 식별자(PK)로 포함되는 강한 연결 관계를 의미함
> • 부모 없이는 자식이 독립적으로 존재할 수 없음
> • 자식 엔터티의 PK가 부모 엔터티의 PK + 자신의 속성으로 구성됨(복합키가 자주 발생)
> • ERD에서 실선으로 연결됨
> • 1:M 관계 흔함

07

다음 ERD에 대한 설명으로 가장 적절하지 않은 것은?

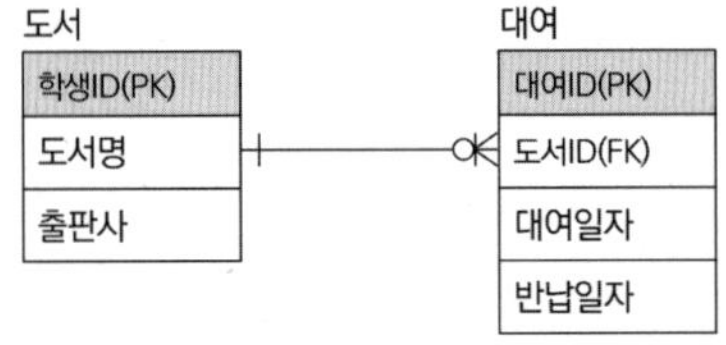

① 한 권의 도서는 여러 번 대여될 수 있다.
② 대여 내역은 반드시 한 명의 회원에 의해 생성된다.
③ 도서는 대여되지 않아도 존재할 수 있다.
④ 대여 테이블에는 존재하지 않는 도서ID를 입력할 수 없다.

> ERD에서는 대여가 도서와만 관계가 있으며, "회원" 엔터티가 존재하지 않음

정답   04 ④ 05 ④ 06 ② 07 ②

08

다음 중 정규화에 대한 설명으로 가장 적절하지 않은 것은?

① 1차 정규화(1NF)는 속성이 원자값(Atomic Value)을 가지도록 하는 과정이다.
② 2차 정규화(2NF)는 부분 함수 종속을 제거하는 과정이다.
③ 3차 정규화(3NF)는 이행 함수 종속을 제거하는 과정이다.
④ 정규화 단계가 높아질수록 항상 성능이 향상된다.

정규화는 데이터의 일관성 및 중복 최소화에 초점을 맞춘 과정이지, 성능 향상을 보장하는 과정이 아님. 오히려 지나치게 정규화하면 조인이 늘어나 성능이 저하될 수 있음

다음 ERD에 대한 설명으로 가장 적절하지 않은 것은?

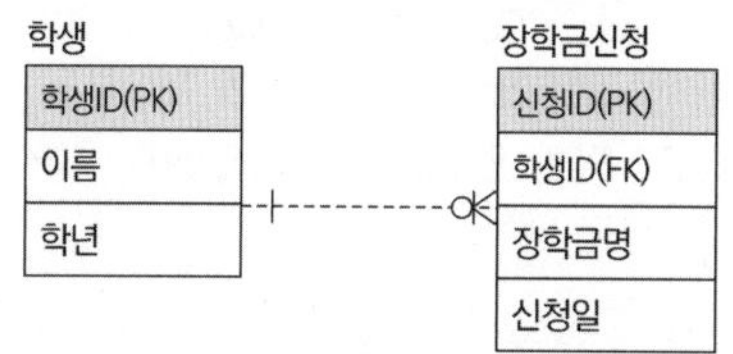

① [학생] 테이블의 학생ID는 단일 식별자이다.
② [학생] 테이블의 학생ID는 외부 식별자이다.
③ [장학금신청] 테이블의 학생ID는 외부 식별자이다.
④ [장학금신청] 테이블의 신청ID는 내부 식별자이다.

학생ID는 학생 테이블 안에서는 내부 식별자이며, 외부 식별자가 될 수 없음

• 학생은 독립적으로 존재 가능
• 장학금신청은 학생이 있어야만 존재할 수 있는 종속 엔터티
• 학생:장학금신청 = 1:N 관계
• 학생과 장학금신청은 비식별자 관계이므로 장학금신청의 PK는 자체 PK(신청ID)

10

다음과 같이 직원프로젝트 엔터티를 만들었을 때 필요한 정규화 작업으로 가장 적절한 것은?

[직원프로젝트]

사번(PK)	프로젝트ID	부서코드	부서명
1001	P01	D01	인사팀
1002	P02	D02	총무팀
1003	P03	D01	인사팀
1004	P04	D03	영업팀

함수종속성(FD)
• {사번} → (프로젝트ID, 부서코드, 부서명)
• {부서코드} → {부서명}

① 1차 정규화(1NF)
② 2차 정규화(2NF)
③ 3차 정규화(3NF)
④ BCNF

• 현재 [직원프로젝트] 테이블에서 [사번 → 부서코드], [부서코드 → 부서명] 의 이행적 종속 관계가 존재함
• 부서코드와 부서명을 별도 테이블로 분리해야 하므로 3차 정규화 필요함
• 1차 정규화, 2차 정규화 조건은 이미 충족된 상태임

✦✦
11

다음 SQL의 실행 결과로 NULL이 출력되는 것은? (단,
DBMS는 오라클로 가정함)

① SELECT NVL(NULL, 'X')
　 FROM DUAL;
② SELECT NULLIF(10, 10)
　 FROM DUAL;
③ SELECT COALESCE(NULL, 'Y', 'Z')
　 FROM DUAL;
④ SELECT DECODE(1, 2, 'A', 'B')
　 FROM DUAL;

② NULLIF(10, 10)
　→ 두 인자가 같으면 NULL을 반환하므로 NULL
① NVL(NULL, 'X')
　→ NVL은 첫 번째 인자가 NULL이면 두 번째 값을 반환하
　　므로 'X'
③ COALESCE(NULL, 'Y', 'Z')
　→ COALESCE는 첫 번째로 NULL이 아닌 값을 반환하므
　　로 'Y'
④ DECODE(1, 2, 'A', 'B')
　→ 1이 2와 같으면 A를 반환하고 1이 2가 같지 않으면 B를
　　반환하므로 'B'

✦
12

다음 중 SQL의 명령 유형과 짝지어진 설명으로 올바르
지 않은 것은?

① DDL - INSERT
② DML - DELETE
③ DCL - REVOKE
④ TCL - COMMIT

INSERT는 데이터를 삽입하는 명령으로 DML(Data Manipulation
Language)에 속함

• DML(Data Manipulation Language)
　– 테이블에 저장된 데이터를 조작(조회, 삽입, 수정, 삭제)
　– SELECT, INSERT, UPDATE, DELETE
• DDL(Data Definition Language)
　– 데이터베이스 객체(테이블, 뷰, 인덱스 등)의 구조를 정의하
　　거나 변경
　– CREATE, ALTER, DROP, TRUNCATE
• DCL(Data Control Language,)
　– 사용자 권한을 부여하거나 회수
　– GRANT, REVOKE
• TCL(Transaction Control Language)
　– 트랜잭션(논리적 작업 단위)의 처리 제어
　– COMMIT, ROLLBACK, SAVEPOINT

✦✦✦ 13

다음 T1 테이블을 참고하여, 실행 결과가 다른 SQL은? (단, DBMS는 오라클로 가정함)

[T1]

A	B
10	20
NULL	30
40	NULL
50	60
NULL	NULL

① SELECT NVL(A, B) AS R1
   FROM T1;
② SELECT COALESCE(A, B) AS R1
   FROM T1;
③ SELECT NULLIF(A, B) AS R1
   FROM T1;
④ SELECT
        CASE
            WHEN A IS NULL THEN B
            ELSE A
        END AS R1
   FROM T1;

①, ②, ④는 A가 NULL이 아닐 경우 A, NULL일 경우 B값을 반환하는 내용이지만 ③은 NULLIF에서 A와 B가 같으면 NULL 반환, 다르면 A를 반환함. 따라서 NVL, COALESCE, CASE와는 전혀 다른 결과가 나옴

✦ 14

다음 중 집합 연산자에 해당하지 않는 것은? (단, DBMS는 오라클로 가정함)

① UNION
② MINUS
③ INTERSECT
④ EXISTS

EXISTS는 특정 서브쿼리의 결과 존재 여부를 확인하는 연산자이며, 집합 연산자가 아니라 조건식(Boolean 연산자)

연산자	특징
UNION	두 SELECT 결과를 합집합으로 반환, 중복 제거
UNION ALL	두 SELECT 결과를 합집합으로 반환, 중복 포함
MINUS	첫 번째 SELECT 결과에서 두 번째 결과를 차집합으로 반환
INTERSECT	두 SELECT 결과의 교집합만 반환

✦ 15

다음 중 SQL에서 중복된 행을 제거하지 않고 그대로 포함하여 결과를 반환하는 키워드로 가장 적절한 것은?

① DISTINCT
② CASCADE
③ ALL
④ FILTER

③ ALL: SELECT 결과에서 중복을 제거하지 않고 모두 포함하여 반환. 기본 동작이지만, 명시적으로 SELECT ALL 형태로 쓸 수도 있음
① DISTINCT: SELECT 결과에서 중복된 행을 제거하고 유일한 값만 반환
② CASCADE: DDL 명령어와 함께 쓰이는 옵션으로, 연관된 객체까지 연쇄적으로 함께 제거
③ FILTER: 집계 함수에서 조건을 제한할 때 사용

정답   13③   14④   15③

★★★
16

다음 빈칸에 들어갈 내용으로 올바르게 짝지어진 것은?

> • (㉠)은/는 데이터베이스에서 개별 데이터를 구분할 수 있는 최소 단위를 의미한다.
> • (㉡)은/는 데이터베이스에서 동일한 성격의 (㉠)을 모아둔 구조이며, 열(Column)에 해당한다.
> • (㉢)은/는 데이터베이스에서 속성과 행을 모아둔 집합체이며, 하나의 논리적 파일 단위를 이룬다.
> • (㉣)은/는 테이블에서 한 줄(Row)에 해당하며, 개별 인스턴스를 의미한다.

① ㉠ 속성(Attribute), ㉡ 도메인(Domain),
　㉢ 테이블(Table), ㉣ 튜플(Tuple)
② ㉠ 튜플(Tuple), ㉡ 속성(Attribute),
　㉢ 도메인(Domain), ㉣ 테이블(Table)
③ ㉠ 속성(Attribute), ㉡ 테이블(Table),
　㉢ 도메인(Domain), ㉣ 튜플(Tuple)
④ ㉠ 도메인(Domain), ㉡ 튜플(Tuple),
　㉢ 속성(Attribute), ㉣ 테이블(Table)

★
17

다음 중 ORDER BY절에 대한 설명으로 가장 적절하지 않은 것은?

① ORDER BY절에서는 SELECT절에 정의된 별칭(Alias)을 사용할 수 있다.
② ORDER BY절은 SELECT절보다 논리적 실행 순서상 뒤에 실행된다.
③ ORDER BY절에서는 컬럼의 실제 이름 대신 컬럼 순번(숫자)으로도 정렬 기준을 지정할 수 있다.
④ ORDER BY절은 반드시 GROUP BY절과 함께 사용해야 하며, 단독으로는 사용할 수 없다.

★★
18

다음 SQL의 실행 결과로 가장 적절한 것은?

[TAB1]

COL1	COL2	COL3
NULL	5	NULL
2	NULL	3
NULL	NULL	4

```
SELECT SUM(COALESCE(COL1, COL2, COL3))
FROM TAB1;
```

① 7　　　　　　② 8
③ 9　　　　　　④ 11

★★
19

다음 SQL의 실행 결과로 가장 적절한 것은?

[TAB_B]

C1	C2
1	50
2	NULL
3	60
4	NULL
5	70
NULL	80

```
SELECT COUNT(*)
FROM TAB_B
WHERE NOT (C1 < 3 OR C1 IS NULL);
```

① 2

② 3

③ 4

④ 5

NOT (C1 〈 3 OR C1 IS NULL)은 C1 〉= 3 이면서 C1 IS NOT NULL인 행만 선택됨
- (1, 50) → C1 = 1 → 조건 불만족
- (2, NULL) → C1 = 2 → 조건 불만족
- (3, 60) → C1 = 3 → 조건 만족
- (4, NULL) → C1 = 4 → 조건 만족
- (5, 70) → C1 = 5 → 조건 만족
- (NULL, 80) → C1 IS NULL → 조건 불만족

따라서 조건 만족 행은 총 3개

★★★
20

다음 조건에 해당되는 사원명을 조회하는 SQL로 가장 적절한 것은?

사원의 이름이 5글자 이상이고, 세 번째 글자가 K이며, 마지막 글자가 N으로 끝난다.

① SELECT name
   FROM employee
   WHERE name LIKE '_ _K%N';
② SELECT name
   FROM employee
   WHERE LENGTH(name) >= 5
      AND name LIKE '_ _K%N';
③ SELECT name
   FROM employee
   WHERE name LIKE '_K%N_';
④ SELECT name
   FROM employee
   WHERE name LIKE '%K_N';

- 사원의 이름이 5글자 이상이어야 함
  - LENGTH(name) >= 5
- 세 번째 글자가 K이며, 마지막 글자가 N으로 끝나야 함
  - _ _: 첫 두 글자
  - K: 세 번째 글자
  - %: 임의의 문자(0개 이상)
  - N: 마지막 글자

① _ _K%N은 패턴은 맞지만 글자수 조건 누락
③ _K%N_은 세 번째가 K인지 보장 안 됨, 패턴도 잘못됨
④ %K_N은 세 번째 글자가 아닌 위치에도 K 매칭될 수 있음

★ 21

다음 중 서브쿼리에 대한 설명으로 가장 적절하지 않은 것은?

① 스칼라 서브쿼리는 SELECT절에서 사용될 수 있으며, 반드시 하나의 행과 하나의 컬럼만 반환해야 한다.
② IN 서브쿼리는 반드시 서브쿼리 결과가 단일 행만 반환해야 하므로, 다중 행 반환 시 오류가 발생한다.
③ 상관 서브쿼리는 메인 쿼리의 컬럼 값을 참조하여 행마다 반복 실행된다.
④ EXISTS 서브쿼리는 서브쿼리의 실제 반환 값이 아닌, 행의 존재 여부에 따라 참·거짓을 판단한다.

> **서브쿼리**
> 서브쿼리(Subquery)는 하나의 SQL문 안에 포함된 또 다른 SELECT문을 말함. 보통 WHERE, FROM, SELECT절 등에서 사용되어 메인쿼리(Main Query)의 실행을 보조함
> - 단일 행 서브쿼리
>   - 결과 한 행만 반환
>   - 비교 연산자(=, 〉, 〈, 〉=, 〈=)와 함께 사용
> - 다중 행 서브쿼리
>   - 결과가 여러 행 반환 가능
>   - IN, ANY, ALL 같은 연산자와 함께 사용
> - 다중 컬럼 서브쿼리
>   - 여러 컬럼을 동시에 비교
> - 스칼라 서브쿼리
>   - 단일 값(한 행, 한 컬럼)만 반환
>   - SELECT절에서 컬럼처럼 사용 가능
> - 상관 서브쿼리
>   - 서브쿼리가 메인쿼리의 컬럼을 참조
>   - 메인쿼리의 각 행마다 서브쿼리가 반복 실행
> - EXISTS 서브쿼리
>   - 반환 값이 아니라, 행 존재 여부만 판단
>   - 성능 최적화에 자주 사용

★ 22

다음 중 오라클의 계층형 쿼리에서 사용되는 키워드와 설명으로 가장 적절하지 않은 것은?

① START WITH절은 반드시 루트 노드가 LEVEL = 1 인 행만을 선택하도록 강제한다.
② CONNECT BY PRIOR절은 부모-자식 간의 관계를 정의하며, 방향성을 지정할 수 있다.
③ LEVEL은 계층 구조에서 현재 노드의 깊이를 나타내는 가상 컬럼이다.
④ NOCYCLE 옵션은 사이클이 존재할 경우 무한 루프를 방지한다.

> ① START WITH절은 루트 노드를 지정하는 조건절로 지정된 행에서 계층 탐색을 시작함. 그러나 반드시 LEVEL = 1 이어야 하는 것은 아님
> ② CONNECT BY PRIOR은 부모-자식 간 관계 정의하고 PRIOR 위치에 따라 탐색 방향 결정함
> ③ LEVEL은 루트에서 시작해 현재 노드가 몇 번째 깊이(level)인지 나타내는 가상 컬럼
> ④ NOCYCLE은 순환(Cycle) 발생 시 무한 루프 방지 옵션

✰✰
23

다음과 같은 상황에서 위반된 트랜잭션 특성으로 가장 적절한 것은?

[EMP]

EMP_ID	NAME	DEPT
201	Anna	HR
202	Brian	Finance

[트랜잭션 상황]

시간	트랜잭션 X	트렌잭션 Y
t1	UPDATE EMP SET DEPT = 'Sales' WHERE EMP_ID=201;	
t2		UPDATE EMP SET DEPT='IT' WHERE EMP_ID=201;
t3	시스템 오류 발생으로 X 트랜잭션 강제 종료	Y 트랜잭션은 정상적으로 COMMIT
t4	SELECT DEPT FROM EMP WHERE EMP_ID=201L; → 결과 'Ssles'로 반영됨	

① 고립성
② 지속성
③ 원자성
④ 일관성

트랜잭션 X는 실행 중 시스템 오류로 강제 종료되었는데, 일부 변경(DEPT='Sales')은 실제 반영됨. 이는 전부 수행되거나 전혀 수행되지 않아야 하는 원자성(Atomicity) 위배 상황

✰
24

다음 중 HAVING절에 대한 설명으로 가장 적절하지 않은 것은? (단, DBMS는 오라클로 가정함)

① HAVING절은 GROUP BY와 함께 집계된 결과를 필터링하는 데 사용된다.
② HAVING절은 SELECT절에서 정의한 별칭(Alias)을 WHERE절과 동일하게 사용할 수 있다.
③ HAVING절은 일반적으로 GROUP BY절 뒤에 위치한다.
④ HAVING절에서는 SUM, AVG와 같은 집계 함수를 사용할 수 있다.

HAVING절에서는 SELECT절의 별칭(Alias)을 직접 사용할 수 없으며, 실제 컬럼명이나 집계 함수를 그대로 써야 함(WHERE절도 마찬가지)

✰✰✰
25

다음 EMP 테이블을 참고하여, 실행 결과를 나타내는 SQL로 가장 적절한 것은?

[EMP]

EMP_NO	NAME	SALARY
201	Alice	7000
202	Brian	6000
203	Chloe	6000
204	Diana	5000
205	Ethan	5000
206	Frank	4000

[실행 결과]

RANK	NAME	SALARY
1	Alice	7000
2	Brian	6000
3	Chloe	6000
4	Diana	5000
5	Ethan	5000
6	Frank	4000

① SELECT
      RANK() OVER (
          ORDER BY SALARY DESC
) AS RANK,
      NAME,
      SALARY
  FROM EMP;
② SELECT
      DENSE_RANK() OVER (
          ORDER BY SALARY DESC
) AS RANK,
      NAME,
      SALARY
  FROM EMP;
③ SELECT
      PERCENT_RANK() OVER (
          ORDER BY SALARY DESC
) AS RANK,
      NAME,
      SALARY
  FROM EMP;
④ SELECT
      ROW_NUMBER() OVER (
          ORDER BY SALARY DESC
) AS RANK,
      NAME,
      SALARY
  FROM EMP;

실행 결과는 동일 급여여도 각 행에 고유한 순위를 부여하고 있
으므로 ROW_NUMBER() 사용

• RANK(): 공동 순위 + 건너뜀
• DENSE_RANK(): 공동 순위 + 건너뜀 없음
• ROW_NUMBER(): 공동 순위 없음, 무조건 일렬번호
• PERCENT_RANK(): 각 행의 순위가 전체에서 어느 퍼센트
  위치에 있는지를 0 ~ 1 사이값으로 반환

26

다음 중 SET OPERATORS 중에서 수학의 교집합과
동일한 역할을 하는 연산자로 가장 적절한 것은?

① UNION
② UNION ALL
③ INTERSECT
④ MINUS

• UNION: 합집합(중복 제거). 수학의 ∪ 연산과 유사
• UNION ALL: 합집합(중복 허용). 단순히 결과를 이어붙임
• INTERSECT: 교집합. 두 집합에 모두 존재하는 값만 반환
• MINUS: 차집합. 첫 번째 집합 - 두 번째 집합

27

다음 중 SQL 실행 순서로 적절한 것은?

① SELECT → DISTINCT → FROM → WHERE →
   GROUP BY → HAVING → ORDER BY
② FROM → SELECT → WHERE → GROUP BY
   → HAVING → ORDER BY
③ SELECT → FROM → WHERE → HAVING →
   GROUP BY → ORDER BY
④ FROM → WHERE → GROUP BY → HAVING
   → SELECT → DISTINCT → ORDER BY

SQL 실행 순서(논리적 처리 순서)는 다음과 같음
• FROM: 참조할 테이블과 조인 수행
• WHERE: 조건에 맞는 행(row) 필터링
• GROUP BY: 그룹화
• HAVING: 그룹 조건 필터링
• SELECT: 컬럼 및 표현식 선택
• DISTINCT: 중복 제거
• ORDER BY: 정렬

✦ 28

다음 중 데이터베이스에서 ROLE에 대한 설명으로 가장 적절하지 않은 것은?

① ROLE은 여러 권한을 묶어 하나의 단위로 관리할 수 있으며, 사용자에게 일괄적으로 부여할 수 있다.
② 하나의 사용자는 동시에 여러 개의 ROLE을 가질 수 있다.
③ ROLE은 다른 ROLE을 포함(중첩)시켜 계층적으로 관리할 수 있다.
④ ROLE을 사용하면 매번 사용자별로 권한을 직접 할당해야 하므로, 대규모 사용자 환경에서 불편함이 있다.

- ROLE: 데이터베이스에서 여러 권한을 묶어서 관리하는 논리적 단위
- 권한 묶음: 여러 권한(SELECT, INSERT, UPDATE, EXECUTE 등)을 하나의 ROLE로 패키징
- 일괄 부여: 개별 사용자마다 직접 권한을 부여할 필요 없이, ROLE만 부여하면 됨
- 복수 보유: 한 사용자가 여러 개의 ROLE을 동시에 가질 수 있음
- 계층적 관리: 일부 DBMS는 ROLE 안에 또 다른 ROLE을 포함할 수 있음
- 보안 관리 편리성: 대규모 사용자 환경에서 효율적인 권한 관리 가능

✦ 29

다음 중 고유키에 대한 설명으로 가장 적절하지 않은 것은?

① 고유키 제약조건을 지정한 컬럼은 NULL 값이 반드시 허용되지 않는다.
② 고유키 제약조건은 한 테이블에 여러 개 지정할 수 있다.
③ 고유키 제약조건은 기본키와 달리 외래키(FK) 참조 대상으로도 사용될 수 있다.
④ 고유키 제약조건은 테이블 내에서 값의 유일성을 보장한다.

고유키와 기본키 비교

구분	기본키(Primary Key)	고유키(Unique Key)
NULL 허용 여부	허용되지 않음	허용됨(여러 개 가능)
중복 여부	불가능	불가능
테이블 내 개수	1개만 가능	여러 개 가능
자동 인덱스	자동으로 클러스터형 인덱스 생성	자동으로 비클러스터형 인덱스 생성
외래키 참조 가능 여부	가능	가능
주 용도	행을 유일하게 식별하는 식별자	특정 컬럼 값의 유일성을 보장

30

다음 빈칸 ㉠, ㉡에 들어갈 내용으로 가장 적절한 것은?

> (㉠)은/는 GROUP BY절에서 가능한 모든 컬럼 조합에 대해 집계를 수행하여, 모든 부분합과 총계를 동시에 구할 수 있다.
> (㉡)은/는 GROUP BY절에서 지정된 컬럼 순서에 따라 단계적으로 소계와 총계를 계산하는 방식으로, 주로 계층적 보고서 작성에 유용하다.

① ㉠ ROLLUP, ㉡ GROUPING SETS
② ㉠ GROUPING, ㉡ ROLLUP
③ ㉠ GROUPING SETS, ㉡ CUBE
④ ㉠ CUBE, ㉡ ROLLUP

- CUBE: 가능한 모든 그룹 조합을 계산(완전 조합 집계)
- ROLLUP: 계층적(순차적) 집계
- GROUPING SETS: 필요한 그룹만 선택적으로 집계
- GROUPING: 집계 결과에서 소계/총계 여부 판별

31

다음 SQL의 실행 결과로 가장 적절한 것은?

[TAB]

COL1	COL2	COL3
A	NULL	10
B	20	NULL
C	NULL	30
D	40	20
E	50	NULL

```
SELECT SUM(NVL(COL2, NVL(COL3, 0))) + COUNT(NVL(COL3, NULL))
FROM TAB;
```

① 153
② 163
③ 170
④ 오류 발생

- SUM(NVL(COL2, NVL(COL3, 0)))
  - COL2가 NULL이 아니면 COL2, NULL이면 NVL(COL3, 0)을 사용함
  - NVL(COL3, 0)은 COL3이 NULL이 아니면 COL3, NULL이면 0을 사용함
  - 즉, COL2가 있으면 COL2, 없으면 COL3, 둘다 없으면 0을 사용함
  - 행별 계산
    A행: COL2 = NULL → NVL(NULL, NVL(10, 0)) = 10
    B행: COL2 = 20 → 그대로 20
    C행: COL2 = NULL → NVL(NULL, 30) = 30
    D행: COL2 = 40 → 그대로 40
    E행: COL2 = 50 → 그대로 50
    합계: 10 + 20 + 30 + 40 + 50 = 150
- COUNT(NVL(COL3, NULL))
  - NVL(COL3, NULL)은 COL3이 NULL이 아니면 COL3, NULL이면 그대로 NULL을 사용함
  - COUNT(표현식)는 NULL을 제외하므로 COL3이 NOT NULL인 행 개수만 세어짐
  - COL3이 존재하는 행은 A(10), C(30), D(20)이므로 총 3행임
  최종 결과: 150 + 3 = 153

30 ④ 31 ①

다음 SQL의 실행 결과로 가장 적절한 것은?

[주문내역]

주문번호	주문일자	주문개수
1	2019-02-01 09:00:00	1
2	2019-02-02 13:20:00	2
3	2019-02-03 22:10:30	3
4	2019-02-04 00:00:00	1
5	2019-02-05 11:15:00	2
6	2019-02-07 23:59:59	4

```
SELECT SUM(주문개수)
FROM 주문내역
WHERE 주문일자
    BETWEEN TO_DATE('2019-02-02 00:00:00', 'YYYY-MM-DD HH24:MI:SS')
        AND TO_DATE('2019-02-05 23:59:59', 'YYYY-MM-DD HH24:MI:SS');
```

① 5
② 8
③ 9
④ 12

주문일자가 2019-02-02 00:00:00 ~ 2019-02-05 23:59:59인 행에서 주문개수의 합 구하기
• 해당 주문일자의 주문개수
 – 주문번호 2 (2개)
 – 주문번호 3 (3개)
 – 주문번호 4 (1개)
 – 주문번호 5 (2개)
• 합계: 2 + 3 + 1 + 2 = 8

다음 중 데이터 모델에 대한 설명으로 가장 적절한 것은?

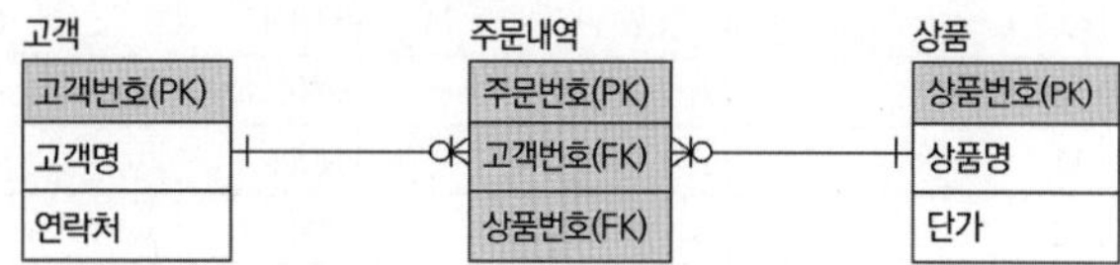

① 고객과 주문내역 엔터티를 JOIN 시 적절한 JOIN 조건이 있으므로 카티시안 곱이 발생하지 않는다.
② 고객과 상품 엔터티는 서로 직접적인 관계가 있으므로 JOIN 시 자연스럽게 연결된다.
③ 주문내역과 상품 엔터티를 JOIN 시 적절한 JOIN 조건이 없으므로 카티시안 곱이 발생한다.
④ 고객, 주문내역, 상품 세 엔터티를 JOIN 시에도 카티시안 곱은 항상 발생한다.

카티시안 곱(Cartesian Product)은 JOIN 조건이 없을 때 발생
고객(고객번호) ↔ 주문내역(고객번호 FK), 주문내역(상품번호 FK) ↔ 상품(상품번호 PK) 모두 관계가 정의되어 있음
따라서 고객과 주문내역 JOIN 시 FK-PK 조건이 존재하므로 카티시안 곱이 발생하지 않음

32 ② 33 ①

★★★
34

다음 SQL의 실행 결과로 가장 적절한 것은?

[TBL]

COL1	COL2	COL3
10	A	200
11	B	NULL
12	C	800
13	A	500
14	D	300
15	B	1000
16	C	700

```
SELECT SUM(NVL(COL3, 0))
FROM TBL
WHERE (COL1 >= 12 AND COL2 IN ('A', 'B'))
  OR (COL3 BETWEEN 500 AND 1000
    AND COL2 <> 'D');
```

① 700
② 1500
③ 3000
④ NULL

- COL1 >= 12 AND COL2 IN ('A', 'B')
  - COL1 = 13, COL2 = A, COL3 = 500
  - COL1 = 15, COL2 = B, COL3 = 1000
- COL3 BETWEEN 500 AND 1000 AND COL2 <> 'D'
  - COL1 = 12, COL2 = C, COL3 = 800
  - COL1 = 16, COL2 = C, COL3 = 700
  - COL1 = 13, COL2 = A, COL = 500
  - COL1 = 15, COL2 = B, COL3 = 1000
- SUM(NVL(COL3, 0))
  - COL3이 NULL이면 0으로 변환하지만 해당되는 값 없음
  - 합계: 500 + 1000 + 800 + 700 = 3000

★★
35

다음 중 NATURAL JOIN에 대한 설명으로 옳지 않은 것은?

① NATURAL JOIN은 두 테이블에서 이름과 데이터 타입이 동일한 컬럼을 기준으로 자동으로 조인된다.
② NATURAL JOIN에서는 조인에 사용할 컬럼을 반드시 명시해야 하며, 자동으로 선택되지 않는다.
③ NATURAL JOIN을 사용할 경우 SELECT절에서 같은 이름의 컬럼은 한 번만 나타난다.
④ NATURAL JOIN은 WHERE절의 추가 조건과 함께 사용할 수 있다.

NATURAL JOIN 특징

구분	특징
조인 기준	동일한 컬럼명 + 데이터 타입을 자동 매칭
컬럼 출력	동일한 이름의 컬럼은 한 번만 출력
조건 명시	조인 조건을 명시하지 않아도 됨(자동 선택)
WHERE절	NATURAL JOIN 후에 추가 조건을 WHERE절에 줄 수 있음
제약	컬럼명이 일치하지 않으면 NATURAL JOIN이 동작하지 않음

★
36

다음 중 ROWS BETWEEN UNBOUNDED PRECEDING AND CURRENT ROW 윈도우 함수의 의미로 가장 적절한 것은?

① 현재 행을 기준으로 위아래 동일한 값의 범위만 포함한다.
② 현재 행부터 이후 모든 행까지의 누적 합계를 계산한다.
③ 현재 행보다 작은 값 중 가장 큰 값 하나를 반환한다.
④ 파티션의 시작부터 현재 행까지의 누적 범위를 포함한다.

ROWS BETWEEN UNBOUNDED PRECEDING AND CURRENT ROW는 윈도우 함수에서 파티션의 시작(UNBOUNDED PRECEDING)부터 현재 행까지를 누적 범위로 삼음. 따라서 보통 누적 합계(Running Total), 누적 평균 등을 계산할 때 사용

정답 34 ③ 35 ② 36 ④

다음 테이블에 대해 INSERT 수행 시 오류가 발생하지 않는 SQL문은?

```
CREATE TABLE 직원 (
    사번 NUMBER PRIMARY KEY,
    이름 VARCHAR2(30) NOT NULL,
    부서코드 CHAR(2),
    입사일자 DATE DEFAULT SYSDATE,
    급여 NUMBER(7, 2)
);
```

① INSERT INTO 직원 VALUES (2001, '홍길동');
② INSERT INTO 직원(사번, 이름, 부서코드, 입사일자, 급여)
  VALUES (2002, '김철수', 'HRD', SYSDATE, 3500);
③ INSERT INTO 직원(사번, 이름, 급여)
  VALUES (2003, '이영희', 4200);
④ INSERT INTO 직원(이름, 급여)
  VALUES ('박민수', 5000);

- 필수 입력 컬럼: 사번(PK), 이름(NOT NULL)
- 자동 입력 컬럼: 입사일자(DEFAULT SYSDATE)
- 선택 입력 컬럼: 부서코드, 급여

① VALUES 절에 열 개수가 부족
② 부서코드 CHAR(2)인데 'HRD'는 3자리
③ 사번(PK, NOT NULL), 이름(NOT NULL) 모두 입력했고, 입사일자는 DEFAULT SYSDATE, 부서코드는 NULL 허용
  → 정상 실행
④ 사번이 PRIMARY KEY이고 NOT NULL인데 생략됨

다음 SQL의 실행 결과로 가장 적절한 것은?

[CUSTOMER]

CUST_ID	NAME
1	홍길동
2	김철수
3	이영희

[ORDERS]

ORDER_ID	CUST_ID	AMOUNT
101	1	5000
102	1	7000
103	2	6000
104	4	8000

```
SELECT C.NAME, O.AMOUNT
FROM CUSTOMER C
LEFT JOIN ORDERS O
  ON C.CUST_ID = O.CUST_ID
WHERE O.AMOUNT >= 6000;
```

①

NAME	AMOUNT
김철수	6000
홍길동	7000

②

NAME	AMOUNT
김철수	6000
홍길동	7000
이영희	NULL

③

NAME	AMOUNT
홍길동	5000
홍길동	7000
김철수	6000

④

NAME	AMOUNT
홍길동	7000
이영희	NULL

- LEFT JOIN ORDERS
  - CUSTOMER의 모든 데이터를 유지하면서 ORDERS와 매칭
  - 매칭이 되지 않은 경우는 NULL로 표시함
- WHERE O.AMOUNT >= 6000
  - AMOUNT가 6000이상이어야 하므로 O.AMOUNT가 NULL인 경우는 제외됨
  - LEFT JOIN의 NULL 보존 효과가 사라져 사실상 INNER JOIN처럼 동작
- 데이터 출력
  - 홍길동 → 5000, 7000 중 6000 이상인 7000만 출력
  - 김철수 → 6000
  - 이영희 → 매칭 없음. NULL은 WHERE절에서 제외됨

   37 ③ 38 ①

다음 테이블을 참고하여, DEPARTMENT 테이블에서 특정 dept_id가 삭제될 경우, 해당 부서에 속한 모든 EMPLOYEE 행도 함께 삭제하는 방법으로 가장 적절한 것은?

```
CREATE TABLE DEPARTMENT (
    dept_id NUMBER PRIMARY KEY,
    dept_name VARCHAR2(50) NOT NULL
);

CREATE TABLE EMPLOYEE (
    emp_id NUMBER PRIMARY KEY,
    emp_name VARCHAR2(50) NOT NULL,
    dept_id NUMBER,
    CONSTRAINT fk_dept FOREIGN KEY (dept_id) REFERENCES DEPARTMENT(dept_id)
);
```

① EMPLOYEE 릴레이션 생성 시 dept_id 컬럼에 PRIMARY KEY 제약조건을 추가한다.
② EMPLOYEE 릴레이션 생성 시 FOREIGN KEY (dept_id)REFERENCES DEPARTMENT(dept_id) ON DELETE CASCADE 제약조건을 추가한다.
③ DEPARTMENT 릴레이션 생성 시 FOREIGN KEY(dept_id) REFERENCES EMPLOYEE(dept_id) ON DELETE CASCADE 제약조건을 추가한다.
④ DEPARTMENT 릴레이션 생성 시 ON DELETE SET NULL 옵션을 추가하여 EMPLOYEE 테이블의 dept_id 값을 NULL로 변경되게 한다.

② ON DELETE CASCADE는 부모 테이블(DEPARTMENT)의 행이 삭제될 때, 해당 값을 참조하는 자식 테이블(EMPLOYEE)의 행도 자동으로 삭제되도록 설정하므로 문제의 조건에 부합함
① PK는 부모 식별자를 보장하는 것일 뿐, 삭제 연쇄에는 영향을 주지 않음
③ 참조 방향이 잘못됨. FK는 자식 → 부모 관계에서 정의
④ SET NULL은 삭제 시 자식의 FK 값을 NULL로 바꿀 뿐 함께 삭제되지는 않음

다음 SQL의 실행 결과로 가장 적절한 것은?

```
SELECT SUBSTR(
    TRIM(BOTH 'x' FROM REPLACE('xxSQLDeveloperxx', 'SQL', 'DB')),
    INSTR('xxSQLDeveloperxx', 'D'),
    4
  ) AS RESULT
FROM DUAL;
```

① elop
② DBel
③ DBEv
④ DBDevel

- REPLACE('xxSQLDeveloperxx', 'SQL', 'DB')
  - 첫 번째 문자열에서 두 번째 문자열('SQL')을 찾아 세 번째 문자열('DB')로 대체
  - 결과: 'xxDBDeveloperxx'
- TRIM(BOTH 'x' FROM 'xxDBDeveloperxx')
  - 문자열에서 양쪽 x 제거
  - 결과: 'DBDeveloper'
- INSTR('xxSQLDeveloperxx', 'D')
  - 문자열에서 첫 번째 D 위치 찾기
  - 결과: 6
- SUBSTR(DBDeveloper, 6, 4)
  - 문자열에서 6번째 위치부터 4개 추출
  - D B D e v e l o p e r
    1 2 3 4 5 6 7 8 9 10 11
  - 결과: elop

   39 ② 40 ①

다음 SQL의 실행 결과로 가장 적절한 것은?

[TBL]

COL1	AMT
A	1000
A	2000
A	3000
B	1500
B	2500
C	4000

```
SELECT SUM(AMT_SUM)
FROM (
        SELECT COL1, MAX(AMT) + MIN(AMT) AS AMT_SUM
        FROM TBL
        GROUP BY COL1
        UNION ALL
        SELECT COL1, TRUNC(AVG(AMT), -2) AS AMT_SUM
        FROM TBL
        GROUP BY COL1
);
```

① 18000

② 20000

③ 22000

④ 24000

- SELECT COL1, MAX(AMT) + MIN(AMT) ...
  - A: MAX = 3000, MIN = 1000 → 3000 + 1000 = 4000
  - B: MAX = 2500, MIN = 1500 → 2500 + 1500 = 4000
  - C: MAX = 4000, MIN = 4000 → 4000 + 4000 = 8000
- SELECT COL1, TRUNC(AVG(AMT), -2) ...
  - TRUNC(AVG(AMT), -2)에서 평균을 소수점 버리고 100 단위 절삭
  - A: (1000 + 2000 + 3000) / 3 = 2000 → TRUNC = 2000
  - B: (1500 + 2500) / 2 = 2000 → TRUNC = 2000
  - C: 4000 → TRUNC = 4000
- UNION ALL
  - 중복 없이 모든 행을 합치므로 그대로 유지함
- SUM(AMT_SMU)
  - 4000 + 4000 + 8000 + 2000 + 2000 + 4000 = 24000

다음 실행 결과를 참고하여, SQL의 빈칸 ㉠에 들어갈 내용으로 가장 적절한 것은?

[DEPT]

DEPT_ID	DEPT_NAME	PARENT_ID
10	본사	NULL
20	인사부	10
30	총무팀	20
40	재무팀	20
50	회계팀	40

```
SELECT
    LEVEL,
    DEPT_ID,
    DEPT_NAME,
    PARENT_ID
FROM DEPT
START WITH PARENT_ID IS NULL
CONNECT BY ( ㉠ );
```

[실행 결과]

LEVEL	DEPT_ID	DEPT_NAME	PARENT_ID
1	10	본사	NULL
2	20	인사부	10
3	30	총무팀	20
3	40	재무팀	20
4	50	회계팀	40

① PRIOR PARENT_ID = DEPT_ID

② PARENT_ID PRIOR = DEPT_ID

③ DEPT_ID = PRIOR PARENT_ID

④ PRIOR DEPT_ID = PARENT_ID

계층형 SQL에서 CONNECT BY는 상위(부모) 레코드와 하위
(자식) 레코드를 연결하는 조건을 명시해야 함
• DEPT 테이블
 – PARENT_ID = 부모 부서의 ID
 – DEPT_ID = 현재(자식) 부서의 ID
 – 계층 구조는 부모 → 자식 방향으로 내려감
 – 본사(10)
　　└─ 인사부(20)
　　　　├─ 총무팀(30)
　　　　└─ 재무팀(40)
　　　　　　└─ 회계팀(50)

• Oracle 계층 구조 CONNECT BY 규칙
 – PRIOR → 부모 레코드
 – PRIOR 없는 쪽 → 자식 레코드
따라서 부모의 DEPT_ID 와 자식의 PARENT_ID를 연결하려
면 PRIOR DEPT_ID = PARENT_ID이 되어야 함.

43

다음 조건을 참고하여, 실행 결과를 나타내는 SQL으로
가장 적절한 것은?

> ORDERS 테이블에서 월별 주문금액 합계를 구하고,
> 월별 합계가 5000 이상이면 '목표달성'으로 표시하
> 며, 5000 미만이면 해당 합계 금액 그대로 표시한다.

[ORDERS]

ORDER_DATE	ORDER_AMT
2023-01-05	1200
2023-01-15	1800
2023-01-28	1500
2023-02-02	2000
2023-02-12	1700
2023-03-03	2500
2023-03-10	2800

[실행 결과]

ORDER_MONTH	RESULT
202301	4500
202302	3700
202303	목표달성

① SELECT TO_CHAR(ORDER_DATE, 'YYYYMM')
　　　　　AS ORDER_MONTH,
　　CASE
　　　　WHEN MAX(ORDER_AMT) >= 5000
　　　　THEN '목표달성'
　　　　ELSE TO_CHAR(SUM(ORDER_AMT))
　　END AS RESULT
　FROM ORDERS
　GROUP BY TO_CHAR(ORDER_DATE, 'YYYYMM');
② SELECT TO_CHAR(ORDER_DATE, 'YYYYMM')
　　　　　AS ORDER_MONTH,
　　CASE
　　　　WHEN SUM(ORDER_AMT) >= 5000
　　　　THEN TO_CHAR(MAX(ORDER_AMT))
　　　　ELSE '목표달성' END AS RESULT
　FROM ORDERS
　GROUP BY TO_CHAR(ORDER_DATE, 'YYYYMM');

 43 ④

③ SELECT TO_CHAR(ORDER_DATE, 'YYYYMM')
        AS ORDER_MONTH,
    CASE
        WHEN MAX(ORDER_AMT) >= 5000
        THEN TO_CHAR(SUM(ORDER_AMT))
        ELSE '목표달성'
    END AS RESULT
  FROM ORDERS
  GROUP BY TO_CHAR(ORDER_DATE, 'YYYYMM');
④ SELECT TO_CHAR(ORDER_DATE, 'YYYYMM')
        AS ORDER_MONTH,
    CASE
        WHEN SUM(ORDER_AMT) >= 5000
        THEN '목표달성'
        ELSE TO_CHAR(SUM(ORDER_AMT))
    END AS RESULT
  FROM ORDERS
  GROUP BY TO_CHAR(ORDER_DATE, 'YYYYMM');

- 월별 주문금액 합계가 5000 이상이면 '목표달성' 표시함
  → SUM(ORDER_AMT) >= 5000
- 5000 미만이면 해당 합계 금액 그대로 표시함
  → TO_CHAR(SUM(ORDER_AMT))

① MAX(ORDER_AMT) >= 5000
  → 월 최대값 기준으로 판정함
② SUM(ORDER_AMT) >= 5000 THEN MAX
  → 월별 주문금액 합계가 5000 이상이면 해당 합계 금액 그대로 표시하고 5000 미만이면 '목표달성' 표시함
③ MAX(ORDER_AMT) >= 5000
  → 월 최대값 기준으로 판정함

★★★
44

다음 SQL의 실행 결과로 가장 적절한 것은?

[TBL]

COL1	COL2
10	A
20	B
NULL	A
30	B
50	NULL

```
SELECT AVG(COL1)
FROM TBL
WHERE COL2 IS NOT NULL;

SELECT AVG(NVL(COL1, 0))
FROM TBL
WHERE COL2 IS NOT NULL;
```

① 20.0, 15.0
② 20.0, 27.5
③ NULL, 15.0
④ 20.0, NULL

- SELECT AVG(COL1) ... WHERE COL2 IS NOT NULL;
  - COL2가 NULL이 아닌 COL1: 10, 20, NULL, 30
  - NULL을 제외한 평균 계산: (10 + 20 + 30) / 3 = 20.0
- SELECT AVG(NVL(COL1, 0)) ... WHERE COL2 IS NOT NULL;
  - COL2가 NULL이 아닌 COL1: 10, 20, NULL, 30
  - COL1이 NULL이면 0으로 변환하면 (10, 20, 0, 30)
  - 평균 계산: (10 + 20 + 0 + 30) / 4 = 15.0

44 ①

✦ 45

다음 중 CTAS에 대한 설명으로 가장 적절하지 않은 것은?

① PK(Primary Key) 제약조건은 CTAS로 생성된 테이블에 자동으로 복사되지 않는다.

② UNIQUE 제약조건은 CTAS로 생성된 테이블에 자동으로 복사되지 않는다.

③ NOT NULL 제약조건은 CTAS로 생성된 테이블에 자동으로 복사되지 않는다.

④ 데이터 타입 및 컬럼명은 SELECT절을 기준으로 새 테이블에 반영된다.

CTAS(Create Table As Select)
- 기존 테이블이나 쿼리 결과를 이용해서 새로운 테이블을 생성하는 SQL구문
- SELECT 결과의 컬럼 구조와 데이터를 새로운 테이블에 복사
- NOT NULL 제약조건만 유지되고, PK(Primary Key), FK(Foreign Key), UNIQUE, CHECK 제약조건은 복사되지 않음
- SELECT문에 명시된 컬럼만 복사
- 대량 데이터를 복사하는 데 자주 사용됨

✦ 46

다음 SQL의 실행 결과로 가장 적절한 것은? (단, DBMS는 오라클로 가정함)

[EMP]

EMP_ID	EMAIL
200	alex_01@sample.com
201	bob2022@sample.co.kr
202	carol@sample.net
203	dave_77@sample.com
204	eve@sample123.com

```
SELECT COUNT(*)
FROM EMP
WHERE REGEXP_LIKE(
    EMAIL,
    '^[a-z]+_[0-9]{2}@sample\.(com|net)$',
    'i'
);
```

① 1

② 2

③ 3

④ 4

- ^[a-z]+_[0-9]{2}@sample\.(com|net)$
  - ^ : 문자열 시작
  - [a-z]+ : 소문자 알파벳 1자 이상
  - _ : 언더바 1자리
  - [0-9]{2} : 숫자 2자리
  - @sample\. : "@sample." 고정
  - (com|net) : com 또는 net
  - $: 문자열 끝
  - → 소문자 + 언더바 1자리 + 숫자 2자리 + @sample.com/net 형태만 인정됨. 대소문자 무시 옵션 'i' 가 있으므로 대문자 여도 허용
- 행별 계산
  - alex_01@sample.com
    소문자 alex + _01 + @sample.com → 일치
  - bob2022@sample.co.kr
    숫자 4자리, 도메인 .co.kr → 불일치
  - carol@sample.net
    _숫자 2자리 패턴 없음 → 불일치
  - dave_77@sample.com
    소문자 dave + _77 + @sample.com → 일치
  - eve@sample123.com
    _숫자 2자리 패턴 없음 → 불일치

---

45 ③ 46 ②

✦
47

다음 조건을 참고하여 프로젝트에 한번도 참여하지 않은 직원을 찾는 SQL로 가장 적절한 것은?

> 직원 테이블에는 직원 정보가, 프로젝트참여 테이블에는 직원의 프로젝트 참여 이력이 저장되어 있다. (단, 프로젝트참여 테이블의 직원ID는 NULL 값을 포함하지 않는다.)

```
(가)
SELECT *
FROM 직원 w
WHERE NOT EXISTS (
    SELECT 1
    FROM 프로젝트참여 p
    WHERE p.직원ID = w.직원ID
);

(나)
SELECT *
FROM 직원 w
WHERE w.직원 ID NOT IN (
    SELECT p.직원ID
    FROM 프로젝트참여 p
);

(다)
SELECT w.*
FROM 직원 w
LEFT JOIN 프로젝트참여 p
  ON w.직원ID = p.직원ID
WHERE p.직원ID IS NULL;

(라)
SELECT *
FROM 직원 w
WHERE EXISTS (
    SELECT 1
    FROM 프로젝트참여 p
    WHERE w.직원ID <> p.직원ID
);
```

① (가), (라)
② (가), (나), (다)
③ (나), (다), (라)
④ (다), (라)

(가) NOT EXISTS 활용 → 참여 이력이 없는 직원만 조회(정답)

(나) NOT IN 활용 → NULL 이 없다는 전제에서 NOT IN도 정상적으로 동작(정답)

(다) LEFT JOIN … IS NULL 활용 → 매칭되지 않은 직원만 출력(정답)

(라) EXISTS … <> 조건은 직원ID ≠ 프로젝트참여ID 로 인해 항상 참이 되어 잘못된 결과를 반환(오답)

✦✦
48

다음 SQL의 실행 결과로 가장 적절한 것은?

```
CREATE TABLE TBL (
    C1 NUMBER,
    C2 NUMBER
);

INSERT INTO TBL VALUES (1, 10);
INSERT INTO TBL VALUES (2, 20);
INSERT INTO TBL VALUES (3, 30);

SAVEPOINT S1;

UPDATE TBL SET C2 = C2 + 10 WHERE C1 = 1;
DELETE FROM TBL WHERE C1 = 2;

SAVEPOINT S2;

INSERT INTO TBL VALUES (4, 40);
ROLLBACK TO S2;

ROLLBACK TO S1;

SELECT COUNT(*) FROM TBL;
```

① 1
② 2
③ 3
④ 4

- 테이블 생성 및 초기 데이터 삽입
  - 현재 상태: {(1, 10), (2, 20), (3, 30)}
- SAVEPOINT S1;
  - 현재 상태 저장
- UPDATE TBL SET C2 = C2 + 10 WHERE C1 = 1;
  - C1이 1일 때 C2를 C2 + 10으로 수정
  - 현재 상태: {(1, 20), (2, 20), (3, 30)}
- DELETE FROM TBL WHERE C1 = 2;
  - C1이 2인 행 삭제
  - 현재 상태: {(1, 20), (3, 30)}
- SAVEPOINT S2;
  - 현재 상태 저장
- INSERT INTO TBL VALUES (4, 40);
  - (4, 40) 삽입
  - 현재 상태: {(1, 20), (3, 30), (4, 40)}
- ROLLBACK TO S2;
  - S2 시점으로 복원
  - 현재 상태: {(1, 20), (3, 30)}
- ROLLBACK TO S1;
  - S1 시점으로 복원
  - 현재 상태: {(1, 10), (2, 20), (3, 30)}
- SELECT COUNT(*) FROM TBL;
  - 행의 개수: 3

정답

47 ② 48 ③

49

다음 중 MERGE 명령어에 대한 설명으로 가장 적절하지 않은 것은?

① MERGE는 소스(Source) 테이블과 대상(Target) 테이블 간의 데이터를 비교하여 조건에 맞게 INSERT, UPDATE, DELETE 작업을 수행할 수 있다.

② WHEN MATCHED절에서는 반드시 DELETE 작업만 수행할 수 있으며, UPDATE는 허용되지 않는다.

③ WHEN NOT MATCHED절은 조건에 맞지 않는 경우 INSERT 작업을 수행할 수 있다.

④ MERGE 구문은 하나의 SQL로 다중 작업을 수행하므로 대량 데이터 처리 시 성능을 향상시킬 수 있다.

MERGE
- UPSERT라고도 불리며, 한 번의 SQL문으로 INSERT, UPDATE, DELETE를 동시에 수행할 수 있는 명령어
- 보통 Source(소스) 테이블과 Target(대상) 테이블을 비교하여 조건에 맞는 행이 존재하면 UPDATE/DELETE, 존재하지 않으면 INSERT하는 방식으로 사용
- 문법의 주요 절
  - WHEN MATCHED THEN → 조건에 맞는 행이 있을 때 실행 (UPDATE 또는 DELETE 가능)
  - WHEN NOT MATCHED THEN → 조건에 맞는 행이 없을 때 실행(INSERT 가능)

다음 실행 결과를 참고하여, SQL의 빈칸 ㉠에 들어갈 내용으로 가장 적절한 것은?

```
SELECT
    A.부서,
    A.직급,
    ROUND(SUM(A.급여)) AS 총급여
FROM 직원 A
GROUP BY ( ㉠ );
```

[실행 결과]

부서	직급	총급여
인사부	대리	6000
인사부	과장	7500
인사부	차장	9000
영업부	대리	8000
영업부	과장	9500
영업부	차장	12000
총무부	대리	7000
총무부	과장	8500
총무부	차장	9500
인사부	NULL	7500
영업부	NULL	9833
총무부	NULL	8333
NULL	NULL	8877

① ROLLUP(부서)
② ROLLUP(직급)
③ ROLLUP(부서, 직급)
④ ROLLUP(직급, 부서)

실행 결과를 보면 NULL 값이 부서별 소계로 나타나고 전체 합계를 함께 출력하고 있으므로 ROLLUP(부서, 직급)을 사용해야 함

① SELECT문에 집계 함수가 아닌 컬럼은 GROUP BY 절에서 사용해야 함. ROLLUP(부서)에 직급 컬럼이 없음
② SELECT문에 집계 함수가 아닌 컬럼은 GROUP BY 절에서 사용해야 함. ROLLUP(직급)에 부서 컬럼이 없음
④ ROLLUP(직급, 부서)은 (직급)별 소계와 전체 합계를 산출함

파이널 실전모의고사

자격종목	시험시간	문항수	점수
SQLD	90분	50문항	

01 다음 중 물리적 데이터베이스 모델링 단계에서 수행되는 작업으로 가장 적절한 것은?

① 논리적 설계 단계에서 도출된 엔터티 간 관계를 식별하고, 정규화를 수행한다.
② 비즈니스 규칙에 따라 속성의 의미를 정의하고, 개념적 ERD를 작성한다.
③ 업무 식별자에 따라 주식별자를 도출하고 외래키를 설정한다.
④ 데이터 접근 성능과 저장 효율을 고려하여 인덱스, 파티션, 클러스터링 등을 설계한다.

02 다음 중 식별자에 대한 설명으로 가장 적절하지 않은 것은?

① 식별자는 엔터티 내의 인스턴스를 유일하게 구별하기 위한 속성 또는 속성의 조합이다.
② 식별자는 논리적 데이터 모델링 단계에서만 정의되며, 물리적 모델링 단계에서는 사용되지 않는다.
③ 식별자는 업무적으로 의미가 있는 속성일 수도 있고, 시스템에서 부여하는 인조식별자일 수도 있다.
④ 식별자는 관계 설정 시, 다른 엔터티의 식별자를 외래키로 상속받을 수 있다.

03 다음 중 엔터티를 분류하는 기준에 대한 설명으로 가장 적절하지 않은 것은?

① 기본 엔터티는 유무형 시점에 따라 분류된 엔터티이다.
② 중심 엔터티는 업무에서 주요하게 관리해야 하는 핵심 데이터를 의미한다.
③ 사건 엔터티는 시간에 따라 발생하는 트랜잭션성 데이터를 관리한다.
④ 행위 엔터티는 사용자의 조작이나 시스템의 동작 결과로 발생한 데이터를 저장한다.

04 다음 중 파생 속성에 대한 설명으로 가장 적절한 것은?

① 파생 속성은 엔터티의 기본 속성 중 하나로, 항상 원천 데이터를 직접 저장해야 정확성을 보장할 수 있다.
② 파생 속성은 엔터티 간의 식별 관계를 정의할 때 사용되는 속성으로, 주로 외래키로 구현된다.
③ 파생 속성은 다른 속성으로부터 계산되거나 유도되는 속성으로, 데이터의 일관성 유지를 위해 가능한 한 저장을 최소화한다.
④ 파생 속성은 정규화 단계에서 반드시 독립된 엔터티로 분리해야 하며, 중복 저장이 불가하다.

05 다음 지문에서 설명하는 식별자를 적절하게 짝지은 것으로 옳은 것은?

> ㉠ 엔터티의 각 인스턴스를 유일하게 식별하며, 다른 엔터티에 상속되어 관계를 맺을 수 있다.
> ㉡ 주식별자 외에 엔터티 내에서 인스턴스를 구분할 수 있는 대체 속성으로, 상속은 되지 않는다.
> ㉢ 엔터티 자체의 고유 특성에서 파생된 식별자로, 외부 영향을 받지 않고 독립적으로 존재한다.
> ㉣ 상위엔터티의 식별자를 상속받아 구성되는 식별자이다.

① ㉠: 주식별자, ㉡: 보조식별자, ㉢: 본질식별자, ㉣: 외부식별자
② ㉠: 보조식별자, ㉡: 주식별자, ㉢: 외부식별자, ㉣: 본질식별자
③ ㉠: 본질식별자, ㉡: 외부식별자, ㉢: 보조식별자, ㉣: 주식별자
④ ㉠: 외부식별자, ㉡: 보조식별자, ㉢: 주식별자, ㉣: 본질식별자

★★★
06 다음 ERD에 대한 설명으로 가장 적절한 것은?

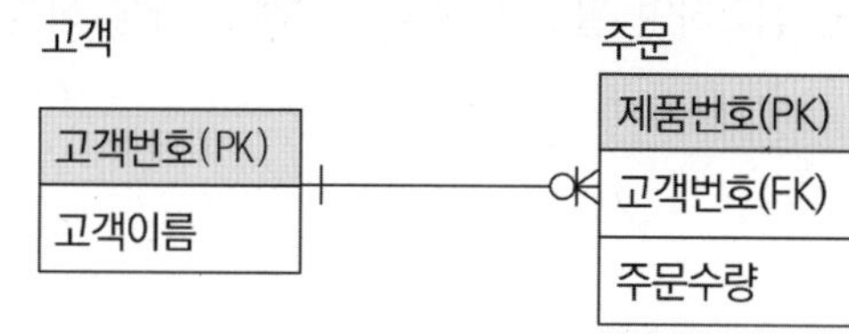

① 한 명의 고객은 한 번에 단 하나의 주문만 등록할 수 있다.
② 하나의 주문은 반드시 한 명의 고객에 의해 발생하며, 한 고객은 여러 개의 주문을 가질 수 있다.
③ 하나의 주문은 여러 고객이 공동으로 작성할 수 있으며, 고객과 주문은 다대다 관계이다.
④ 고객과 주문은 독립적인 엔터티이며, 서로 관계가 존재하지 않는다.

★
07 다음 중 반정규화에 대한 설명으로 가장 적절한 것은?

① 반정규화는 데이터의 중복을 제거하기 위해 정규화 과정을 반복 수행하는 것을 말한다.
② 반정규화는 무결성 유지가 어려워지므로 데이터베이스 성능 개선에 전혀 도움이 되지 않는다.
③ 반정규화는 항상 모든 정규형 과정을 거친 뒤 수행해야 하며, 논리적 모델에만 적용된다.
④ 반정규화는 조회 성능 향상이나 시스템 부하 감소를 위해 의도적으로 데이터 중복을 허용하는 설계 기법이다.

08 다음 ERD에서 교차 엔터티에 해당하는 것으로 가장 적절한 것은?

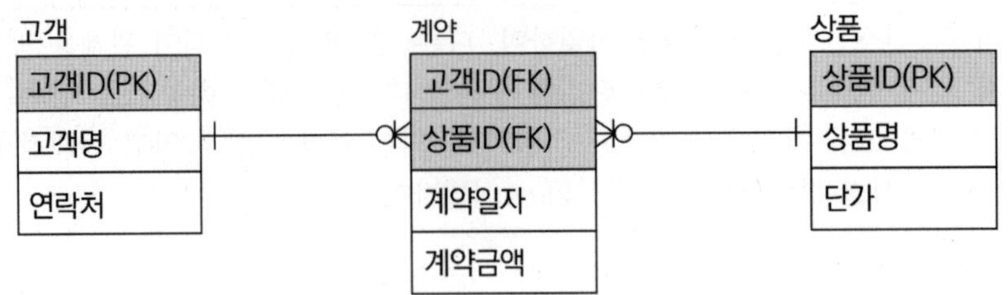

① 고객
② 상품
③ 계약
④ 고객, 상품

09 다음 테이블 및 함수 종속성을 참고하여 필요한 정규화 단계로 가장 적절한 것은?

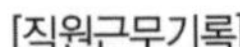

함수 종속성:
- (직원번호, 근무일자) → 근무시간, 부서코드, 부서명
- 부서코드 → 부서명

① 1차 정규화
② 2차 정규화
③ 3차 정규화
④ BCNF

10 다음 중 정규화 단계에서 주식별자와의 관련성이 가장 낮은 단계는 무엇인가?

① 1차 정규화
② 2차 정규화
③ 3차 정규화
④ BCNF

★★
11 다음 중 오류가 발생하는 SQL은?

① SELECT E.ENAME, SAL
   FROM EMP;
② SELECT E.ENAME, E.SAL
   FROM EMP E;
③ SELECT *
   FROM EMP E
   WHERE E.DEPTNO = 10;
④ SELECT E.*, E.SAL
   FROM EMP E;

★★★
12 다음 SQL의 실행 결과를 순서대로 나열한 것은?

```
SELECT ROUND(15.678, 1)
FROM DUAL;

SELECT TRUNC(15.678, 1)
FROM DUAL;

SELECT FLOOR(-15.2)
FROM DUAL;
```

① 15.6, 15.7, -15
② 15.7, 15.5, -16
③ 15.7, 15.6, -16
④ 15.6, 15.7, -16

13 다음 SQL의 실행 결과와 동일한 것으로 가장 적절한 것은?

```
SELECT
    COL1,
    CASE
        WHEN COL1 = 'X' THEN NULL
        ELSE 'Y'
    END AS R1
FROM TBL;
```

① SELECT COL1, NULLIF(COL1, 'X') AS R1
   FROM TBL;
② SELECT COL1, NVL(COL1, 'Y') AS R1
   FROM TBL;
③ SELECT COL1, DECODE(COL1, 'X', NULL, 'Y') AS R1
   FROM TBL;
④ SELECT
       COL1,
       CASE
           WHEN COL1 IS NULL THEN 'X'
           ELSE 'Y'
       END AS R1
   FROM TBL;

14 다음 SQL의 실행 결과로 가장 적절한 것은?

[EMP]

EMPNO	ENAME	COMM	SAL
1001	KING	NULL	3000
1002	FORD	200	2500
1003	SMITH	0	1500
1004	ALLEN	NULL	1000

```sql
SELECT
    ENAME,
    CASE
        WHEN NVL(COMM, 0) = 0 THEN 'NO COMM'
        WHEN COMM < 200 THEN 'LOW'
        ELSE 'HIGH'
    END AS COMM_GRADE
FROM EMP;
```

①

ENAME	COMM_GRADE
KING	HIGH
FORD	HIGH
SMITH	NO COMM
ALLEN	HIGH

②

ENAME	COMM_GRADE
KING	NO COMM
FORD	LOW
SMITH	HIGH
ALLEN	NO COMM

③

ENAME	COMM_GRADE
KING	NO COMM
FORD	HIGH
SMITH	NO COMM
ALLEN	NO COMM

④

ENAME	COMM_GRADE
KING	NO COMM
FORD	LOW
SMITH	NO COMM
ALLEN	HIGH

15 다음 중 DDL의 특징으로 가장 적절한 것은?

① DDL 명령은 트랜잭션 제어(COMMIT, ROLLBACK)의 영향을 받는다.
② DDL 명령은 데이터의 값을 삽입·수정·삭제하는 데 사용된다.
③ DDL 명령은 실행 후에 명시적으로 COMMIT을 수행해야 반영된다.
④ DDL 명령은 실행 시 자동으로 COMMIT이 발생하여, 트랜잭션과는 별도로 처리된다.

16 다음 SQL의 실행 결과로 가장 적절한 것은? (단, DBMS는 오라클로 가정함)

[TAB]

C1	C2	C3
100	A	X
100	B	Y
101	A	X
101	C	Z
102	B	Y

```
SELECT COUNT(*)
FROM TAB
WHERE (C1, C2, C3) IN (
    (100, 'A', 'Y'),
    (101, 'B', 'Y'),
    (102, 'B', 'X')
);
```

① 0

② 1

③ 2

④ 3

17 다음 지문에 해당하는 답을 올바르게 짝지은 것은?

> ㉠ SELECT 문에서 사용되며, 중복된 행을 제거하고 유일한 데이터만 조회할 때 사용된다.
> ㉡ 테이블 삭제나 외래키 제약조건 설정 시, 연관된 객체나 데이터까지 함께 삭제되도록 지정하는 옵션이다.

① ㉠ CASCADE, ㉡ DISTINCT

② ㉠ DISTINCT, ㉡ CASCADE

③ ㉠ UNIQUE, ㉡ TRUNCATE

④ ㉠ GROUP BY, ㉡ RESTRICT

18 다음 SQL의 실행 결과로 가장 적절하지 않은 것은? (단, DBMS는 오라클로 가정함)

① SUBSTR('DATABASE', 5, 3) = 'TAB'

② INSTR('DATABASE', 'A', 3) = 4

③ REPLACE('SQLDEVELOPER', 'E', '*') = 'SQLD*V*LOP*R'

④ LTRIM(' ORACLE', ' ') = 'ORACLE'

19 다음 SQL의 실행 결과로 가장 적절한 것은? (단, DBMS는 오라클로 가정함)

[TBL]

C1	C2
10	20
20	30
30	NULL
40	10
50	70

```
SELECT COUNT(*)
FROM TBL
WHERE C1 NOT IN (
    SELECT C2
    FROM TBL
    WHERE C2 > 10
);
```

① 0

② 1

③ 2

④ 3

20 다음 SQL의 실행 결과에 대한 설명으로 가장 적절한 것은? (단, DBMS는 오라클로 가정함)

[ORDERS]

ORDER_ID	CUSTOMER_ID	ORDER_DATE	AMOUNT
201	C01	2023-01-02	200
202	C01	2023-01-03	150
203	C02	2023-01-03	400
204	C01	2023-01-04	250
205	C03	2023-01-04	300

```
SELECT
    CUSTOMER_ID,
    ORDER_DATE,
    COUNT(*) OVER (PARTITION BY CUSTOMER_ID) AS CNT
FROM ORDERS
WHERE ORDER_DATE >= '2023-01-02';
```

① 각 고객별 주문 수를 계산하며, 고객 ID가 동일한 모든 행에 같은 COUNT 값이 반복된다.

② 주문일(ORDER_DATE) 순서에 따라 누적 COUNT가 계산된다.

③ 전체 테이블 기준으로 COUNT가 계산되어 모든 행에 동일한 값이 출력된다.

④ 고객별 COUNT가 아니라, 주문 금액(AMOUNT)에 따라 개별 COUNT가 출력된다.

21 다음 SQL의 실행 결과로 가장 적절한 것은? (단, DBMS는 오라클로 가정함)

[TBL_A]

ID	NAME
1	KIM
2	LEE
3	PARK

[TBL_B]

ID	NAME
2	LEE
3	PARK
4	CHOI

```
SELECT NAME
FROM TBL_A
INTERSECT
SELECT NAME
FROM TBL_B;
```

①

NAME
KIM
LEE
PARK

②

NAME
KIM
CHOI

③

NAME
LEE
PARK

④

NAME
KIM
LEE
PARK
CHOI

22 다음 SQL의 실행 결과로 가장 적절한 것은? (단, DBMS는 오라클로 가정함)

[TBL]

COL1
10
20
30
40
50

```
SELECT COL1
FROM TBL
WHERE COL1 = 99;

SELECT AVG(COL1)
FROM TBL
WHERE COL1 = 99;
```

① 공집합, 공집합
② 공집합, 0
③ 공집합, NULL
④ NULL, NULL

★★★
23 다음 SQL의 실행 결과를 기준으로 정규표현식 조건을 만족하지 않는 상품 코드는? (단, DBMS는 오라클로 가정함)

```
SELECT 상품코드
FROM PRODUCT
WHERE REGEXP_LIKE(상품코드, '^P[0-9]{3}[A-Z]$', 'i');
```

① P101A
② PX22D
③ P999C
④ P500a

★
24 다음 SQL을 실행했을 때 오류가 발생하는 가장 적절한 원인은? (단, EMP 테이블은 DEPTNO, JOB, SAL 컬럼을 가진다고 가정함)

```
SELECT DEPTNO, COUNT(SAL)
FROM EMP
WHERE COUNT(SAL) > 3
GROUP BY DEPTNO;
```

① SELECT절의 집계함수를 WHERE절에서 사용하고 있어 오류가 발생한다.
② GROUP BY절에 포함되지 않은 컬럼을 SELECT절에서 사용하고 있어 오류가 발생한다.
③ COUNT 함수의 별칭(Alias)을 지정하지 않아 오류가 발생한다.
④ SAL 컬럼이 NULL을 포함하고 있어 오류가 발생한다.

★★
25 다음 SQL의 실행 결과로 가장 적절한 것은? (단, DBMS는 오라클로 가정함)

[TAB]

COL1	COL2	COL3
5	10	20
15	NULL	30
25	20	40
35	30	NULL

```
SELECT
    MAX(COL2),
    MIN(COL3),
    SUM(COL1 + NVL(COL2, 0))
FROM TAB;
```

① 10, 20, 90
② 30, 20, 140
③ 30, 30, 105
④ 25, 20, 95

26 다음 SQL의 실행 결과로 가장 적절한 것은? (단, DBMS는 오라클로 가정함)

[T1]

COL1
10
20
30

[T2]

COL1
10
NULL
40

```sql
SELECT COUNT(*)
FROM T1
WHERE NOT EXISTS (
    SELECT 1
    FROM T2
    WHERE T1.COL1 = T2.COL1
);
```

① 0

② 1

③ 2

④ 3

27 다음 조건에 알맞은 SQL으로 가장 적절한 것은?

도시 이름이 4자 이상이고, 세 번째 글자가 '산'인 경우

① SELECT city_name
　 FROM city
　 WHERE city_name LIKE '_%산%';

② SELECT city_name
　 FROM city
　 WHERE city_name LIKE '_산%';

③ SELECT city_name
　 FROM city
　 WHERE city_name LIKE '_ _%산';

④ SELECT city_name
　 FROM city
　 WHERE city_name LIKE '_ _산_%';

28 다음 SQL의 실행 결과를 설명한 내용으로 가장 적절한 것은? (단, DBMS는 오라클로 가정함)

[EMPLOYEE]

EMP_ID	DEPT_ID	SALARY
E01	10	3000
E02	10	4000
E03	10	2000
E04	20	5000
E05	20	7000

```sql
SELECT
    DEPT_ID,
    EMP_ID,
    SALARY,
    RANK( ) OVER (PARTITION BY DEPT_ID ORDER BY SALARY DESC) AS R1
FROM EMPLOYEE;
```

① 모든 부서의 전체 급여 기준으로 순위가 매겨진다.
② 같은 부서 내에서도 동일 급여가 있어도 순위가 중복되지 않는다.
③ 급여가 높은 직원에게 1이 아닌, 가장 낮은 순위가 부여된다.
④ 부서별로 급여가 높은 순서대로 순위가 매겨지며 동순위자가 있을 경우 이후 순위는 건너뛴다.

29 다음 중 제약조건(CONSTRAINT)에 대한 설명으로 가장 적절한 것은?

① CHECK 제약조건은 다른 테이블의 컬럼을 참조하여 조건을 검증할 수 있다.
② FOREIGN KEY 제약조건은 참조 무결성을 유지하기 위해 부모 테이블의 기본키(Primary Key) 또는 고유키(Unique)를 참조한다.
③ UNIQUE 제약조건은 NULL 값을 절대 허용하지 않는다.
④ PRIMARY KEY 제약조건은 하나의 테이블에 여러 개 정의할 수 있다.

30 다음 SQL의 실행 결과로 가장 적절한 것은? (단, DBMS는 오라클로 가정함)

```sql
SELECT REGEXP_INSTR('123123123', '312')
FROM DUAL;
```

① 2
② 3
③ 4
④ 5

31 다음 SQL의 실행 결과로 가장 적절한 것은? (단, DBMS는 오라클로 가정함)

```
SELECT '''A''''
FROM DUAL;
```

① 'A''
② A'
③ 'A'
④ ''A'''

32 다음 SQL의 실행 결과로 가장 적절한 것은? (단, DBMS는 오라클로 가정함)

[EMP]

EMP_ID	DEPT_ID	SALARY
E01	10	3000
E02	10	4000
E03	20	5000
E04	30	6000

```
SELECT COUNT(*)
FROM EMP
WHERE DEPT_ID = 40;
```

① 공집합
② 0
③ 1
④ 오류 발생

33 다음 SQL의 실행 결과로 가장 적절한 것은? (단, DBMS는 오라클로 가정함)

```
SELECT COUNT(*)
FROM DUAL
WHERE LEVEL <= 2
CONNECT BY LEVEL <= 3;
```

① 1
② 2
③ 3
④ 오류 발생

 다음 SQL에 대한 설명으로 가장 적절한 것은?

GRANT SELECT, INSERT ON EMP TO HR WITH GRANT OPTION;

① HR 사용자는 EMP 테이블을 삭제할 권한이 있다.

② HR 사용자는 EMP 테이블에 데이터 입력은 가능하지만 조회는 불가능하다.

③ HR은 EMP 테이블에 SELECT, INSERT 권한을 가지며, HR은 이 권한을 다른 사용자에게도 부여할 수 있다.

④ GRANT OPTION이 있으므로 HR 사용자가 EMP 테이블의 구조를 수정할 수 있다.

35 다음 SQL의 실행 결과로 가장 적절한 것은? (단, DBMS는 오라클로 가정함)

[TBL]

COL1	COL2
10	A
NULL	B
20	A
30	NULL
NULL	C
40	A

```
SELECT
    COUNT(*)
    + COUNT(DISTINCT COL1)
    + COUNT(COL2)
FROM TBL;
```

① 15

② 16

③ 17

④ NULL

 다음 SQL의 실행 결과에 대한 설명으로 가장 적절한 것은? (단, DBMS는 오라클로 가정함)

[DEPT]

DEPT_ID	DEPT_NAME
D1	인사부
D2	영업부
D3	개발부

[EMP]

EMP_ID	EMP_NAME	DEPT_ID	SALARY	JOB
E01	김현수	D1	2500	CLERK
E02	이민정	D1	4000	MANAGER
E03	박진호	D2	2000	SALESMAN
E04	최은지	D2	3000	ANALYST
E05	한지우	D3	1000	CLERK

```sql
SELECT
    D.DEPT_ID,
    D.DEPT_NAME,
    AVG(E.SALARY) AS 평균급여
FROM DEPT D, EMP E
WHERE D.DEPT_ID = E.DEPT_ID
  AND E.JOB IN ('MANAGER', 'ANALYST')
GROUP BY D.DEPT_ID, D.DEPT_NAME
HAVING AVG(E.SALARY) < 3500
ORDER BY AVG(E.SALARY) ASC;
```

① 부서별로 MANAGER와 ANALYST의 급여합계를 구하고, 평균이 3500 이상인 부서만 출력한다.

② MANAGER 또는 ANALYST가 존재하는 부서 중, 평균 급여가 3500 이상인 부서부터 내림차순으로 정렬된다.

③ MANAGER 또는 ANALYST의 급여평균이 3500 미만인 부서만 출력되며, 평균급여가 낮은 순서로 정렬된다.

④ 모든 부서의 평균급여를 계산하되, JOB 조건에 상관없이 3500 미만인 부서만 정렬한다.

37 다음 SQL의 실행 결과로 가장 적절한 것은?

[TAB10]

COL1
DATA_01
DA_ACX
BAAC
DAA_C
DACC

```
SELECT COL1
FROM TAB10
WHERE COL1 LIKE '%A_C%'

UNION ALL

SELECT COL1
FROM TAB10
WHERE COL1 LIKE '%A\_C%' ESCAPE '\';
```

① DA_ACX, DAA_C, DACC
② DATA_01, DA_ACX, BAAC
③ DAA_C, DACC
④ DAAC, BAAC, DAA_C

38 다음 중 뷰(View)에 대한 설명으로 가장 적절한 것은?

① 뷰는 항상 기본 테이블에 대한 DML(INSERT, UPDATE, DELETE) 연산이 가능하다.
② 뷰는 기본 테이블의 일부 컬럼만 노출시켜 보안성과 데이터 독립성을 높일 수 있다.
③ 뷰는 독립적인 데이터를 저장하므로, 기본 테이블의 변경이 뷰에 영향을 주지 않는다.
④ 뷰를 통해 생성된 가상 테이블은 인덱스를 직접 가질 수 있다.

39 다음과 같은 권한 부여 및 회수 상황이 있다. 이때, EMP 테이블의 SELECT 권한을 최종적으로 가지고 있는 사용자를 모두 고른 것은?

```
DBA : GRANT SELECT ON EMP TO U1;
DBA : GRANT SELECT ON EMP TO U2 WITH GRANT OPTION;
U2 : GRANT SELECT ON EMP TO U3;
DBA : REVOKE SELECT ON EMP FROM U2 CASCADE;
```

① U1, U2
② U2, U3
③ U3
④ U1

40 다음 실행 결과를 출력하는 SQL로 가장 적절한 것은?

[TBL]

DEPT	EMP_NAME	SALARY
Sales	Kim	4000
Sales	Park	3500
Sales	Choi	3500
HR	Lee	4200
HR	Han	3800

[실행 결과]

DEPT	EMP_NAME	SALARY	RANK
HP	Lee	4200	1
HP	Han	3800	2
Sales	Kim	4000	1
Sales	Park	3500	2
Sales	Choi	3500	2

① SELECT
    DEPT,
    EMP_NAME,
    SALARY,
    RANK() OVER(ORDER BY SALARY DESC) AS RANK
  FROM TBL;

② SELECT
    DEPT,
    EMP_NAME,
    SALARY,
    RANK() OVER(
      PARTITION BY DEPT
      ORDER BY SALARY DESC
) AS RANK
  FROM TBL;

③ SELECT
    DEPT,
    EMP_NAME,
    SALARY,
    DENSE_RANK() OVER(ORDER BY SALARY DESC) AS RANK
  FROM TBL;
④ SELECT
    DEPT,
    EMP_NAME,
    SALARY,
    ROW_NUMBER() OVER(
        PARTITION BY DEPT
        ORDER BY SALARY ASC
) AS RANK
  FROM TBL;

41 다음 SQL의 실행 결과로 가장 적절한 것은?

```
CREATE TABLE TBL (
    C1 NUMBER
);

INSERT INTO TBL VALUES (5);
INSERT INTO TBL VALUES (10);
INSERT INTO TBL VALUES (20);

SAVEPOINT A1;

UPDATE TBL SET C1 = 15 WHERE C1 = 10;

SAVEPOINT A2;

DELETE FROM TBL WHERE C1 >= 20;

ROLLBACK TO A1;

INSERT INTO TBL VALUES (30);

SELECT MAX(C1) FROM TBL;
```

① 10   ② 15
③ 20   ④ 30

★★★
42 다음 계층형 쿼리 실행 결과에 대한 설명으로 가장 적절한 것은?

[EMP]

EMP_ID	MGR_ID	EMP_NAME
1	NULL	CEO
2	1	Director
3	2	Manager
4	3	Leader
5	4	Staff
6	3	Assistant

```
SELECT
    EMP_ID,
    MGR_ID,
    EMP_NAME,
    LEVEL
FROM EMP
START WITH EMP_NAME = 'Manager'
CONNECT BY PRIOR EMP_ID = MGR_ID;
```

① CEO부터 모든 직원이 출력되며, LEVEL은 1~6까지 표시된다.
② Manager를 포함한 하위 직원이 출력되며, LEVEL은 Manager가 1이다.
③ Manager를 포함한 상위 관리자들이 출력되며, LEVEL은 CEO가 1이다.
④ CEO만 출력되며, LEVEL은 1이다.

★
43 다음 SQL을 실행했을 때, 오류 없이 두 테이블 모두 정상 삭제되기 위해 빈칸 ㉠에 들어가야 하는 가장 적절한 키워드는 무엇인가?

```
CREATE TABLE DEPT (
   DEPT_ID NUMBER PRIMARY KEY,
   DEPT_NAME VARCHAR2(20)
);

CREATE TABLE EMP (
   EMP_ID NUMBER PRIMARY KEY,
   EMP_NAME VARCHAR2(20),
   DEPT_ID NUMBER REFERENCES DEPT(DEPT_ID)
);

DROP TABLE DEPT ( ㉠ );
```

① CASCADE CONSTRAINTS
② RESTRICT
③ FORCE DELETE
④ REMOVE FOREIGN KEY

★★★
44 다음 실행 결과를 출력하기 위해 사용해야 하는 SQL로 가장 적절한 것은?

[SALES]

REGION	PRODUCT	AMOUNT
EAST	TV	1000
EAST	RADIO	800
WEST	TV	1200
WEST	RADIO	600

[실행 결과]

REGION	PRODUCT	TOTAL
EAST	TV	800
EAST	RADIO	1000
EAST	NULL	1800
WEST	RADIO	600
WEST	TV	1200
WEST	NULL	1800
NULL	NULL	3600

① SELECT
    REGION,
    PRODUCT,
    SUM(AMOUNT) AS TOTAL
  FROM SALES
  GROUP BY REGION, PRODUCT;

② SELECT
    REGION,
    PRODUCT,
    SUM(AMOUNT) AS TOTAL
  FROM SALES
  GROUP BY CUBE(REGION, PRODUCT);

③ SELECT
    REGION,
    PRODUCT,
    SUM(AMOUNT) AS TOTAL
  FROM SALES
  GROUP BY ROLLUP(PRODUCT, REGION);

④ SELECT
    REGION,
    PRODUCT,
    SUM(AMOUNT) AS TOTAL
  FROM SALES
  GROUP BY ROLLUP(REGION, PRODUCT);

[SALES]

DEPT	AMOUNT
A	1000
A	2000
A	5000
B	1500
B	2500
C	4000

```
SELECT SUM(TOTAL_AMT)
FROM (
    SELECT DEPT, MAX(AMOUNT) + MIN(AMOUNT) AS TOTAL_AMT
    FROM SALES
    GROUP BY DEPT

    UNION ALL

    SELECT DEPT, ROUND(AVG(AMOUNT), -3) AS TOTAL_AMT
    FROM SALES
    GROUP BY DEPT
);
```

① 22000

② 23000

③ 26000

④ 27000

★★
46 다음 SQL의 실행 결과로 가장 적절한 것은?

[EMP]

EMP_ID	EMP_NAME	DEPT_ID	SALARY
101	Ahn	10	3000
102	Bae	20	2500
103	Choi	10	2800
104	Kim	30	4000

[DEPT]

DEPT_ID	DEPT_NAME
10	Sales
20	IT
40	HR

```
SELECT EMP_NAME, DEPT_NAME
FROM EMP
NATURAL JOIN DEPT;
```

①

EMP_NAME	DEPT_NAME
Ahn	Sales
Bae	IT
Choi	Sales
Kim	NULL

②

EMP_NAME	DEPT_NAME
Ahn	Sales
Bae	IT
Choi	Sales

③

EMP_NAME	DEPT_NAME
Ahn	Sales
Bae	IT
Choi	Sales
Kim	HR

④

EMP_NAME	DEPT_NAME
Ahn	Sales
Bae	IT
Choi	Sales
Kim	IT

[EMP]

EMP_ID	EMP_NAME	DEPT_ID	SALARY
301	Ahn	10	2500
302	Bae	30	3000
303	Choi	30	3400
304	Kim	30	3800
305	Lee	30	4200

부서 ID가 30인 사원들에 대해, 각 사원의 급여를 기준으로 ±500 범위 내에 속하는 사원 수를 구하라.

① SELECT EMP_NAME, COUNT(*)
   FROM EMP E1, EMP E2
   WHERE E1.SALARY BETWEEN E2.SALARY - 200 AND E2.SALARY + 500
     AND E1.DEPT_ID = 30
   GROUP BY EMP_NAME;
② SELECT E1.EMP_NAME, COUNT(*) AS CNT
   FROM EMP E1, EMP E2
   WHERE E1.DEPT_ID = 30
     AND E2.DEPT_ID = 30
     AND E2.SALARY BETWEEN E1.SALARY - 500 AND E1.SALARY + 500
   GROUP BY E1.EMP_NAME;
③ SELECT EMP_NAME, COUNT(*)
   FROM EMP
   WHERE DEPT_ID = 30
     AND SALARY BETWEEN 2500 AND 4000
   GROUP BY EMP_NAME;
④ SELECT EMP_NAME, COUNT(*)
   FROM EMP
   WHERE DEPT_ID = 30
     AND ABS(SALARY - 3500) <= 500;

48 다음 SQL의 실행 결과로 가장 적절한 것은?

[SALES]

REGION	PRODUCT	AMOUNT
EAST	TV	1000
EAST	RADIO	800
WEST	TV	1200
WEST	RADIO	600

```sql
SELECT
    REGION,
    PRODUCT,
    SUM(AMOUNT) AS TOTAL
FROM SALES
GROUP BY CUBE(REGION, PRODUCT)
ORDER BY REGION, PRODUCT;
```

①

REGION	PRODUCT	TOTAL
EAST	RADIO	800
EAST	TV	1000
EAST	NULL	1800
WEST	RADIO	600
WEST	TV	1200
WEST	NULL	1800
NULL	RADIO	1400
NULL	TV	2200
NULL	NULL	3600

②

REGION	PRODUCT	TOTAL
EAST	RADIO	800
EAST	TV	1000
WEST	RADIO	600
WEST	TV	1200
NULL	NULL	3600

③

REGION	PRODUCT	TOTAL
EAST	RADIO	800
EAST	TV	1000
EAST	NULL	1800
WEST	RADIO	600
WEST	TV	1200
WEST	NULL	1800
NULL	NULL	3600

④

REGION	PRODUCT	TOTAL
RADIO	NULL	1400
TV	NULL	2200
NULL	NULL	3600

49 다음 SQL에 대한 설명으로 가장 적절한 것은?

[EMPLOYEE]

EMP_ID	EMP_NAME	DEPT	SALARY
101	Alice	HR	3500
102	Brian	Sales	4000
103	Carol	IT	4200
104	David	HR	3000
105	Emily	Sales	3700

```
CREATE TABLE EMP_COPY AS
SELECT * FROM EMPLOYEE;

UPDATE EMP_COPY
SET SALARY = SALARY * 1.1
WHERE DEPT = 'SALES';

DELETE FROM EMP_COPY
WHERE DEPT = 'HR';

SELECT DEPT, ROUND(AVG(SALARY)) AS AVG_SAL
FROM EMP_COPY
GROUP BY DEPT
ORDER BY AVG_SAL DESC;
```

① 'HR' 부서의 사원 급여가 10% 인상되어 계산된다.

② EMPLOYEE 테이블의 데이터도 함께 변경된다.

③ HR 부서를 제외한 모든 사원이 삭제된다.

④ SALES 부서 급여가 10% 인상되고 HR 부서는 제외된 상태로 부서별 평균 급여가 높은 순으로 출력된다.

50 다음 실행 결과를 출력하기 위해 사용해야 하는 SQL로 가장 적절한 것은?

[SALES_TBL]

DEPT	JAN	FEB	MAR
A	100	200	300
B	150	180	250
C	120	170	200

[실행 결과]

DEPT	MONTH	SALES
A	JAN	100
A	FEB	200
A	MAR	300
B	JAN	150
B	FEB	180
B	MAR	250
C	JAN	120
C	FEB	170
C	MAR	200

①
```
SELECT *
FROM SALES_TBL
UNPIVOT(
    DEPT
    FOR SALES IN (
        'JAN',
        'FEB',
        'MAR'
    )
);
```

②
```
SELECT *
FROM SALES_TBL
UNPIVOT(
    MONTH
    FOR SALES IN (
        'JAN',
        'FEB',
        'MAR'
    )
);
```

③
```
SELECT *
FROM SALES_TBL
UNPIVOT(
    SALES
        FOR MONTH IN (
            JAN,
            FEB,
            MAR
        )
);
```

④
```
SELECT *
FROM SALES_TBL
PIVOT(
    MONTH
    FOR SALES IN (
        JAN,
        FEB,
        MAR
    )
);
```

자격종목	시험시간	문항수	점수
SQLD	90분	50문항	

01 다음 지문에서 설명하는 스키마 구조로 가장 적절한 것은?

> 모든 사용자와 응용 프로그램이 공통으로 이해할 수 있는 통합된 뷰를 제공한다.
> 개체(Entity), 속성(Attribute), 관계(Relationship), 제약조건 등을 기술하며, 데이터의 논리적 독립성을 보장한다.

① 외부 스키마
② 개념 스키마
③ 내부 스키마
④ 물리 스키마

02 다음 중 파생 속성에 해당하는 것은?

① 고객 이름(Name)
② 주민등록번호(SSN)
③ 입사일자(Hire_Date)
④ 근속연수(Years_of_Service)

03 다음 중 식별자에 대한 설명으로 가장 적절하지 않은 것은?

① 외래키(FK)는 내부 식별자로 사용된다.
② 주식별자는 엔터티의 각 인스턴스를 유일하게 식별할 수 있어야 하며, NULL 값을 가질 수 없다.
③ 인조 식별자는 업무적으로 의미가 없더라도, 인위적으로 부여하여 주식별자로 사용할 수 있다.
④ 보조 식별자는 유일성을 만족하지만 주식별자로 선택되지 않은 후보 식별자를 의미한다.

04 다음 중 주식별자의 특징에 대한 설명으로 가장 적절하지 않은 것은?

① 주식별자는 엔터티의 각 인스턴스를 유일하게 식별할 수 있어야 한다.
② 주식별자는 NULL 값을 허용하지 않는다.
③ 주식별자는 최대한 많은 속성으로 구성되어야 한다.
④ 주식별자는 최소성(Minimality)을 만족해야 하며, 불필요한 속성을 포함하지 않는다.

★★★
05 다음 중 제1정규화(1NF)를 만족시키기 위한 올바른 방법은 무엇인가?

① 반복되는 속성을 분리하지 않고, 한 컬럼에 여러 값을 쉼표(,)로 구분하여 저장한다.
② 컬럼에 다중값을 그대로 허용한다.
③ 속성값을 원자값으로 분해하여 한 컬럼에는 하나의 값만 저장한다.
④ 개별 속성을 여러 개의 테이블로 무분별하게 쪼개어 분산 저장한다.

★★
06 다음 중 엔터티 생성시점에 따른 분류가 아닌 것은?

① 기본 엔터티
② 사건 엔터티
③ 중심 엔터티
④ 행위 엔터티

★★
07 다음 지문에서 데이터 모델 설계로 가장 적절한 것은?

> • 고객에는 개인 고객과 기업 고객이 존재한다.
> • 개인 고객과 기업 고객은 공통으로 사용하는 속성(예 고객ID, 주소, 연락처)과 별도로 사용하는 속성(개인: 주민번호, 생년월일 / 기업: 사업자등록번호, 법인명)을 가지고 있다.
> • 공통 속성을 조회하는 빈도수보다 개별 속성을 조회하는 빈도수가 훨씬 높다.

① 개인 고객 테이블과 기업 고객 테이블을 별도로 설계한다.
② 개인 고객과 기업 고객을 하나의 통합 테이블로 설계한다.
③ 개인 고객과 기업 고객이 개별적으로 사용하는 속성이 없다.
④ 공통 속성과 개별 속성을 분리하여 슈퍼-서브타입으로 설계한다.

★★★
08 다음 보기 중 아래 ERD에 대한 설명으로 옳지 않은 것은?

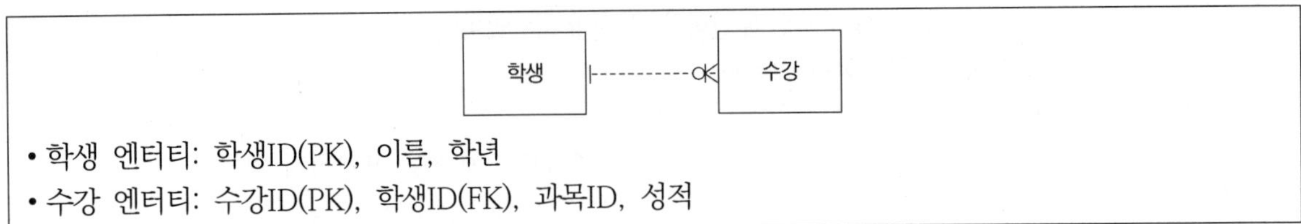

- 학생 엔터티: 학생ID(PK), 이름, 학년
- 수강 엔터티: 수강ID(PK), 학생ID(FK), 과목ID, 성적

① 한 명의 학생은 여러 개의 수강 정보를 가질 수 있다.
② 수강 엔터티의 학생ID는 학생 엔터티의 기본키를 상속받은 외래키이다.
③ 학생과 수강의 관계는 식별자 관계이므로, 수강 엔터티의 학생ID는 반드시 기본키에 포함된다.
④ 비식별자 관계에서는 부모 엔터티의 키가 자식 엔터티의 일반속성(FK)으로 포함된다.

★
09 다음 중 ERD에 표시되지 않는 것은?

① 관계명
② 관계차수
③ 관계선택사양
④ 관계분류

★★
10 다음 중 엔터티와 인스턴스의 관계에 대한 설명으로 옳지 않은 것은?

① 하나의 엔터티는 여러 개의 인스턴스로 표현될 수 있다.
② 인스턴스는 엔터티의 구조(속성, 관계)를 정의하는 개념적인 요소이다.
③ 한 개의 인스턴스는 반드시 하나의 엔터티에 속한다.
④ 엔터티에 정의된 속성은 인스턴스에서 실제 값으로 표현된다.

★★
11 다음 SUBSTR 함수 실행 결과 중, 다른 결과가 나오는 것은?

① SUBSTR('ABCDEFGHIJ', 3, 2)
② SUBSTR('ABCDEFGHIJ', -3, 2)
③ SUBSTR('ABCDEFGHIJ', 3, LENGTH('CD'))
④ SUBSTR('ABCDEFGHIJ', 3, INSTR('ABCDEFGHIJ', 'E') -3)

★★★
12 다음 중 NULL에 대한 설명으로 가장 적절한 것은?

① NULL은 '알 수 없음(Unknown)' 또는 '값이 없음'을 의미하며, 0이나 공백(Blank)과는 구분된다.
② 집계 함수 COUNT(*)는 NULL을 제외하고 행을 세기 때문에, COUNT(컬럼)과 동일한 결과를 반환한다.
③ NULL 비교 연산은 NULL = NULL 또는 NULL 〈〉 NULL과 같이 사용할 수 있으며, 항상 FALSE로 평가된다.
④ NVL, COALESCE와 같은 NULL 처리 함수는 오직 문자형 데이터에만 적용 가능하다.

★
13 다음 중 SQL 명령어의 분류와 매칭이 옳지 않은 것은?

① DDL : ALTER
② DML : INSERT
③ DCL : SAVEPOINT
④ TCL : ROLLBACK

★
14 다음 COMMIT에 대한 설명 중 적절하지 않은 것은?

① COMMIT 이전에 수행한 DML(INSERT, UPDATE, DELETE)은 롤백(ROLLBACK) 가능하다.
② COMMIT 이후에는 변경된 데이터가 데이터베이스에 영구적으로 반영된다.
③ COMMIT 이전에는 동일 트랜잭션 내에서는 변경된 데이터를 조회할 수 있다.
④ COMMIT 이후에도 ROLLBACK을 통해 이전 상태로 되돌릴 수 있다.

★★
15 다음 SQL의 실행 결과에 대한 설명으로 옳은 것은?

```
SELECT *
FROM emp
ORDER BY salary ASC
OFFSET 2 ROWS
FETCH NEXT 4 ROWS ONLY;
```

가: 가장 낮은 급여 상위 2개의 행을 제외한다.
나: 최대 4개의 행만 조회된다.
다: OFFSET이 있으므로 조회 결과는 반드시 4개 이상이다.

① 가
② 나
③ 가, 나
④ 가, 나, 다

16 다음 두 테이블을 이용하여 작성된 다음 SQL의 실행 결과의 행 개수가 다른 하나는?

[EMP]

EMPNO	ENAME	DEPTNO	SAL
7369	SMITH	20	800
7499	ALLEN	30	1600
7521	WARD	30	1250
7566	JONES	20	2975
7698	BLAKE	30	2850

[DEPT]

DEPTNO	DNAME
10	ACCOUNT
20	RESEARCH
30	SALES

① SELECT E.ENAME, D.DNAME
   FROM EMP E
   JOIN DEPT D
     ON E.DEPTNO = D.DEPTNO;

② SELECT ENAME, DEPTNO
   FROM EMP
   WHERE DEPTNO <> 30;

③ SELECT DISTINCT DEPTNO
   FROM EMP;

④ SELECT DNAME
   FROM DEPT
   WHERE DEPTNO IN (
       SELECT DEPTNO
       FROM EMP
   );

17 다음 중 INTERSECT 연산자에 대한 설명으로 가장 적절한 것은?

① INTERSECT는 여러 SELECT문의 결과를 합집합으로 결합하며, 중복된 행은 한 번만 출력한다.
② INTERSECT는 여러 SELECT문의 결과에서 교집합만을 추출하며, 중복된 행은 하나의 행으로만 출력된다.
③ INTERSECT는 여러 SELECT문의 결과를 모두 합쳐서 중복된 행도 그대로 출력한다.
④ INTERSECT는 차집합을 수행하며, 첫 번째 SELECT 결과에서 두 번째 SELECT 결과를 제외한 행만 출력한다.

18 다음 지문을 바탕으로 가장 적절한 서브쿼리에 해당하는 것은?

> 메인 쿼리에서 조건절에 사용되는 서브쿼리가 있으며, 이 서브쿼리는 결과로 여러 개의 행이 나오고 동시에 두 개 이상의 컬럼이 반환된다. 메인 쿼리는 이 다중 결과(행 × 컬럼)를 조건절에서 동시에 비교해야 한다.

① 단일행 단일컬럼 서브쿼리
② 다중행 단일컬럼 서브쿼리
③ 단일행 다중컬럼 서브쿼리
④ 다중컬럼 서브쿼리

19 다음 SQL의 실행 결과에 대한 설명으로 가장 적절한 것은?

[ORDERS]

ORDER_ID	CUSTOMER_ID	ORDER_DATE	AMOUNT
101	C01	2023-01-01	300
102	C01	2023-01-02	200
103	C02	2023-01-02	150
104	C01	2023-01-03	400
105	C02	2023-01-04	500
106	C01	2023-01-04	100

```
SELECT
    CUSTOMER_ID,
    ORDER_DATE,
    COUNT(*) OVER (
        PARTITION BY CUSTOMER_ID
        ORDER BY ORDER_DATE
        ROWS BETWEEN UNBOUNDED PRECEDING AND CURRENT ROW
    ) AS CUM_CNT
FROM ORDERS
WHERE ORDER_DATE <= '2023-01-04';
```

① 각 고객별 주문 수를 전체 행 기준으로 COUNT(*) 집계하여 동일한 값이 반복된다.
② 전체 데이터에 대해 ORDER_DATE 기준으로 누적 COUNT가 계산된다.
③ 고객별로 ORDER_DATE 순서에 따라 누적 COUNT가 계산된다.
④ 고객별 누적 COUNT가 아닌, 각 주문 금액(AMOUNT)에 따라 COUNT가 별도로 계산된다.

20 다음 조건에 따라 실행되는 SQL로 가장 적절한 것은?

[PRODUCT]

PNAME	PRICE
A12	1000
A123	1500
A99	2000
AB12	2500
A01	3000

> PNAME 컬럼에서 'A'로 시작하고, 그 뒤에 반드시 숫자 2자리가 오는 값만 조회

① SELECT *
   FROM PRODUCT
   WHERE REGEXP_LIKE(PNAME, '^A[0-9]{2}$');
② SELECT *
   FROM PRODUCT
   WHERE REGEXP_LIKE(PNAME, '^A[0-9]+$');
③ SELECT *
   FROM PRODUCT
   WHERE REGEXP_LIKE(PNAME, '^A[0-9]{3}$');
④ SELECT *
   FROM PRODUCT
   WHERE REGEXP_LIKE(PNAME, 'A[0-9]{2}');

{_asterisk_}
21 다음 SQL을 실행했을 때 빈칸 ㉠에 들어갈 키워드로 가장 적절한 것은?

[매출]

ID	판매일자	매출액
1	2023-01-01	100
2	2023-01-02	200
3	2023-01-03	300
4	2023-01-04	400
5	2023-01-05	500

```
SELECT
    판매일자,
    매출액,
    SUM(매출액) OVER(
        ORDER BY 판매일자
        ( ㉠ ) BETWEEN 1 PRECEDING AND 1 FOLLOWING
    ) AS 이동합계
FROM 매출;
```

① ROWS
③ GROUPS
② RANGE
④ PARTITION

22 다음 SQL의 실행 결과로 가장 적절한 것은?

```
CREATE TABLE TBL1 (
    COL1 NUMBER,
    COL2 NUMBER
);

INSERT INTO TBL1 VALUES (1, 1);
INSERT INTO TBL1 VALUES (2, NULL);
INSERT INTO TBL1 VALUES (3, 3);
INSERT INTO TBL1 VALUES (4, 5);

SELECT COUNT(*)
FROM TBL1
WHERE NVL(COL1, 0) = NVL(COL2, 0)
  AND COL1 <= 3;
```

① 1
③ 3
② 2
④ 4

23 모든 부서 평균 급여보다도 높은 급여를 받는 직원의 최대 급여를 조회하려고 한다. 이를 만족하는 SQL 구문에서 조건을 가장 올바르게 표현한 것은?

① WHERE sal > ALL (
    SELECT AVG(sal)
    FROM emp
    GROUP BY deptno
)

② HAVING sal > ANY (
    SELECT AVG(sal)
    FROM emp
    GROUP BY deptno
)

③ HAVING sal > ALL (
    SELECT AVG(sal)
    FROM emp
    GROUP BY deptno
)

④ ORDER BY AVG(sal) ALL

24 다음 중 최고 급여를 구하기 위한 SQL로 적절하지 않은 것은?

① salary = (
    SELECT MAX(salary)
    FROM emp
)

② salary >= ALL (
    SELECT salary
    FROM emp
)

③ NOT EXISTS (
    SELECT 1
    FROM emp e2
    WHERE e2.salary > e1.salary
)

④ salary IN (
    SELECT salary
    FROM emp
    WHERE ROWNUM = 1
    ORDER BY salary DESC
)

★★★
25 다음 부서 테이블에서 부서ID가 200인 부서를 시작으로, 상위 부서에서 하위 부서까지 계층적으로 모든 부서를 출력하려 한다. 아래 SQL의 CONNECT BY절의 빈칸 ㉠에 들어갈 올바른 조건은 무엇인가?

[부서]

부서ID	부서명	상위부서ID
100	본사	NULL
200	영업부	100
201	국내영업팀	200
202	해외영업팀	200
300	인사부	100
301	채용팀	300

```
SELECT
    부서ID,
    부서명,
    상위부서ID,
    LEVEL
FROM 부서
START WITH 부서ID = 200
CONNECT BY ( ㉠ );
```

[실행 결과]

부서ID	부서명	상위부서ID	LEVEL
200	영업부	100	1
201	국내영업팀	200	2
202	해외영업팀	200	2

① 상위부서ID = 부서ID
② 부서ID = PRIOR 상위부서ID
③ PRIOR 상위부서ID = 부서ID
④ PRIOR 부서ID = 상위부서ID

★★★
26 다음 SQL에서 정규표현식 조건을 만족하지 않는 요일은?

```
SELECT 요일
FROM WEEK_DAYS
WHERE REGEXP_LIKE(요일, '^[TS][a-z]*day$', 'i');
```

[WEEK_DAYS]

요일
Tuesday
Thursday
Saturday
Sunday
Monday

① Monday   ② Tuesday

③ Thursday   ④ Sunday

★
27 다음 중 UNIQUE 제약조건에 대한 설명으로 옳지 않은 것은?

① UNIQUE 제약조건은 테이블 내 특정 컬럼 값의 중복을 허용하지 않는다.

② UNIQUE 제약조건이 설정된 컬럼은 기본적으로 NULL 값을 허용할 수 있다.

③ 하나의 테이블에 여러 개의 UNIQUE 제약조건을 설정할 수 있다.

④ UNIQUE 제약조건은 항상 NOT NULL과 동일하게 작동하여 NULL 값을 전혀 허용하지 않는다.

★★
28 다음은 EMP 테이블에서 계층형 쿼리를 수행하는 SQL이다. 다음 SQL의 실행 결과에 대한 설명 중 옳지 않은 것은?

```
SELECT
    LEVEL,
    EMP_ID,
    EMP_NAME,
    MGR_ID
FROM EMP
START WITH MGR_ID IS NULL
CONNECT BY PRIOR EMP_ID = MGR_ID
WHERE EMP_NAME LIKE 'K%';
```

① START WITH절은 계층 구조의 루트 노드를 지정한다.

② CONNECT BY절은 부모-자식 관계를 정의한다.

③ WHERE절은 계층 탐색 과정에서 루트 노드의 포함 여부까지 제어한다.

④ WHERE절은 계층 쿼리에서 필터 조건으로 작동하며, START WITH절과 함께 사용할 수 있다.

★★★
29 다음 TBL 테이블과 실행 결과를 참고하여, SQL의 빈칸 ㉠에 들어갈 함수로 가장 적절한 것은 무엇인가?

[TBL]

COL1	COL2
1	500
2	400
3	400
4	300
5	300
6	200
7	100
8	100

```
SELECT
    COL1,
    COL2,
    ( ㉠ ) OVER (ORDER BY COL2 DESC) AS COL3
FROM TBL;
```

[실행 결과]

COL1	COL2	COL3
1	500	1
2	400	2
3	400	2
4	300	4
5	300	4
6	200	6
7	100	7
8	100	7

① DENSE_RANK()

② RANK()

③ ROW_NUMBER()

④ PERCENT_RANK()

★
30 다음 중 제약조건 및 데이터 타입 관리에 대한 설명으로 적절하지 않은 것은?

① UNIQUE 제약조건은 NULL 값을 여러 번 허용할 수 있다.

② CHECK 제약조건은 항상 NULL 값을 검증할 수 있다.

③ PRIMARY KEY는 NULL과 중복을 모두 허용하지 않는다.

④ FOREIGN KEY는 참조 대상 컬럼이 반드시 UNIQUE 또는 PRIMARY KEY 제약조건을 가져야 한다.

31 다음 SQL의 실행 결과로 가장 적절한 것은?

```
SELECT MAX(NULL)
FROM DUAL;
```

① NULL

② 0

③ 9999

④ 에러 발생

32 다음 각 지문의 SQL 실행 결과로 가장 적절한 것은?

[TAB1]

COL
A
B
C

[TAB2]

COL
B
C
D

```
(가)
SELECT COUNT(*)
FROM TAB1 T1
JOIN TAB2 T2
  ON T1.COL = T2.COL;

(나)
SELECT COUNT(*)
FROM TAB1 T1
LEFT JOIN TAB2 T2
  ON T1.COL = T2.COL;

(다)
SELECT COUNT(*)
FROM TAB1 T1
RIGHT JOIN TAB2 T2
  ON T1.COL = T2.COL;

(라)
SELECT COUNT(*)
FROM TAB1 T1
FULL OUTER JOIN TAB2 T2
  ON T1.COL = T2.COL;
```

① (가)2, (나)2, (다)2, (라)3

② (가)2, (나)3, (다)3, (라)4

③ (가)2, (나)3, (다)4, (라)5

④ (가)3, (나)3, (다)3, (라)4

★★
33 다음 조건에 따라 실행되는 SQL로 적절한 것은?

[EMP]

EMP_ID	DEPT	SALARY
1001	A	3000
1002	A	4000
1003	B	3000
1004	B	3000
1005	C	5000

> 부서(DEPT)별로 서로 다른 급여(SALARY)의 건수를 집계해야 한다. (동일한 급여는 중복 카운트하지 않는다.)

① COUNT(DISTINCT SALARY)
② COUNT(SALARY)
③ SUM(DISTINCT SALARY)
④ COUNT(*)

★★★
34 다음 테이블과 실행 결과를 참고하여, SQL의 빈칸 ㉠에 들어갈 함수로 가장 적절한 것은?

[EMP]

EMP_ID	NAME	DEPT_ID
101	철수	10
102	영희	20
103	민수	30

[DEPT]

DEPT_ID	DNAME
10	인사부
20	총무부
30	개발부

```
SELECT *
FROM EMP
( ㉠ ) JOIN DEPT;
```

[실행 결과]

EMP_ID	NAME	DEPT_ID	DNAME
101	철수	10	인사부
102	영희	20	총무부
103	민수	30	개발부

① INNER
② LEFT OUTER
③ NATURAL
④ FULL OUTER

 다음 SQL 구문 중 실행 시 에러가 발생하는 구문의 개수는? (단, DBMS는 오라클을 가정함)

```
㉠ SELECT COUNT(ENAME), SAL
   FROM EMP;

㉡ SELECT DEPTNO, AVG(SAL)
   FROM EMP
   GROUP BY DEPTNO
   HAVING AVG(SAL) > 2000;

㉢ SELECT *
   FROM EMP
   WHERE SUM(SAL) > 3000;

㉣ SELECT
       DEPTNO,
       JOB,
       MAX(SAL)
   FROM EMP
   GROUP BY DEPTNO;
```

① 1
② 2
③ 3
④ 4

★
36 다음 SQL 중 실행 시 오류가 발생하는 것은?

① SELECT TRUNC(SYSDATE, 'DD')
   FROM DUAL;
② SELECT ROUND(SYSDATE, 'MM')
   FROM DUAL;
③ SELECT TRUNC(SYSDATE, 'HH24')
   FROM DUAL;
④ SELECT TRUNC(24, 'DD')
   FROM DUAL;

37 다음 SQL의 실행 결과로 가장 적절한 것은?

[EMP]

EMP_ID	BONUS
1001	500
1002	NULL
1003	300
1004	NULL
1005	200

```
SELECT COUNT(*) AS CNT_ALL, COUNT(BONUS) AS CNT_BONUS
FROM EMP;
```

① 5, 5

② 5, 3

③ 3, NULL

④ 4, 3

38 다음은 CITY 테이블의 데이터이다. NAME 컬럼에서 끝이 'an'으로 끝나는 도시 이름만 출력하려고 한다. SQL 빈칸 ㉠에 적절한 조건은?

[CITY]

NAME
Busan
Incheon
Daejeon
Gwangju
Suan

[실행 결과]

NAME
Busan
Suan
1003
1004
1005

```
SELECT NAME
FROM CITY
( ㉠ );
```

① WHERE NAME LIKE '__an'

② WHERE NAME LIKE '%an'

③ WHERE NAME LIKE 'an%'

④ WHERE NAME LIKE '%a'

★★★
39 다음 학생성적 테이블에서 수학 점수가 높은 순으로 3명까지 출력하려 한다. 이때, 동점자가 있다면 함께 출력해야 한다. 가장 적절한 SQL은? (단, DBMS는 오라클로 가정함)

[학생성적]

학번	학생명	수학점수
S001	김수현	95
S002	박민수	90
S003	최지훈	90
S004	이지은	85
S005	한소희	80

① SELECT
　　학번,
　　학생명,
　　수학점수
FROM 학생성적
WHERE ROWNUM <= 3
ORDER BY 수학점수 DESC;

② SELECT
　　학번,
　　학생명,
　　수학점수
FROM (
　SELECT
　　학번,
　　학생명,
　　수학점수,
　　DENSE_RANK() OVER (ORDER BY 수학점수 DESC) AS RNK
　FROM 학생성적
)
WHERE RNK <= 3;

③ SELECT
　　학번,
　　학생명,
　　수학점수
FROM 학생성적
ORDER BY 수학점수 DESC
FETCH FIRST 3 ROWS ONLY;

④ SELECT
  학번,
  학생명,
  수학점수
FROM 학생성적
ORDER BY 수학점수 DESC
FETCH FIRST 3 ROWS WITH TIES;

40 다음 중 급여 상위 5명의 직원을 올바르게 조회하는 SQL로 가장 적절한 것은? (단, DBMS는 오라클을 가정함)

[EMP]

ENAME	SAL
KING	5000
CLARK	2450
BLAKE	2850
SMITH	1200
ALLEN	1600
WARD	1250
JONES	1300
MARTIN	1400
TURNER	1500

① SELECT ENAME, SAL
 FROM EMP
 WHERE ROWNUM <= 5
 ORDER BY SAL DESC;

② SELECT ENAME, SAL
 FROM EMP
 WHERE ROWNUM <= 5
 ORDER BY SAL ASC;

③ SELECT *
 FROM (
  SELECT ENAME, SAL
  FROM EMP
  ORDER BY SAL DESC
)
 WHERE ROWNUM <= 5;

④ SELECT *
 FROM (
  SELECT
   ENAME,
   SAL,
   ROWNUM RN
  FROM EMP
  ORDER BY SAL DESC
)
 WHERE RN <= 5;

41 다음 ORDERS 테이블에서 주문일(ORDER_DATE)이 2023년 1월 1일 ~ 2023년 3월 31일 사이에 있는 주문 건수를 조회하려고 한다. 이에 해당하는 SQL로 가장 적절한 것은?

[ORDERS]

ORDER_ID	ORDER_DATE	AMOUNT
101	2022-12-15	500
102	2023-01-05	300
103	2023-02-10	700
104	2023-03-25	400
105	2023-04-02	350

① SELECT COUNT(*)
　 FROM ORDERS
　 WHERE ORDER_DATE >= '2023-01-01'
　　 AND ORDER_DATE <= '2023-03-30';

② SELECT COUNT(*)
　 FROM ORDERS
　 WHERE ORDER_DATE BETWEEN '2023-01-01' AND '2023-03-31';

③ SELECT COUNT(*)
　 FROM ORDERS
　 WHERE TO_CHAR(ORDER_DATE, 'YYYYMM') IN ('202301','202302');

④ SELECT COUNT(*)
　 FROM ORDERS
　 WHERE ORDER_DATE >= '2023-01-01'
　　 AND ORDER_DATE < '2023-03-31';

42 다음 SQL의 실행 결과로 가장 적절한 것은?

[ORDERS]

ORDER_ID	CUST_ID	AMOUNT
101	C01	500
102	C02	300
103	C03	700

[NEW_ORDERS]

ORDER_ID	CUST_ID	AMOUNT
102	C02	350
104	C04	200

```
MERGE INTO ORDERS O
USING NEW_ORDERS N
ON (O.ORDER_ID = N.ORDER_ID)
WHEN MATCHED THEN
    UPDATE SET O.AMOUNT = N.AMOUNT
WHEN NOT MATCHED THEN
    INSERT (ORDER_ID, CUST_ID, AMOUNT)
    VALUES (N.ORDER_ID, N.CUST_ID, N.AMOUNT);
```

① ORDER_ID가 102번은 UPDATE 되어 AMOUNT가 350으로 변경되고, ORDER_ID가 104번은 INSERT 되어 ORDERS에 추가된다.

② ORDER_ID가 102번은 UPDATE 후 INSERT도 수행되어 중복 행이 발생한다.

③ MERGE문은 반드시 DELETE절도 포함해야 하므로 위 SQL은 오류가 발생한다.

④ MERGE문은 동일 테이블 간에는 사용할 수 없으므로 위 SQL은 실행할 수 없다.

43 다음 SQL의 실행 결과로 가장 적절한 것은?

[CLASS]

CLASS_ID	CLASS_NAME
C1	DB
C2	JAVA
C3	PYTHON
C4	NETWORK

[TUTOR]

TUTOR_ID	CLASS_ID	TUTOR_NAME
T1	C1	Kim
T2	C3	Lee

```
SELECT
    C.CLASS_ID,
    C.CLASS_NAME,
    T.TUTOR_NAME
FROM CLASS C
LEFT OUTER JOIN TUTOR T
  ON C.CLASS_ID = T.CLASS_ID
WHERE T.TUTOR_NAME IS NOT NULL;
```

①

CLASS_ID	CLASS_NAME	TUTOR_NAME
C1	DB	Kim
C2	JAVA	NULL
C3	PYTHON	Lee
C4	NETWORK	NULL

②

CLASS_ID	CLASS_NAME	TUTOR_NAME
C1	DB	Kim
C3	PYTHON	Lee
C4	NETWORK	NULL

③

CLASS_ID	CLASS_NAME	TUTOR_NAME
C1	DB	Kim
C3	JAVA	Lee

④

CLASS_ID	CLASS_NAME	TUTOR_NAME
C1	DB	Kim
C3	PYTHON	Lee

★★
44 다음 실행 결과에 대한 설명으로 가장 적절한 것은?

[SCORE]

STUDENT	KOR	ENG	MATH
S001	80	90	NULL
S002	85	NULL	88
S003	78	92	81

```
SELECT
    STUDENT,
    SUBJECT,
    SCORE
FROM SCORE
UNPIVOT (
    SCORE
    FOR SUBJECT IN (
        KOR,
        ENG,
        MATH
    )
);
```

[실행 결과]

STUDENT	SUBJECT	SCORE
S001	KOR	80
S001	ENG	90
S002	KOR	85
S002	MATH	88
S003	KOR	78
S003	ENG	92
S003	MATH	81

① UNPIVOT 수행 결과에서도 원본 테이블의 기본키 제약 조건은 그대로 유지된다.

② UNPIVOT 수행 시, 컬럼 값이 NULL인 행은 결과에서 제외된다.

③ UNPIVOT 수행 결과에서 STUDENT 값은 중복되지 않는다.

④ UNPIVOT은 반드시 집계 함수와 함께 사용해야 한다.

45 다음은 부서별, 직급별 급여 합계를 구하는 SQL이다. 빈칸 ㉠에 들어갈 내용으로 가장 적절한 것은?

[EMP]

DEPT	JOB	SAL
A	MANAGER	3000
A	STAFF	2000
B	MANAGER	3500
B	STAFF	1500
B	STAFF	1800

```
SELECT
    DEPT,
    JOB,
    SUM(SAL) AS TOTAL_SAL
FROM EMP
GROUP BY ( ㉠ );
```

[실행 결과]

DEPT	JOB	TOTAL_SAL
A	MANAGER	3000
A	STAFF	2000
A	NULL	5000
B	MANAGER	3500
B	STAFF	3300
B	NULL	6800
NULL	NULL	11800

① ROLLUP(DEPT, JOB)

② GROUPING SETS(DEPT, JOB)

③ CUBE(DEPT, JOB)

④ GROUPING(DEPT, JOB)

46 다음 EMP 테이블에서 중복된 사원 이름(NAME)이 존재하는 경우, 각 이름별 가장 최근 입사일(HIREDATE)이
아닌 사원들을 삭제하려 한다. 가장 적절한 SQL은?

① DELETE FROM EMP
   WHERE (NAME, HIREDATE) NOT IN (
       SELECT NAME, MIN(HIREDATE)
       FROM EMP
       GROUP BY NAME
   );

② DELETE FROM EMP
   WHERE (ID, HIREDATE) NOT IN (
       SELECT ID, MAX(HIREDATE)
       FROM EMP
       GROUP BY ID
   );

③ DELETE FROM EMP
   WHERE (NAME, HIREDATE) NOT IN (
       SELECT ID, MAX(HIREDATE)
       FROM EMP
       GROUP BY NAME
   );

④ DELETE FROM EMP
   WHERE (NAME, HIREDATE) NOT IN (
       SELECT NAME, MAX(HIREDATE)
       FROM EMP
       GROUP BY NAME
   );

★★
47 다음 실행 결과를 참고하여, 주어진 SQL의 빈칸 ㉠에 들어갈 내용으로 가장 적절한 것은?

[EMP]

DEPT	JOB	SAL
HR	MANAGER	3000
HR	STAFF	2000
HR	STAFF	1500
SALES	MANAGER	4000
SALES	STAFF	1800
SALES	STAFF	2200

```
SELECT
    DEPT,
    JOB,
    SUM(SAL) AS TOTAL,
    CASE
        WHEN ( ㉠ ) THEN '총계'
        WHEN GROUPING(JOB) = 1 THEN '소계'
    END AS JOB_NAME
FROM EMP
GROUP BY ROLLUP(DEPT, JOB);
```

[실행 결과]

DEPT	JOB	TOTAL	JOB_NAME
HR	MANAGER	3000	MANAGER
HR	STAFF	3500	STAFF
HR	NULL	6500	소계
SALES	MANAGER	4000	MANAGER
SALES	STAFF	4000	STAFF
SALES	NULL	8000	소계
NULL	NULL	14500	총계

① GROUPING(DEPT) = 1 AND GROUPING(JOB) = 1

② GROUPING_ID(DEPT, JOB) = 1

③ GROUPING(DEPT) = 0 AND GROUPING(JOB) = 1

④ GROUPING(DEPT, JOB) = 1

48 아래 테이블을 참고하여, 결과가 나오지 않는 SQL은?

[회원]

회원ID	이름
100	철수
200	영희
300	민수

[X회원]

회원ID
100
NULL

① SELECT 이름
　FROM 회원 A
　WHERE A.회원ID NOT IN (
　　　SELECT 회원ID
　　　FROM X회원
　);

② SELECT 이름
　FROM 회원 A
　WHERE NOT EXISTS (
　　　SELECT 1
　　　FROM X회원 B
　　　WHERE A.회원ID = B.회원ID
　);

③ SELECT 이름
　FROM 회원 A
　WHERE A.회원ID IN (
　　　SELECT 회원ID
　　　FROM X회원
　);

④ SELECT 이름
　FROM 회원 A
　WHERE EXISTS (
　　　SELECT 1
　　　FROM X회원 B
　　　WHERE A.회원ID = B.회원ID
　);

49 다음 SQL의 빈칸 ㉠에 들어갈 수 없는 것은?

```
SELECT ( ㉠ ), SUM(SAL)
FROM EMP
GROUP BY JOB, DEPTNO
HAVING SUM(SAL) > 2000;
```

① JOB
② DEPTNO
③ SAL
④ COUNT(*)

50 다음 SQL의 실행 결과로 가장 적절한 것은? (단, DBMS는 오라클을 가정함)

[사원]

사원ID	부서ID	사원명	연봉
001	100	홍길동	2500
002	100	강감찬	3000
003	200	김유신	4500
004	200	김선달	3000
005	200	유학생	2500
006	300	변사또	4500
007	300	박문수	3000

```
SELECT
    사원ID,
    부서ID,
    사원명,
    연봉
FROM (
    SELECT
        사원ID,
        부서ID,
        사원명,
        연봉,
        AVG(연봉) OVER (PARTITION BY 부서ID) AS 부서평균
    FROM 사원
) X
WHERE X.연봉 > X.부서평균;
```

① 홍길동, 강감찬, 김유신, 변사또
② 강감찬, 김유신, 변사또
③ 김유신, 변사또
④ 강감찬, 김유신, 변사또, 박문수

파이널 실전모의고사 1회		01	02	03	04	05	06	07	08	09	10
		④	②	①	③	①	②	④	③	③	③
11	12	13	14	15	16	17	18	19	20	21	22	23	24	25	26	27	28	29	30
①	③	③	③	④	①	②	①	④	①	③	③	②	①	②	③	④	④	②	②
31	32	33	34	35	36	37	38	39	40	41	42	43	44	45	46	47	48	49	50
①	②	②	③	①	③	④	②	④	②	④	②	①	④	④	②	②	①	④	③

★★★
01
▶ ④

모델링 특징
- 물리적 모델링

  DBMS 기반 최적화 단계, 인덱스/파티션 설계, 저장공간 효율, 성능 튜닝 고려
- 개념적 모델링

  개념적 ERD, 엔터티 정의, 업무 중심, 현실계의 개념 모델링 "무엇을 관리할 것인가"를 정의 기술하며 논리적 독립성을 보장
- 논리적 모델링

  데이터 구조를 논리적으로 정리,

  업무 식별자 → 주식별자 변환, 정규화, 관계 정의

★★
02
▶ ②

식별자는 논리적 모델링에서 도출되어 물리적 모델링에서 PK 제약으로 구현됨

식별자(Identifier)
- 엔터티를 고유하게 구분하는 속성
- 논리적 모델링 단계에서 정의 → 물리적 모델링 단계에서 PK/FK로 구현
- 유형: 업무식별자(자연키) / 인조식별자(대리키)
- 부모-자식 엔터티 간에는 식별자 상속 가능(식별관계)

★★
03
▶ ①

엔터티는 발생 시점에 따라 기본/중심/행위 엔터티로 나뉘고 유무형에 따라 유형/개념/사건 엔터티로 나뉨

★
04
▶ ③

파생속성
다른 속성이나 엔터티의 값을 계산 또는 유도하여 얻은 속성

- 주식별자: 엔터티의 인스턴스를 유일하게 구분하며, 상속 가능(식별관계에서 부모→자식 전달)
- 보조식별자: 주식별자 외의 대체 유일키, 상속 불가(예 주민번호 외 고객번호 등)
- 본질식별자: 엔터티 자체의 고유 특성에서 생성되는 식별자. 외부 영향 없음(예 사번, 상품코드)
- 외부식별자: 다른 엔터티의 식별자를 상속받아 구성되는 식별자(예 주문상세,주문번호)

★★★
06 ▶ ②

고객과 주문은 1 : N 관계
- 고객 엔터티의 PK가 주문 엔터티의 FK로 설정되어있으므로 비식별자 관계임
- 고객 한 명은 여러 주문 가능
- 주문 하나는 반드시 한 고객에 속함

★
07 ▶ ④

반정규화
- 정의
  - 정규화로 인해 분리된 테이블이나 컬럼을 성능 개선 목적으로 다시 통합하거나 중복시키는 과정
- 목적
  - 조회 성능 향상
  - 조인(Join) 최소화
  - 시스템 부하 감소
- 적용 시점
  - 정규화로 인한 지나친 분리로 성능이 저하될 때
- 대표 기법
  - 테이블 통합 / 분할
  - 중복 컬럼 추가
  - 집계 컬럼(파생 속성) 저장

★
08 ▶ ③

교차 엔터티
두 엔터티 간 다대다(M:N) 관계를 해소하기 위해 생성되는 엔터티로 두 부모 엔터티의 식별자(PK) 를 상속받아 복합키(FK+FK) 형태로 구성됨

- 고객 ↔ 상품
  - 다대다(M:N) 관계(한 고객이 여러 상품을 계약할 수 있고, 하나의 상품이 여러 고객과 계약될 수 있음)
- 계약
  - 고객ID + 상품ID를 복합키로 하여 두 엔터티의 관계를 해소하는 교차 엔터티 역할 수행

★★★
09 ▶ ③

키(직원번호, 근무일자) → 비식별자(부서코드) → 비식별자(부서명) 형태의 이행 함수 종속 존재하므로 이를 제거하려면 3차 정규화까지 수행해야 함

- 1NF: 반복되는 컬럼을 분리하고 원자값으로 만듦 → 테이블 구조와 식별자 정의의 기초
- 2NF: 주식별자 일부에 종속된 속성(부분 종속) 제거 → 주식별자와 밀접하게 관련됨
- 3NF: 비식별자 간(일반 속성 ↔ 일반 속성) 종속성 제거 → 주식별자와의 관련성이 가장 약함
- BCNF: 후보키와 결정자 관계 중심 → 주식별자 관련성 매우 강함

★★
11
▶ ①

SELECT절에 별칭이 선언될 경우 FROM절에도 명시해야 함. ①은 E를 사용했지만 FROM절에 선언되지 않았음

★★★
12
▶ ③

함수	설명
ROUND(n. m)	소수점 m번째 자리에서 반올림
TRUNC(n. m)	소수점 m번째 자리에서 버림
FLOOR(n)	n보다 작거나 같은 정수 중 가장 큰 수 반환

계산 순서별 결과
- ROUND(15.678, 1) → 15.7
- TRUNC(15.678, 1) → 15.6
- FLOOR(-15.2) → -16

★★
13
▶ ③

COL1이 'X'일 때만 NULL, 나머지는 다 'Y'로 변환하여 R1으로 출력해야 함

③ DECODE(COL1, 'X', NULL, 'Y')
 - COL1 = 'X'이면 NULL로 변환하여 출력함
 - 그 외 값은 'Y'로 변환하여 출력함
① NULLIF(COL1, 'X')
 - COL1 = 'X'이면 NULL이지만 그 외 값에 대한 출력 조건은 없음
② NVL(COL1, 'Y')
 - COL1 = NULL이면 'Y'로 변환하여 출력함
④ CASE WHEN COL1 IS NULL THEN 'X' ELSE 'Y'
 - COL1 = NULL이면 'X'로 변환하여 출력함
 - COL1 = 'X'이면 'Y'로 변환하여 출력함

★★
14
▶ ③

- CASE WHEN NVL(COMM, 0) = 0
 → COMM이 0이거나 NULL인 경우 'NO COMM'
- WHEN COMM < 200 THEN 'LOW'
 → NULL은 비교 불가하므로 여기선 제외
- ELSE 'HIGH'
 → 나머지 (COMM ≥ 200)인 경우 'HIGH'

ENAME	COMM	SAL	NVL(COMM, 0)	결과
KING	NULL	3000	0	'NO COMM'
FORD	200	2500	200	'HIGH'
SMITH	0	1500	0	'NO COMM'
ALLEN	NULL	1000	0	'NO COMM'

15 ▶ ④

DDL(Data Definition Language)

데이터 구조를 정의하거나 변경하는 명령어 집합으로, 테이블·인덱스·뷰 등 객체(Object)를 생성·수정·삭제할 때 사용됨

주요 명령어	설명
CREATE	데이터베이스 객체 생성
ALTER	객체의 구조 변경
DROP	객체 삭제
TRUNCATE	테이블 내 데이터 전체 삭제(공간은 유지)

16 ▶ ①

모든 컬럼 값이 동시에 일치하는 튜플이 없음

다중컬럼 IN 특징

- 오라클은 다중 컬럼 비교를 튜플 단위로 평가
- 완전 일치 시 TRUE, 한 컬럼이라도 다르면 FALSE

17 ▶ ②

- DISTINCT: 조회 결과에서 중복된 행(row)을 제거하고 유일한 값만 반환
- CASCADE: 종속 객체까지 연쇄적으로 삭제/변경되도록 지정

18 ▶ ①

SUBSTR은 시작 위치와 길이로 부분 문자열을 추출하므로 실제 결과 'BAS 출력'

- SUBSTR(문자열, 시작위치, 길이): 문자열 일부 추출
- INSTR(문자열, 찾을문자, 시작위치): 특정 문자 위치 반환
- REPLACE(문자열, 찾을문자, 바꿀문자): 문자 치환
- LTRIM(문자열, 제거문자): 왼쪽에서 지정 문자 제거

19 ▶ ④

- SELECT C2 ... WHERE C2 〉 10
  → 10보다 큰 C2는 20, 30, 70
- C1 NOT IN (...)
  → 20, 30, 70이 포함되지 않은 C1은 10, 40, 50
- COUNT(*)
  → 조건을 만족하는 행은 총 3개

★★★
20
▶ ①

- PARTITION BY CUSTOMER_ID
  - 고객별로 그룹화된 "윈도우(창)" 나눔
- COUNT(*)
  - 각 고객 그룹 내 전체 행 수를 세며, ORDER_DATE 순서와 무관하게 동일한 값 반환
  - 즉, 누적 집계가 아닌, 그룹 단위 고정 COUNT

② ORDER BY가 없으므로 누적 아님
③ PARTITION BY가 있으므로 전체 COUNT 아님
④ AMOUNT 기준 계산 아님

★★★
21
▶ ③

INTERSECT는 두 집합의 교집합(공통 데이터만)을 반환

- SELECT NAME FROM TBL_A
  - → 결과: {KIM, LEE, PARK}
- SELECT NAME FROM TBL_B
  - → 결과: {LEE, PARK, CHOI}
- INTERSECT는 두 결과에서 공통되는 데이터만 반환
  - → 결과: {LEE, PARK}

★★★
22
▶ ③

- SELECT COL1 FROM TBL WHERE COL1 = 99;
  - COL1 값 중 99인 행이 없음
  - WHERE 조건 불일치하므로 결과 행이 존재하지 않음
  - 결과: 공집합(EMPTY SET)
- SELECT AVG(COL1) FROM TBL WHERE COL1 = 99;
  - COL1 값 중 99인 행이 없음
  - 하지만 집계 함수는 항상 결과 1행을 반환(행이 없어도 NULL을 반환함)
  - AVG, SUM, MAX, MIN 등은 모두 동일한 동작
  - 결과: NULL (1행 1열)

★★★
23
▶ ②

구성요소	의미
^	문자열의 시작
P	반드시 P로 시작
[0-9]{3}	숫자 3자리
[A-Z]	마지막에 영문 대문자 1개
$	문자열의 끝
'i'	대소문자 구분 없음(ignore case)

→ P로 시작하고, 숫자 3자리 + 영문자 1개로 끝나는 형식을 의미하므로 PX22D만 해당하지 않음

★
24　　　　　　　　　　　　　　　　　　　　　　　　　　　　　▶ ①

SQL 실행 순서
FROM → WHERE → GROUP BY → HAVING → SELECT → ORDER BY

WHERE절은 집계 전(행 단위 필터링)에 실행되며, 집계 함수(예 COUNT, SUM, AVG 등)는 집계 후에만 계산됨. 즉, WHERE 절에서 COUNT(SAL)을 사용할 수 없음

★★
25　　　　　　　　　　　　　　　　　　　　　　　　　　　　　▶ ②

- MAX(COL2)
  → COL2 값(10, NULL, 20, 30)에서 최대값은 30
- MIN(COL3)
  → COL3 값(20, 30, 40, NULL)에서 최소값은 20
- SUM(COL1 + NVL(COL2, 0))

COL1	COL2	NVL(COL2, 0)	COL1 + NVL(COL2, 0)
5	10	10	15
15	NULL	0	15
25	20	20	45
35	30	30	65

→ 합계 = 15 + 15 + 45 + 65 = 140

★
26　　　　　　　　　　　　　　　　　　　　　　　　　　　　　▶ ③

NOT EXISTS는 서브쿼리에서 조건을 만족하는 행이 존재하지 않을 때만 TRUE를 반환함. 즉, T1.COL1 = T2.COL1인 값이 없을 경우만 T1 행이 카운트됨. 해당되는 T2 의 값: 20, 30이므로 총 2건임

★★
27　　　　　　　　　　　　　　　　　　　　　　　　　　　　　▶ ④

- _ : 문자 1개
- % : 0개 이상의 문자

④ _ _산_%은 세 번째 글자가 '산'이며 4글자 이상
① _%산%은 위치가 불분명, '산'이 중간 어딘가에 있음
② _산%은 두 번째 글자가 '산'
③ _ _%산은 끝 글자가 '산'

★★
28　　　　　　　　　　　　　　　　　　　　　　　　　　　　　▶ ④

- PARTITION BY DEPT_ID
  → 부서별 그룹화
- ORDER BY SALARY DESC
  → 급여 높은 순서대로 정렬
- RANK()
  → 동점 순위가 있을 경우 동일 순위, 이후 순위 건너뜀
따라서 "부서별"로 급여 높은 순서대로 순위 매겨짐

29 ▶ ②

- PRIMARY KEY: 테이블의 각 행을 고유하게 식별함. NULL 불가, 중복 불가. 하나의 테이블에 1개만 가능.
- FOREIGN KEY: 다른 테이블의 기본키 또는 고유키를 참조하여 참조 무결성 보장
- UNIQUE: 중복 불가, 하지만 NULL은 허용됨
- CHECK: 특정 컬럼 값이 조건식을 만족하는지 확인. 단, 다른 테이블 컬럼 참조 불가.

30 ▶ ②

REGEXP_INSTR

- (문자열, 정규 표현식 [, 시작 위치 [, 발생 순서 [, 반환 옵션 [, 매칭 옵션 [, 그룹 번호]]]]])
- 정규표현식 기반 문자열 위치 검색
  → '123123123' 에서 '312' 패턴이 처음 나타나는 위치를 찾으므로 3이 출력됨

31 ▶ ①

SQL 문자열 리터럴 기본 규칙

- 문자열을 작은따옴표(')로 감싸야 함
- 문자열 내부에서 작은따옴표를 표현하려면 두 개('')를 연속으로 써야 함
- 즉, ''는 실제로 ' 한 개로 인식됨

32 ▶ ②

EMP 테이블에서 DEPT_ID가 40인 행의 개수 세기

- WHERE DEPT_ID = 40
  → WHERE DEPT_ID = 40 조건을 만족하는 행이어야 하지만 테이블 EMP에는 DEPT_ID 값이 10, 20, 30인 행만 존재함.
- COUNT(*)
  → WHERE 절에 의해 필터링된 행의 개수 반환하면 0
* 공집합(Empty Set): 조건을 만족하는 행 자체가 없는 상태를 의미

33 ▶ ②

- CONNECT BY LEVEL <= 3
  - 계층 구조를 3단계까지만 생성하도록 제한
  - Level 1: 1행 (루트)
  - Level 2: 1행 (Level 1의 자식)
  - Level 3: 1행 (Level 2의 자식)
  - 생성되는 행의 개수: 3개
- WHERE LEVEL <= 2
  - 생성된 행 중에서 LEVEL 값이 2 이하인 행만 선택
  - 선택된 행의 개수: 2개
- COUNT(*)
  - 결과: 2

- GRANT SELECT, INSERT
  → 조회(SELECT), 입력(INSERT) 권한 부여
- ON EMP
  → EMP 테이블에 대해
- TO HR
  → HR 사용자
- WITH GRANT OPTION
  → HR 사용자는 자신이 받은 권한을 다른 사용자에게 재부여 가능

★★★
35 ▶ ①

- COUNT(*)
  → NULL 포함하여 행 개수를 세면 6
- COUNT(DISTINCT COL1)
  → NULL 제외하고 중복을 제거하여 행 개수를 세면 4
- COUNT(COL2)
  → NULL 제외하여 행 개수를 세면 5
따라서 합계는 6 + 4 + 5 = 15

★
36 ▶ ③

- WHERE ... E.JOB IN ('MANAGER', 'ANALYST')
  → EMP 테이블에서 직무가 MANAGER 또는 ANALYST인 행만 필터링됨
- GROUP BY D.DEPT_ID, D.DEPT_NAME
  → DEPT_ID, DEPT_NAME 기준으로 부서별 그룹화
- HAVING AVG(E.SALARY) 〈 3500
  → 평균급여가 3500 미만인 부서만 남기므로 영업부(D2)만 남음
- ORDER BY AVG(E.SALARY) ASC
  → 평균급여 기준 오름차순 정렬

★
37 ▶ ④

- WHERE COL1 LIKE '%A_C%'
  - %: 0개 이상의 모든 문자
  - A: 문자 'A'
  - _: 단 하나의 문자 (와일드카드)
  - C: 문자 'C'
  - %: 0개 이상의 모든 문자
  - 'A'와 'C' 사이에 정확히 한 문자가 있는 문자열을 포함한 COL1 추출
  - 실행 결과: DACC, BAAC
- WHERE COL1 LIKE '%A_C%' ESCAPE '\';
  - ESCAPE '\' 절은 \ 뒤에 오는 문자를 와일드카드가 아닌 일반 문자로 처리하도록 지정
  - %: 0개 이상의 모든 문자 (와일드카드)
  - A: 문자 'A'
  - _: \가 ESCAPE 문자이므로, _는 단 하나의 문자 와일드카드가 아닌 리터럴 문자 '_' 를 의미함. 그러나 현재 패턴에는 \가 없음

- C: 문자 'C'
- %: 0개 이상의 모든 문자 (와일드카드)
- 'A_C'라는 문자열을 포함한 COL1 추출
- 실행 결과: DAA_C
• UNION ALL
- 중복 포함하여 합치면 DACC, BAAC, DAA_C

38 ▶ ②

뷰(View)
• 정의
- 하나 이상의 테이블을 기반으로 만들어지는 가상 테이블
• 목적
- 데이터 보안 강화 (민감한 컬럼 숨김)
- SQL 재사용 및 단순화
- 특정 집계 결과를 논리적으로 재활용
• 종류
- 단순 뷰(Simple View): 한 테이블 기반, DML 가능
- 복합 뷰(Complex View): 조인·그룹 포함, DML 불가

39 ▶ ④

• WITH GRANT OPTION
- 다른 사용자에게 동일 권한 재부여 가능
• REVOKE ... RESTRICT
- 다른 사용자에게 재부여된 권한이 있으면 회수 불가
• REVOKE ... CASCADE
- 회수 대상과 그로부터 파생된 권한 모두 회수됨
• GRANT SELECT ON EMP TO U1;
- U1은 SELECT 권한을 직접 부여받음
• GRANT SELECT ON EMP TO U2 WITH GRANT OPTION;
- U2는 SELECT 권한 + 다른 사용자에게 재부여 가능 권한 부여받음
• GRANT SELECT ON EMP TO U3;
- U3는 U2를 통해 SELECT 권한 부여받음
• REVOKE SELECT ON EMP FROM U2 CASCADE;
- CASCADE 옵션은 회수 대상(U2)뿐 아니라 U2가 다른 사용자(U3)에게 부여했던 권한도 연쇄적으로 회수

40 ▶ ②

실행 결과는 부서별로 그룹화하므로 PARTITION BY DEPT하고 동일 값에 대해 같은 순위를 부여하고 있으므로 RANK() 또는 DENSE_RANK()를 사용해야 함

• RANK(): 순위를 매기되, 동일 값이 있을 경우 같은 순위를 부여하고 다음 순위를 건너뜀 (예 1, 2, 2, 4)
• DENSE_RANK(): 동일 값일 경우 같은 순위를 부여하지만 건너뛰지 않음 (예 1, 2, 2, 3)
• ROW_NUMBER(): 동일 값 상관없이 순차적으로 번호 부여 (예 1, 2, 3, 4, 5)
• PARTITION BY: 그룹으로 묶음

- 테이블 생성 및 초기 데이터 삽입
  - 현재 상태: {5, 10, 20}
- SAVEPOINT A1;
  - 현재 상태 저장
- UPDATE TBL SET C1 = 15 WHERE C1 = 10;
  - C1이 10일 때 C1을 15으로 수정
  - 현재 상태: {5, 15, 20}
- SAVEPOINT A2;
  - 현재 상태 저장
- DELETE FROM TBL WHERE C1 >= 20;
  - C1이 20 이상인 행 삭제
  - 현재 상태: {5, 15}
- ROLLBACK TO A1;
  - A1 시점으로 복원
  - 현재 상태: {5, 10, 20}
- INSERT INTO TBL VALUES (30);
  - 30 삽입
  - 현재 상태 : {5, 10, 20, 30}
- SELECT MAX(C1) FROM TBL;
  - 최댓값은 30

- START WITH EMP_NAME = 'Manager'
  - 쿼리의 시작점(Root) 'Manager'인 사원(EMP_ID=3)부터 조회 시작= LEVEL 1
- CONNECT BY PRIOR EMP_ID = MGR_ID
  - PRIOR EMP_ID (부모의 사원 ID) = MGR_ID (자식의 관리자 ID)
  - 하위 직원(자식)을 찾는 순방향 탐색 의미

따라서 해당 쿼리는 시작점(Manager)을 기준으로 그 아래에 있는 직원 값 찾음

LEVEL	EMP_ID	MGR_ID	EMP_NAME	탐색 과정
1	3	2	Manager	START WITH 조건으로 시작
2	4	3	Leader	MGR_ID가 3인 직원(Manager의 하위)
3	5	4	Staff	MGR_ID가 4인 직원(Leader의 하위)
4	6	5	Assistant	MGR_ID가 5인 직원(Staff의 하위)

- CASCADE CONSTRAINTS
  → 참조 제약조건까지 함께 삭제함
- DROP TABLE
  → 단순 테이블 삭제 (참조 관계가 있으면 오류)
- DROP TABLE 테이블명 CASCADE CONSTRAINTS;
  → 참조 제약조건까지 함께 삭제
- ALTER TABLE ... DROP CONSTRAINT;
  → 개별 제약조건 삭제 시 사용

실행 결과는 (REGION, PRODUCT)별 상세, (REGION)별 소계, 전체 합계가 생성됨

④ ROLLUP(REGION, PRODUCT)
- (REGION, PRODUCT)별 상세, (REGION)별 소계, 전체 합계 생성
① GROUP BY REGION, PRODUCT
- 단순히 REGION과 PRODUCT로 그룹화
② CUBE(REGION, PRODUCT)
- (REGION, PRODUCT)별 상세, (REGION)별 소계, (PRODUCT)별 소계, 전체 합계 생성
- (PRODUCT)별 소계가 추가됨
③ ROLLUP(PRODUCT, REGION)
- (REGION, PRODUCT)별 상세, (PRODUCT)별 소계, 전체 합계
- (REGION)별 소계가 빠지고 (PRODUCT)별 소계가 추가됨

★★★
45
▶ ④

- SELECT DEPT, MAX(AOMUNT) + MIN(AMOUNT) ... GROUP BY DEPT
  - DEPT별로 최대 금액과 최소 금액을 찾아 합산

DEPT	MAX(AMOUNT)	MIN(AMOUNT)	MAX+MIN(TOTAL_AMT)
A	5000	1000	6000
B	2500	1500	4000
C	4000	4000	8000

- SELECT DEPT, ROUND(AVG(AMOUNT), -3) ... GROUP BY DEPT
  - DEPT별로 평균 금액을 구한 후, ROUND(..., -3) 함수 적용
  - ROUND(X, -3)는 X를 천의 자리로 반올림

DEPT	SUM(AMOUNT)	COUNT	AVG(AMOUNT)	ROUND(AVG, -3)(TOTAL_AMT)
A	1000+2000+5000=8000	3	8000/3=2666.67	3000
B	1500+2500=4000	2	4000/2=2000	2000
C	4000	1	4000/1=4000	4000

- UNION ALL
  - 중복 없이 합침
- SUM(TOTAL_AMT)
  - 합계: 6000 + 4000 + 8000 + 3000 + 2000 + 4000 = 27000

★★
46
▶ ②

- NATURAL JOIN은 동일한 컬럼명을 자동으로 조인 조건으로 사용함. 여기서는 DEPT_ID가 기준임
- INNER JOIN과 동일한 동작을 하므로, EMP.DEPT_ID가 DEPT.DEPT_ID에 존재하지 않는 Kim(30)은 제외됨

★★
47   ▶ ②

- 1단계
  - E1과 E2 테이블을 SELF JOIN하여 사원별 급여 비교
- 2단계
  - 두 테이블의 부서가 모두 30이어야 함 → E1.DEPT_ID = 30 AND E2.DEPT_ID = 30
- 3단계
  - 각 사원을 기준으로 ±500 범위의 급여를 가진 사원 수 계산 → E2.SALARY BETWEEN E1.SALARY − 500 AND E1.SALARY + 500
- 4단계
  - GROUP BY E1.EMP_NAME → 각 사원 이름별 카운트 출력

★★★
48   ▶ ①

CUBE(REGION, PRODUCT)는 (REGION, PRODUCT)별 상세, (REGION)별 소계, (PRODUCT)별 소계, 전체 합계를 계산함.

② 일반 GROUP BY (4행 + 총계 1행) → 부분 집계 누락
③ ROLLUP(REGION, PRODUCT) (계층적, 7행) → (PRODUCT)별 소계 누락
④ GROUPING SETS ((PRODUCT), ()) → (REGION, PRODUCT)별 상세, (REGION)별 소계 누락

★
49   ▶ ④

- CREATE TABLE EMP_COPY AS SELECT * FROM EMPLOYEE;
  - → EMPLOYEE 구조와 데이터를 복사해 새로운 테이블 생성
- UPDATE ... WHERE DEPT = 'SALES';
  - → SALES 부서 사원 급여 10% 인상
- DELETE ... WHERE DEPT = 'HR';
  - → HR 부서 사원 삭제
- SELECT ... GROUP BY DEPT;
  - → 남은 부서(SALES, IT)의 평균 급여 계산 후 내림차순 정렬

★★
50   ▶ ③

UNPIVOT(출력값열 FOR 기준열 IN(기존컬럼들))
- 출력값열 → 기존의 컬럼 값이 담길 열 이름
- 기준열 → 기존 컬럼 이름(JAN, FEB, MAR 등)이 담길 열 이름

JAN/FEB/MAR 열을 MONTH로 세로 변환하여 SALES 값이 매핑되었으므 UNPIVOT(SALES FOR MONTH IN (JAN, FEB, MAR)) 사용함

파이널 실전모의고사 2회							01	02	03	04	05	06	07	08	09	10
							②	④	①	③	③	②	①	③	④	②
11	12	13	14	15	16	17	18	19	20	21	22	23	24	25	26	27	28	29	30
②	①	③	④	③	①	②	④	③	①	①	②	③	④	④	①	④	③	②	②
31	32	33	34	35	36	37	38	39	40	41	42	43	44	45	46	47	48	49	50
①	②	①	③	③	④	②	②	②	③	②	①	④	②	①	④	①	①	③	②

★★★ 01　▶ ②

스키마의 종류

- 외부 스키마: 사용자의 관점에서 본 개별적 논리적 구조. 응용 프로그램마다 다르게 존재할 수 있음
- 개념 스키마: 데이터베이스 전체의 통합적 논리 구조를 정의. 개체, 속성, 관계, 제약조건 등을 기술하며 논리적 독립성을 보장
- 내부 스키마: 데이터가 실제로 저장되는 물리적 구조를 정의. 인덱스, 파일 구조 등 포함

★ 02　▶ ④

파생 속성은 다른 속성이나 값으로부터 계산, 유도되어 얻어지는 속성

- 고객 이름(Name), 주민등록번호(SSN), 입사일자(Hire_Date)
  → 기본 속성 (데이터 원천값 그대로 저장됨)
- 근속연수(Years_of_Service)
  → 입사일자(Hire_Date)와 현재 날짜(Current_Date)로부터 계산/유도되는 값

★★★ 03　▶ ①

외래키는 참조식별자로 분류됨

식별자 유형	특징
내부 식별자	엔터티 자체 속성으로만 구성된 식별자(외부 의존 ×)
외부(참조) 식별자	다른 엔터티의 주식별자를 상속받아 구성된 식별자(FK 기반)
인조 식별자	업무적 의미 없이 인위적으로 부여된 식별자(⑩ 일련번호)
보조 식별자	유일성을 만족하지만 주식별자로 선택되지 않은 후보 식별자

★★★ 04　▶ ③

주식별자는 필요한 속성만으로만 구성하되 불필요한 속성은 포함하지 않음

특징	설명
유일성(Uniqueness)	모든 인스턴스를 서로 구별할 수 있어야 함
최소성(Minimality)	꼭 필요한 속성만으로 구성되어야 하며, 불필요한 속성은 포함되지 않아야 함
불변성(Stability)	자주 변경되지 않아야 하며, 값이 안정적이어야 함
존재성(Existence)	NULL 값이 될 수 없으며, 반드시 값이 존재해야 함

★★★ 05　▶ ③

제1정규화(1NF)의 핵심은 속성의 원자성(Atomicity) 보장으로 한 컬럼에는 반드시 하나의 값만 저장되어야 하며, 다중값이나 반복 속성이 있으면 안됨

★★
06 ▶ ②

생성시점에 따른 엔터티
• 기본 엔터티: 독립적으로 생성되며, 다른 엔터티에 의존하지 않음
• 중심 엔터티: 기본 엔터티와 행위 엔터티 사이를 연결하여 트랜잭션(행위)의 중심이 됨
• 행위 엔터티: 시간에 따라 발생하는 사건·행위 데이터를 표현, 중심 엔터티로부터 발생

★★
07 ▶ ①

① 개별 속성을 조회하는 빈도수가 높다고 했으므로, 공통 속성을 기준으로 묶는 것보다는 개별 테이블을 분리하는 방식이 성능상 유리함
② 통합 테이블 방식은 속성이 불필요하게 NULL이 많이 생기고 비효율적
③ 지문과 모순(개별 속성이 있다고 명시됨)
④ 슈퍼-서브타입 방식은 공통 속성을 자주 조회할 때 더 적합함

★★★
08 ▶ ③

관계 표시를 점선으로 표기하였으므로 이는 비식별자 관계임

★
09 ▶ ④

ERD 표시 항목

관계명	관계를 정의하는 이름
관계차수	관계에 참여하는 수 (1:1, 1:N)
관계선택사양	필수/선택값 여부 결정

★★
10 ▶ ②

인스턴스는 개념이 아니라 실제 데이터 값을 의미함 (실행 시점에 생성되는 구체적 행)

★★
11 ▶ ②

① SUBSTR('ABCDEFGHIJ', 3, 2)
  – 3번째 문자부터 2글자 → CD
② SUBSTR('ABCDEFGHIJ', -3, 2)
  – 뒤에서 3번째 문자부터 2글자 → HI
③ SUBSTR('ABCDEFGHIJ', 3, LENGTH('CD'))
  – 3번째 문자부터 'CD' 길이(=2) → CD
④ SUBSTR('ABCDEFGHIJ', 3, INSTR('ABCDEFGHIJ', 'E') -3)
  – 3번째 문자부터 E의 위치(5) – 3 = 2글자 → CD

★★★
12 ▶ ①

② COUNT(*)는 NULL 포함 전체 행 수를 세며, COUNT(컬럼)은 NULL을 제외하므로 동일하지 않음
③ NULL = NULL은 알 수 없음(Unknown)이므로 TRUE/FALSE가 아닌 UNKNOWN
④ NVL, COALESCE는 숫자형, 문자형 등 모든 데이터 타입에서 사용 가능

13 ▶ ③

SAVEPOINT는 TCL(트랜잭션 제어어)에 해당함

14 ▶ ④

COMMIT 후에는 ROLLBACK 불가능하며, COMMIT은 트랜잭션의 확정이므로 이전 상태로 되돌릴 수 없음

15 ▶ ③

- ORDER BY salary ASC
  → salary 컬럼 기준으로 급여 오름차순(낮은 값 → 높은 값)으로 정렬
- OFFSET 2 ROWS
  → 정렬된 결과에서 앞의 2개 행은 제외, 즉, 급여가 가장 낮은 직원 2명의 행은 결과에서 제외
- FETCH NEXT 4 ROWS ONLY
  → OFFSET으로 제외된 이후, 그 다음 4개 행만 가져옴

따라서 결과적으로는 최대 4개의 행만 조회

16 ▶ ①

① EMP와 DEPT를 조인하여 모든 사원의 부서명이 매칭되어 출력됨
  → 결과: (ENAME, DNAME) 조합 → 5건
② DEPTNO ⟨⟩ 30 조건으로 30번 부서를 제외한 사원만 출력
  → 결과: SMITH(20), JONES(20) → 2건
③ EMP 테이블에서 DISTINCT 부서번호
  → 결과: 20, 30 → 2건
④ EMP에 존재하는 부서번호만 DEPT에서 추출
  → 결과: RESEARCH, SALES → 2건

17 ▶ ②

- UNION: 합집합, 중복 제거
- UNION ALL: 합집합, 중복 제거하지 않음
- INTERSECT: 교집합, 중복 제거
- MINUS(EXCEPT): 차집합, 중복 제거

18 ▶ ④

- 단일행 단일컬럼 서브쿼리: = , ⟨ 등 단일 값 비교에 사용
- 다중행 단일컬럼 서브쿼리: IN, ANY, ALL 과 같이 여러 행을 비교할 때 사용
- 단일행 다중컬럼 서브쿼리: 하나의 행이지만 여러 컬럼을 반환, (A,B) = (10,20) 형태로 비교
- 다중컬럼 서브쿼리: 여러 행 + 여러 컬럼을 반환하며, 메인 쿼리에서 복수의 조건과 매칭시킬 때 사용

★★
19　　　　　　　　　　　　　　　　　　　　　　　　　　　　　　　　　　▶ ③

- WHERE ORDER_DATE <= '2023-01-04'
  - 주문일이 2023-01-04 이하인 데이터만 추출(여기서는 모든 행이 해당됨)
- PARTITION BY CUSTOMER_ID
  - 고객(CUSTOMER_ID) 단위로 그룹핑
  - C01과 C02 각각 따로 계산됨
- ORDER BY ORDER_DATE
  - 고객별 주문 데이터를 ORDER_DATE 순서대로 정렬
- ROWS BETWEEN UNBOUNDED PRECEDING AND CURRENT ROW
  - 처음 행부터 현재 행까지 누적 범위를 지정
따라서 고객별 주문 건수를 누적 카운트 형태로 계산함

★
20　　　　　　　　　　　　　　　　　　　　　　　　　　　　　　　　　　▶ ①

① ^A[0-9]{2}$
- ^A → 'A'로 시작
- [0-9]{2} → 숫자 2자리
- $ → 끝에 위치해야 함
- 즉, A12, A99, A01만 매칭
② ^A[0-9]+$
- ^A → 'A'로 시작
- [0-9]+ → 숫자 1자리 이상 (무제한)
- $ → 끝에 위치해야 함
- A12, A123, A99, A01 모두 조회됨 → 조건 불일치
③ ^A[0-9]{3}$
- ^A → 'A'로 시작
- [0-9]{3} → 숫자 3자리
- $ → 끝에 위치해야 함
- A123만 조회됨 → 조건 불일치
④ A[0-9]{2}
- A → 문자열 중간에 'A'
- [0-9]{2} → 문자열 중간에 'A' + 숫자 2자리
- A12, A123, AB12, A99, A01 모두 조회 → 조건 불일치

★
21　　　　　　　　　　　　　　　　　　　　　　　　　　　　　　　　　　▶ ①

- ROWS는 현재 행을 기준으로 앞뒤 물리적 행(row) 단위로 범위를 지정함
- RANGE는 값의 범위 단위로, ORDER BY 값이 같은 여러 행이 있으면 한꺼번에 포함됨
- GROUPS는 SQL 표준에서 ORDER BY 그룹 단위로 범위를 잡을 때 쓰이는 키워드
- PARTITION은 윈도우 함수의 분할 기준을 지정하는 절이므로 프레임 정의에는 사용할 수 없음

★★★
22
▶ ②

- 현재 데이터 상황

COL1	COL2
1	1
2	NULL
3	3
4	5

- NVL(COL1, 0) = NVL(COL2, 0)
  - (1, 1), (2, NULL → 0), (3, 3), (4, 5)
  - (1, 1), (3, 3)
- COL1 <= 3
  - COL1이 3이하여야 함
  - (1, 1), (2, NULL), (3, 3)

AND 조건이므로 (1, 1), (3, 3)만 조건을 만족함. COUNT(*)는 2

★
23
▶ ③

- ANY: 여러 값 중 하나라도 크면 참(즉, 최솟값 이상만 충족해도 됨)
- ALL: 모든 값보다 커야 참(즉, 전체 평균 중 최댓값보다 커야 함)

"모든 부서 평균 급여보다 높은 급여"를 조건으로 요구했으므로 HAVING ... > ALL이 적절

★
24
▶ ④

④ ROWNUM은 ORDER BY보다 먼저 적용함. 즉, ORDER BY salary DESC가 전혀 반영되지 않은 ROWNUM 1행을 가져오므로 최고 급여가 아님

① MAX()는 최대값을 구하는 함수
② >= ALL은 최소값 이상임을 의미하므로, 최고값만 찾는 조건이 아님
③ NOT EXISTS를 사용해 자신보다 더 큰 값이 존재하지 않음을 확인

★★★
25
▶ ④

200 영업부
 └─ 201 국내영업팀
     └─ 202 해외영업팀

부모(상위) → 자식(하위)이므로 부모의 부서ID = 자식의 상위부서ID이어야 함. 즉, PRIOR 부모컬럼 = 자식컬럼으로 계층 구조를 설정해야 함.
따라서 부모의 부서ID는 'PRIOR 부서ID', 자식의 상위부서ID는 '상위부서ID'로 지정해야 함

★★★
26
▶ ①

- ^[TS][a-z]*day$
  - T 또는 S로 시작하고, 뒤에 어떤 소문자 알파벳이 와도 되고, 마지막은 "day"로 끝나는 패턴을 의미함
  - i 옵션이 있으므로 대소문자는 구분하지 않음
- 검사 결과
  - Tuesday → T로 시작, day로 끝남 → 매칭
  - Thursday → T로 시작, day로 끝남 →매칭
  - Saturday → S로 시작, day로 끝남 → 매칭
  - Sunday → S로 시작, day로 끝남 → 매칭
  - Monday → M으로 시작 → 매칭 실패

UNIQUE
- 특정 컬럼의 값이 중복되지 않도록 보장하는 제약조건
- 데이터 무결성을 유지하기 위해 사용되며, 하나의 테이블에 여러 개 설정 가능
- 중복 불가
- NULL 허용

⭐⭐
28 ▶ ③

WHERE절은 루트 노드의 포함 여부를 제어하지 않음. 루트 노드는 START WITH에서 결정되며 WHERE는 단순히 탐색된 결과에 대한 필터 역할만 수행함.

⭐⭐⭐
29 ▶ ②

- RANK(); 동일한 값이 있을 경우 같은 순위를 부여하고, 다음 순위는 건너뜀
- DENSE_RANK: 중복순위 부여 후 다음 순위에 대해 바로 후순위 부여
- ROW_NUMBER(): 동점 없이 단순 일련번호 부여
- PERCENT_RANK(): 0~1 사이의 백분위 값을 반환

⭐
30 ▶ ②

- CHECK 제약조건: NULL 값에 대해서 조건 검사를 하지 않음
- UNIQUE 제약조건: NULL은 유일성 비교에서 제외되므로 여러 개 허용 가능
- PRIMARY KEY: NOT NULL + UNIQUE 속성 → NULL 및 중복 모두 허용되지 않음
- FOREIGN KEY: 반드시 참조하는 컬럼이 PK 또는 UNIQUE 제약조건을 가져야 무결성 보장

⭐⭐
31 ▶ ①

MAX, MIN 등 집계 함수는 인자로 주어진 값 중 가장 큰/작은 값을 반환함. 하지만 집계 함수에 전달된 모든 값이 NULL이면, 결과도 NULL을 반환함. COUNT(*)와 달리 MAX(NULL)은 0이 아닌 NULL 그대로 결과를 돌려줌.

⭐⭐⭐
32 ▶ ②

(가) INNER JOIN: 공통 값 B, C → 2행
(나) LEFT JOIN: TAB1 기준 A, B, C → 3행
(다) RIGHT JOIN: TAB2 기준 B, C, D → 3행
(라) FULL OUTER JOIN: A, B, C, D 모두 포함 → 4행

⭐⭐
33 ▶ ①

① COUNT(DISTINCT SALARY): 동일 급여 값은 한 번만 세어 중복 제거된 급여 건수 반환
② COUNT(SALARY): 부서 내 모든 급여 값을 중복 포함하여 급여 건수 반환
③ SUM(DISTINCT SALARY): 급여의 합계를 구하는 함수로, 건수 집계 목적과 다름
④ COUNT(*): NULL 포함 전체 행 수를 세는 것이므로 조건과 맞지 않음

★★★
34
▶ ③

NATURAL JOIN은 동일한 이름과 데이터 타입을 가진 컬럼을 자동으로 매칭됨. 따라서 EMP.DEPT_ID와 DEPT.DEPT_ID가 매칭되어,
SELECT 결과에서는 중복된 DEPT_ID 컬럼이 한 번만 출력됨

★★
35
▶ ③

㉠ 집계함수(COUNT)와 일반 컬럼(SAL)을 같이 SELECT하면 GROUP BY가 없기 때문에 에러 발생
㉡ GROUP BY와 HAVING 사용이 적절하므로 정상 실행 가능
㉢ WHERE절에는 집계 함수 사용 불가(HAVING절에서 써야 함)
㉣ GROUP BY절에 없는 일반 컬럼은 SELECT에 올 수 없음

★
36
▶ ④

TRUNC(숫자, 자리수)는 가능하지만, 'DD' 같은 날짜 포맷은 DATE 타입에만 적용 가능하므로 숫자 타입 24와 'DD' 포맷의 조합은 지원
되지 않음

★★
37
▶ ②

• COUNT(*): 모든 행을 카운트하므로 NULL 포함 → 결과 5
• COUNT(컬럼명): 해당 컬럼이 NULL이 아닌 값만 카운트 → BONUS는 3개만 값이 있음 → 결과 3

★★
38
▶ ②

LIKE 연산자에서 % 는 0개 이상의 임의 문자열을 의미함. 'an'으로 끝나는 값을 찾으려면 %an을 사용해야 함. 'Busan', 'Suan'이 매칭됨.
① '_ _an' 은 정확히 4글자 도시만 매칭 → 일부만 걸림
③ 'an%' 은 'an'으로 시작하는 값만 추출 → 결과 없음
④ '%a_' 는 앞에서 두 번째 문자가 a인 값만 추출 → 'Daejeon' 같은 경우가 걸릴 수 있어 결과 다름

★★★
39
▶ ②

3등의 점수와 같은 학생도 함께 출력해야 하므로 점수를 내림차순하고 DENSE_RANK()를 사용해야 함

① ROWNUM <= 3는 정렬보다 먼저 행이 3개 이하로 제한되므로 올바른 상위 3명 추출 불가
③ FETCH FIRST 3 ROWS ONLY는 점수를 내림차순 정렬하고 단순히 3행만 출력, 동점자 포함 불가
④ FETCH FIRST 3 ROWS WITH TIES는 점수를 내림차순 정렬하고 단순히 3행만 출력. 3행의 동점자 포함

★
40
▶ ③

① 오라클은 ROWNUM → ORDER BY 순으로 처리
② ROWNUM이 먼저 잘리므로 마찬가지로 틀림(임의의 5명이 뽑힌 후 오름차순 정렬)
③ 내부 쿼리에서 먼저 ORDER BY SAL DESC로 급여 순 정렬하고, 바깥쪽에서 ROWNUM <= 5 적용 → 급여 상위 5명 정확히 추출
   가능
④ 오라클에서 ROWNUM은 ORDER BY보다 먼저 부여되므로 RN 번호가 정렬되기 전에 붙음. 결국 RN은 무의미한 순서가 됨.
따라서 ORDER BY SAL DESC가 적용된 결과와 일치하지 않음

41　▶ ②

① 마지막 날짜 조건이 3월 30일까지만이므로 3월 31일 주문 건이 누락됨
② BETWEEN은 시작과 끝을 포함하므로 1월 1일 ~ 3월 31일까지 정확히 조회됨
③ WHERE IN 조건에서 3월 건이 빠짐
④ 3월 31일은 포함되지 않음

42　▶ ①

- MERGE INTO ORDERS O USING NEW_ORDERS N
  → ORDERS 테이블을 기준으로 NEW_ORDERS 테이블 데이터를 반영
- ON (O.ORDER_ID = N.ORDER_ID)
  → 두 테이블을 ORDER_ID 기준으로 비교
- WHEN MATCHED THEN UPDATE
  → ORDER_ID가 일치하면 ORDERS 테이블의 AMOUNT 값을 NEW_ORDERS AMOUNT 값으로 갱신
- WHEN NOT MATCHED THEN INSERT
  → ORDER_ID가 일치하지 않으면, NEW_ORDERS 데이터를 ORDERS 테이블에 추가
- ORDER_ID = 102
  → 두 테이블에서 일치하므로 WHEN MATCHED 조건 적용
- ORDERS.AMOUNT = 300
  → NEW_ORDERS.AMOUNT = 350 으로 UPDATE
- ORDER_ID = 104
  → ORDERS에는 없고 NEW_ORDERS에만 존재하므로 WHEN NOT MATCHED 조건 적용하여 새로운 행이 ORDERS에 INSERT

43　▶ ④

- LEFT OUTER JOIN은 기본적으로 왼쪽 테이블(CLASS)의 모든 행을 출력하고, 일치하지 않는 경우 NULL로 채움
- 하지만 WHERE T.TUTOR_NAME IS NOT NULL 조건을 추가했기 때문에, 튜터가 없는 클래스(C2, C4) 는 제외됨
- 따라서 최종 출력은 튜터가 존재하는 C1, C3만 남음

44　▶ ②

UNPIVOT
- 컬럼을 행으로 변환
- 컬럼 수 만큼 행이 늘어남
- 행이 증가됨에 따라 기본키나 제약 조건이 유지되지 않음
- NULL 값은 결과에서 제외되며 NULL 포함 값은 UNPIVOT INCLUDE NULLS 옵션을 사용해야 함
- 집계함수 없이 사용 가능

45　▶ ①

실행 결과는 (DEPT)별 소계, 전체 합계(총계)가 생성됨. ROLLUP은 GROUP BY의 확장 기능으로, 계층적 합계(Subtotal)와 총계(Total)를 자동으로 계산함. ROLLUP(DEPT, JOB)은 (DEPT, JOB)별 상세 → (DEPT)별 소계 → 전체 합계 순서대로 소계 및 총계 생성

46
▶ ④

이름별 중복 데이터 중 최신 HIREDATE만 남기고 나머지를 삭제해야 함. 따라서 GROUP BY NAME + MAX(HIREDATE)를 사용해야 함.

① MIN(HIREDATE) → 가장 오래된 날짜만 남기므로 조건이 틀림
② GROUP BY ID → ID는 유일하므로 그룹화가 의미 없고 항상 본인과 비교됨
③ SELECT ID, MAX(HIREDATE) GROUP BY NAME → SELECT 컬럼이 GROUP BY 조건과 불일치하므로 오류 발생

47
▶ ①

GROUPING(컬럼)은 해당 컬럼이 집계에 포함되지 않았을 때 1을 반환하고 그룹핑된 일반 행이면 0을 반환함
• NULL이 아닌 일반 데이터인 경우 → JOB_NAME이 그대로 표시됨
• JOB이 NULL인 경우 → JOB_NAME이 '소계'로 표시됨
• DEP와 JOB이 NULL인 경우 → JOB_NAME이 '총계'로 표시됨
따라서 총계인 경우는 ㉠에 GROUPING(DEP) = 1 AND GROUPING(JOB) = 1 이어야 함

48
▶ ①

① NOT IN 비교 시, NULL이 있으면 전체 비교 결과 UNKNOWN → 결과 없음
② NOT EXISTS로 회원ID 100은 매칭되므로 제외하고 200, 300은 매칭되지 않으므로 결과에 포함 → 영희, 민수 (2건)
③ IN으로 회원ID 100이 매칭됨 → 철수 (1건)
④ EXISTS로 회원ID 100만 매칭되고 나머지 200, 300은 매칭 없음 → 철수 (1건)

49
▶ ③

GROUP BY를 사용할 때 SELECT절에는 GROUP BY에 명시된 컬럼, 집계함수(SUM, COUNT, AVG …)만 올 수 있음.
JOB, DEPTNO는 GROUP BY절에 있고, COUNT(*)는 집계함수이므로 괄호 안에 들어갈 수 있음. 하지만 SAL는 GROUP BY에 포함되지 않았고 집계함수도 아니므로 괄호 안에 들어갈 수 없음.

50
▶ ②

• AVG(연봉) OVER (PARTITION BY 부서ID) AS 부서평균
 – 윈도우 함수(AVG(연봉) OVER)를 사용해서 각 부서별로 평균 연봉을 계산하고, 그 값을 새로운 컬럼 부서평균으로 붙임
 – 100번 부서 평균: 2750
 – 200번 부서 평균: 3333.33…
 – 300번 부서 평균: 3750
• WHERE X.연봉 〉 X.부서평균
 – 서브쿼리에서 붙여진 부서평균과 현재 행의 연봉 비교하여 부서 평균보다 연봉이 큰 직원만 출력함
 – 강감찬(3000 〉 2750), 김유신(4500 〉 3333.33…), 변사또(4500 〉 3750)만 남음

PART 04

최빈출 50제

빈출 01   #식별자관계

다음 중 식별자 관계에 대한 설명으로 적절하지 않은 것은?

`2024년 11월`

① 식별자 관계에서는 부모 엔터티의 기본키가 자식 엔터티의 기본키에 포함된다.
② 부모 엔터티와 자식 엔터티의 관계는 항상 1:1 관계이다.
③ ERD에서 식별자 관계는 실선(—)으로 표기된다.
④ 식별자 관계는 자식 엔터티가 부모 엔터티에 의존하는 관계이다.

식별자 관계는 1:1 또는 1:N

구분	식별자 관계	비식별자 관계
정의	자식 엔터티가 부모 엔터티의 기본키를 상속 받아 자신의 기본키로 사용	자식 엔터티가 부모 엔터티의 키를 창조하지만 자신의 기본키와는 별개
기본키포함 여부	부모의 기본키가 자식의 기본키에 포함	부모의 키가 자식의 외래키로만 존재함
의존성	존재 의존	부모 없이도 존재 가능
관계표기법(ERD)	실선(—)	점선(---)
관계	1:1 또는 1:N 가능	1:1 또는 1:N 가능
관계성격	강한 연결(Strong Association)	약한 연결(Weak Association)

빈출 02   #엔터티분류

다음 중 엔터티 생성시점에 따른 분류가 아닌 것은?

`2025년 5월`

① 사건 엔터티
② 기본 엔터티
③ 중심 엔터티
④ 행위 엔터티

• 유무형에 따른 엔터티: 유형 엔터티, 개념 엔터티, 사건 엔터티
• 발생시점에 따른 엔터티: 기본 엔터티, 중심 엔터티, 행위 엔터티

다음 지문에서 설명하는 데이터 모델링 관점으로 적절한 것은?

2024년 5월

> 업무에서 사용되는 데이터의 종류 및 형식을 정의한다.

① 프로세스 관점
② 기능 관점
③ 데이터와 프로세스의 상관관점
④ 데이터 관점

지문은 '무엇을 정의하는지'에 초점을 두고 있으며 업무에 사용되는 데이터의 종류(속성)와 형식(데이터타입)을 정의하는 것은 데이터 관점임

다음 지문에서 설명하는 스키마 구조로 적절한 것은?

2025년 3월　2025년 5월

> 데이터가 어떻게 저장될지 정의하는 물리적 스키마로 인덱스, 파일, 구조, 저장 포맷을 포함한다.

① 외부 스키마
② 개념 스키마
③ 내부 스키마
④ 논리 스키마

지문은 데이터의 실제 저장 방식인 물리적 구조를 다루는 부분이며 이는 내부 스키마에 대한 정의임

다음 지문에서 설명하는 주식별자의 조건으로 적절한 것은?

2023년 6월　2023년 9월　2024년 6월

> 식별자는 반드시 NULL이 아닌 값을 가지고 있어야 한다.

① 유일성
② 최소성
③ 불변성
④ 존재성

튜플(행)의 식별자 값이 없어서는 안되고 항상 값이 존재해야된다는 의미임

주식별자의 4가지 필수 조건
- 유일성: 모든 튜플은 식별자를 통해 유일하게 구분되어야 함 [키워드: 중복 불가]
- 최소성: 식별자는 최소한의 속성으로 구성되어야 함 [키워드: 불필요한 속성 포함 금지]
- 불변성: 식별자의 값은 변하지 않아야 함 [키워드: 안정성 보장]
- 존재성: 식별자는 반드시 존재해야 함, NULL불가 [키워드: NULL]

다음 중 논리적 데이터 모델링의 주요 특징으로 옳지 않은 것은?

2024년 9월　2024년 6월

① 업무 중심의 모델링을 수행한다.
② 정규화를 통해 속성의 중복을 제거한다.
③ DBMS 및 하드웨어 종속적인 설계를 포함한다.
④ 식별자, 속성, 관계 등을 명확하게 정의한다.

논리적 데이터 모델링은 업무 중심이지만, DBMS에 독립적이며 정규화, 식별자, 속성, 관계 정의 등에 중점을 둠. 해당 오답은 물리적 모델링의 특징에 해당

다음 중 제3정규형에 해당하기 위한 조건으로 옳지 않은 것은?

2024년 3월

① 기본키가 아닌 속성은 반드시 기본키 전체에 종속 되어야 한다.
② 기본키가 아닌 속성이 다른 기본키가 아닌 속성에 의존할 경우 제3정규형을 만족하지 않는다.
③ 테이블은 제2정규형을 만족해야 한다.
④ 모든 속성이 오직 기본키에만 종속될 경우 제3정 규형을 만족한다고 할 수 있다.

제3정규형의 조건은 이행적 종속을 제거하는 것으로 기본키가 아닌 속성이 다른 비기본키에 종속되면 안됨
기본키가 아닌 속성이 기본키 전체에 종속되는 조건은 제2정규형에 일치함

다음은 정규화와 반정규화에 대한 설명이다. 이에 대한 설명으로 옳지 않은 것은?

2024년 11월 · 2025년 3월

① 제3정규형은 이행적 함수 종속을 제거하여 데이터의 중복과 이상을 방지한다.
② 반정규화는 성능개선, 트랜잭션 처리량 향상을 위해 사용되며, 정규화된 관계를 다시 통합하거나 중복데이터 허용이 가능하다.
③ 보이스-코드 정규형은 모든 결정자가 후보키인 정규형이며 제3정규형보다 더 엄격하다.
④ 반정규화를 적용하면 설계가 단순해지고, 무결성 제약과 중복 데이터 문제도 함께 사라진다.

반정규화를 하면 설계는 단순해질 수 있지만 무결성 제약은 약해지고 중복 데이터가 발생할 가능성 있음

다음 중 고객과 주문의 ERD에 대한 설명으로 옳지 않은 것은?

2024년 10월 · 2025년 3월

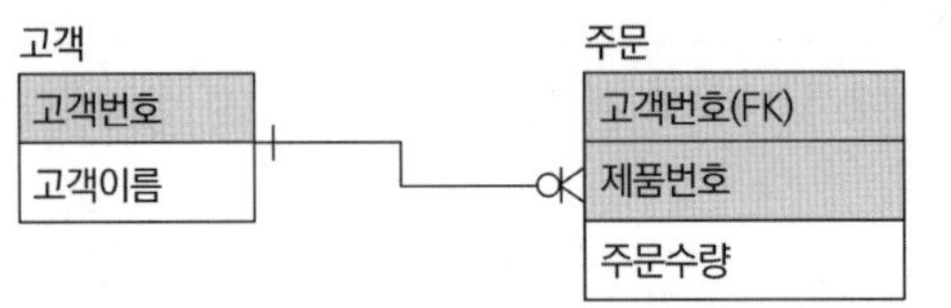

① 한 명의 고객은 여러 건을 주문을 할 수 있으며 주문을 안해도 무관하다.
② 고객 데이터를 입력할 때는 주문 데이터가 있어야만 입력할 수 있다.
③ 주문 데이터를 입력할 때는 해당 고객정보가 사전에 존재해야 한다.
④ 하나의 주문은 반드시 한 명의 고객에 의해 이루어진다.

고객은 부모 엔터티로 주문과 무관하게 독립적으로 생성될 수 있어 고객을 입력하려면 주문이 있어야 한다는 설명은 ERD 관계와 무관함

다음 중 사원 엔터티에서 식별자의 특성에 해당하지 않는 것은?

2024년 3월 · 2025년 5월

부서
부서번호
부서명
위치

사원
사번
부서번호(FK)
주민등록번호

① 주 식별자
② 내부 식별자
③ 인조 식별자
④ 단일 식별자

인조식별자란 데이터베이스에서 엔터티의 인스턴스를 유일하게 식별하기 위해 인위적으로 만들어진 식별자임. 현재 엔터티에서는 시스템이 자체적으로 만든 식별자는 존재하지 않음.

- 주식별자: 해당 엔터티를 고유하게 식별
- 단일 식별자: 단 하나의 식별자만 존재
- 내부 식별자: 외부 엔터티 식별자를 포함한 식별자
- 인조 식별자: 시스템이 만든 식별자

다음 SQL의 실행 결과로 가장 적절한 것은?

2025년 3월 | 2024년 6월

[SALES]

SALE_ID	PRODUCT	QTY
1	Pen	10
2	Pencil	5
3	Pen	10
4	Eraser	3
5	Pen	10
6	Pencil	5
7	Marker	2
8	Eraser	3
9	Marker	2
10	Pen	10

```
SELECT COUNT (QTY)
FROM SALES
WHERE PRODUCT = 'Pen';

SELECT COUNT (DISTINCT QTY)
FROM SALES
WHERE PRODUCT = 'Pen';
```

① 4, 1　　　　② 5, 1

③ 5, 2　　　　④ 4, 2

- SELECT COUNT (QTY) ... WHERE PRODUCT = 'Pen';
  - WHERE PRODUCT = 'Pen' 인 행은 SALE_ID = 1, 3, 5, 10으로 총 4개임
  - COUNT(QTY)는 조건을 만족하는 행 중 QTY가 NULL이 아니면 모두 세는데 여기선 모두 10이므로 4
- SELECT COUNT (DISTINCT QTY) ... WHERE PRODUCT = 'Pen';
  - COUNT(DISTINCT QTY)는 QTY 값 중 중복을 제거하고 유일한 값의 수를 세야 함
  - Pen의 QTY의 값은 전부 10이므로 중복을 제거하면 1

다음 SQL의 실행 결과로 가장 적절한 것은?

2025년 3월 | 2024년 6월

```
SELECT
    NULL + 5 AS A,
    200 / NULL AS B,
    CASE
        WHEN NULL * 10 IS NULL THEN 'X'
        ELSE 'Y'
    END AS C, 300 / 0 AS D
FROM DUAL;
```

①

A	B	C	D
NULL	NULL	X	0

②

A	B	C	D
S	NULL	Y	오류 발생

③

A	B	C	D
NULL	0	Y	NULL

④

A	B	C	D
NULL	NULL	X	오류 발생

- NULL + 5
  - → 숫자 + NULL 연산 결과는 항상 NULL
- 200 / NULL
  - → 0이 아닌 NULL로 나누기 → 결과는 NULL
- CASE WHEN NULL * 10 IS NULL THEN 'X'
  - → NULL * 10 = NULL 이므로 'X' 출력
- 300 / 0
  - → 0으로 나누기는 오류 발생

다음 SQL의 실행 결과로 가장 적절한 것은?

2024년 11월 2024년 5월

[SALES]

PROD_ID	QTY	PRICE	DISC
P1	10	100	NULL
P2	NULL	200	5
P3	15	150	NULL
P4	20	NULL	10
P5	NULL	300	NULL

```
SELECT
    NVL(MIN(QTY), 0),
    NVL(MAX(PRICE), 0),
    SUM(NVL(DISC, 0))
FROM SALES;
```

① 10, 300, 10

② 15, 200, 5

③ 10, 300, 15

④ 0, 300, 20

- NVL(MIN(QTY), 0)
  - 현재 QTY: 10, NULL, 15, 20, NULL
  - 최소값: 10
  - NULL일 경우 0으로 변환하나, NULL이 아니므로 그대로 10
- NVL(MAX(PRICE), 0)
  - 현재 PRICE: 100, 200, 150, NULL, 300
  - 최대값: 300
  - NULL일 경우 0으로 변환하나, NULL이 아니므로 그대로 300
- SUM(NVL(DISC, 0))
  - 현재 DISC: NULL, 5, NULL, 10, NULL
  - NULL일 경우 0으로 변환하면 0, 5, 0, 10, 0
  - 합계: 0 + 5 + 0 + 10 + 0 = 15

따라서 10, 300, 15 출력

다음 중 집합 연산자에 대한 설명으로 가장 적절하지 않은 것은?

2025년 3월 2024년 5월

① INTERSECT는 두 SELECT 결과의 교집합을 반환하며, 자동으로 중복을 제거한다.

② MINUS는 첫 번째 SELECT 결과에서 두 번째 SELECT 결과를 제외한 차집합을 반환한다.

③ UNION은 두 SELECT 결과를 합쳐 합집합을 반환하며, 중복은 자동 제거된다.

④ UNION ALL은 중복을 제거한 후 합집합 결과를 반환한다.

---

④ UNION ALL: "중복을 제거한 후 반환한다"라고 되어 있으나, 실제로는 중복을 제거하지 않고 모두 반환함

① INTERSECT: 교집합 반환, 중복 제거

② MINUS: 차집합 연산

③ UNION: 합집합, 중복은 자동 제거됨

다음 SQL의 실행 결과로 가장 적절한 것은?

`2025년 3월` `2024년 8월`

[EMPLOYEES]

EMP_ID	NAME	DEPT_ID
1	Kim	10
2	Lee	20
3	Park	30
4	Choi	40

[DEPARTMENTS]

DEPT_ID	DEPT_NAME	LOCATION
10	HR	Seoul
20	IT	Busan
30	Finance	NULL
40	Marketing	Incheon

```
SELECT COUNT(*)
FROM EMPLOYEES E
JOIN DEPARTMENTS D
  ON E.DEPT_ID = D.DEPT_ID
WHERE D.LOCATION IS NOT NULL;
```

① 1

② 2

③ 3

④ 4

- ON E.DEPT_ID = D.DEPT_ID
  → EMPLOYEES와 DEPARTMENTS를 DEPT_ID로 JOIN 하면 매칭되는 DEPT_ID는 {10, 20, 30, 40}이고 해당되는 EMP_ID는 {1, 2, 3, 4}
- WHERE D.LOCATION IS NOT NULL
  → DEPT_ID가 30인 Finance 부서의 LOCATION이 NULL 이므로 제외됨

따라서 EMP_ID가 {1. 2. 3}인 행이 남았으므로 COUNT(*)는 3

다음 EMP 테이블을 참고하여, 아래 조건을 모두 만족하는 SQL로 옳은 것은?

`2025년 3월`

> '김현수' 관리자의 직속 부하와 그 부하의 부하 (2단계 하위 직원)까지의 직원명과 관리자명을 조회한다. 단, '김현수' 본인은 출력하지 않는다.

[EMP]

EMP_ID	EMP_NAME	MGR_ID	MGR_NAME
100	김현수	NULL	NULL
101	이지민	100	김현수
102	박지호	100	김현수
103	최민우	101	이지민
104	한유진	101	이지민
105	정성윤	102	박지호
106	이서준	104	한유진

① SELECT EMP_NAME, MGR_NAME
FROM EMP
WHERE MGR_NAME = '김현수';

② SELECT EMP_NAME, MGR_NAME
FROM EMP
WHERE MGR_ID IN (
    SELECT EMP_ID
    FROM EMP
    WHERE MGR_NAME = '김현수'
);

③ SELECT EMP_NAME, MGR_NAME
FROM EMP
WHERE MGR_ID IN (
    SELECT EMP_ID
    FROM EMP
    WHERE MGR_ID = 100
);

④ SELECT EMP_NAME, MGR_NAME
FROM EMP
WHERE (MGR_ID = 100 OR MGR_ID IN (
    SELECT EMP_ID
    FROM EMP
    WHERE MGR_ID = 100
))
    AND EMP_NAME ◇ '김현수';

- 기준 관리자: 김현수(EMP_ID=100)
- 직속 부하(D1): MGR_ID=100 → 101 이지민, 102 박지호
- 2단계 부하(D2): MGR_ID ∈ {101,102} → 103 최민우, 104 한유진, 105 정성윤
- 3단계: MGR_ID = 104 → 106 이서준 (포함되면 안 됨)
- 최종 결과: (D1 ∪ D2) − {김현수 본인} = {101, 102, 103, 104, 105}

보기	조건 요약	보기 검증
①	MGR_NAME = '김현수'	직속(D1)만 포함, 2단계(D2) 누락 → 조건 불충족
②	MGR_ID IN (SELECT EMP_ID FROM EMP WHERE MGR_NAME = '김현수')	서브쿼리 결과가 {101, 102} → 2단계(D2)만 포함, 직속(D1) 누락
③	MGR_ID IN (SELECT EMP_ID FROM EMP WHERE MGR_ID = 100)	서브쿼리 결과 {101, 102} → 2단계(D2)만 포함, 직속(D1) 누락
④	MGR_ID = 100 OR MGR_ID IN (SELECT EMP_ID FROM EMP WHERE MGR_ID = 100) ANO EMP_NAME<> '김현수'	MGR_ID = 100 (직속) ∪ MGR_ID ∈ {101, 102} (2단계)를 모두 포함, 본인 제외, 3단계(106)는 MGR_ID = 104라 제외 → 요구사항 정확히 충족

다음 실행 결과를 출력하는 SQL로 가장 적절한 것은?

2025년 3월   2024년 5월

[SALES]

SALE_ID	PRODUCT	AMOUNT
1	Monitor	350000
2	Keyboard	200000
3	Laptop	600000
4	Mouse	150000
5	Tablet	400000
6	Cable	100000

[실행 결과]

RANK	PRODUCT	AMOUNT
1	Laptop	600000
2	Tablet	400000
3	Monitor	350000
4	Keyboard	200000
5	Mouse	150000

① SELECT
```
    RANK() OVER(
        ORDER BY AMOUNT ASC
    ) AS RANK,
    PRODUCT,
    AMOUNT
  FROM SALES;
```
② SELECT
```
    DENSE_RANK() OVER(
        ORDER BY AMOUNT DESC
    ) AS RANK,
    PRODUCT,
    AMOUNT
  FROM SALES
  WHERE AMOUNT >= 150000;
```
③ SELECT
```
    ROW_NUMBER() OVER(
        ORDER BY AMOUNT DESC
    ) AS RANK,
    PRODUCT,
    AMOUNT
  FROM SALES
  WHERE AMOUNT > 350000;
```
④ SELECT
```
    RANK() OVER(
        PARTITION BY PRODUCT
        ORDER BY AMOUNT DESC
    ) AS RANK,
    PRODUCT,
    AMOUNT
  FROM SALES;
```

실행 결과를 보면 AMOUNT가 150000 이상이며 내림차순 정렬되어 있고, 중복 없이 순위가 매겨져 있음. 따라서 DENSE_RANK()와 AMOUNT >= 150000 조건을 사용해야 함

① ORDER BY AMOUNT ASC(오름차순) → 금액이 낮은 순으로 정렬
③ AMOUNT > 350000 → Laptop(600000), Tablet(400000)만 포함
④ PARTITION BY PRODUCT → 제품별로 구분하여 순위를 매기므로 항상 1순위만 부여됨

다음 SQL의 실행 결과로 가장 적절한 것은?

2025년 5월　2025년 3월　2024년 5월

[EMP]

EMP_ID	EMP_NAME
1	김하늘
2	이현우
3	박하린
4	하늘빛
5	최하늘
6	김현수
7	하현우

```
SELECT COUNT(*)
FROM EMP
WHERE EMP_NAME LIKE '하%'
   OR EMP_NAME LIKE '%현%';
```

① 2

② 3

③ 4

④ 5

- EMP_NAME LIKE '하%'
  - 이름이 '하'로 시작하는 경우 → 하늘빛, 하현우 → 2명
- EMP_NAME LIKE '%현%'
  - 이름 안에 '현'이 들어가는 경우 → 이현우, 김현수, 하현우 → 3명
- OR
  - 두 조건 중 하나라도 만족하면 포함
  - 하현우는 두 조건 모두 만족하지만 COUNT 시 중복 없이 1명으로 처리됨. 따라서 하늘빛, 하현우, 이현우, 김현수 총 4명임

다음 SQL의 실행 결과로 가장 적절한 것은?

2025년 5월　2025년 3월

[EMP]

EMP_ID	DEPT_ID
1	10
2	20
3	NULL
4	40
5	50

```
SELECT COUNT(*)
FROM EMP
WHERE DEPT_ID NOT IN (
    SELECT DEPT_ID
    FROM EMP
    WHERE DEPT_ID >= 20
);
```

① 0

② 1

③ 2

④ 3

- SELECT DEPT_ID FROM EMP WHERE DEPT_ID >= 20
  - DEPT_ID가 20 이상인 DEPT_ID는 {20, 40, 50}
- DEPT_ID NOT IN (...)
  - 서브쿼리 결과인 {20, 40, 50}이 아닌 DEPT_ID는 {10, NULL}
  - NULL값은 NOT IN 비교 시 UNKNOWN 처리되어 제외하여 만족하는 조건 {10}
- SELECT COUNT(*)
  - 따라서 DEPT_ID가 10인 행의 개수는 1개

다음 SQL 중 실행 결과가 NULL이 되는 것은? (단, DBMS는 오라클을 가정함)

2025년 5월　2024년 8월　2024년 5월

```
① SELECT
      CASE
          WHEN COALESCE(
              NULL,
              NULLIF (100, 100),
              NULL) IS NULL
          THEN NULL ELSE 'X'
      END
  FROM DUAL;
② SELECT NVL2(NULL, 'A', 'B')
  FROM DUAL;
③ SELECT NULLIF(50, 100)
  FROM DUAL;
④ SELECT
      CASE
          WHEN 2 > 1 THEN 'Y'
          ELSE 'N'
      END
  FROM DUAL;
```

---

① CASE + COALESCE + NULLIF 조합
  - NULLIF(100, 100)는 두 값이 같으므로 NULL 반환
  - COALESCE(NULL, NULL, NULL)는 인자 모두 NULL이므로 NULL 반환
  - CASE는 값이 NULL이면 NULL 반환하므로 최종 결과 NULL
② NVL2(NULL, 'A', 'B')
  - 세 번째 인자 'B' 반환
③ NULLIF(50, 100)
  - 50 ≠ 100이므로 첫 번째 값 50 반환
④ CASE WHEN ... THEN
  - 2 > 1는 TRUE이므로 'Y' 반환

다음 지문에서 빈칸에 들어갈 용어를 알맞게 짝지은 것은?

2024년 3월

> (㉠)은/는 데이터베이스에서 동일한 속성을 갖는 값들의 집합을 의미하며, 데이터 값이 가질 수 있는 범위를 정의한다.
> (㉡)은/는 데이터베이스에서 한 행(Row)에 해당하며, 개별 인스턴스를 나타낸다.
> (㉢)은/는 데이터베이스에서 열(Column)에 해당하며, 데이터의 속성을 의미한다.
> (㉣)은/는 데이터베이스에서 전체 테이블을 의미한다.

① ㉠ 속성(Attribute), ㉡ 튜플(Tuple),
　㉢ 도메인(Domain), ㉣ 릴레이션(Relation)
② ㉠ 릴레이션(Relation), ㉡ 속성(Attribute),
　㉢ 튜플(Tuple), ㉣ 도메인(Domain)
③ ㉠ 튜플(Tuple), ㉡ 속성(Attribute),
　㉢ 릴레이션(Relation), ㉣ 도메인(Domain)
④ ㉠ 도메인(Domain), ㉡ 튜플(Tuple),
　㉢ 속성(Attribute), ㉣ 릴레이션(Relation)

- 도메인(Domain): 동일한 속성을 갖는 값들의 범위 정의
  예 성별 속성의 도메인 = {남, 여}
- 튜플(Tuple): 테이블의 한 행(Row)으로 개별 인스턴스를 나타냄
- 속성(Attribute): 테이블의 열(Column)로 데이터 항목의 이름을 나타냄
- 릴레이션(Relation): 테이블 자체를 의미

다음 중 HAVING절에 대한 설명으로 가장 적절하지 않은 것은?

2025년 3월　　2024년 3월

① HAVING절은 GROUP BY로 집계된 결과에 조건을 부여할 때 사용된다.
② HAVING절은 집계 함수 조건뿐 아니라 일반 조건도 사용할 수 있다.
③ HAVING절은 WHERE절보다 먼저 실행되며, 그룹핑 이전의 데이터에 조건을 부여한다.
④ HAVING절에서는 집계 함수 조건을 직접 사용할 수 있다.

SQL 실행 순서: FROM → WHERE → GROUP BY → HAVING → SELECT → ORDER BY

HAVING은 그룹핑 이후 실행함. 즉, WHERE가 그룹핑 이전 조건이고 HAVING이 그룹핑 이후 조건

다음 SQL의 실행 결과로 가장 적절한 것은?

`2025년 3월` `2024년 8월`

[매출]

지점명	상품분류	매출액
서울점	전자제품	500
부산점	전자제품	400
서울점	가전	300
부산점	가전	200
서울점	식품	250
부산점	식품	150

```
SELECT 상품분류, AVG(매출액) AS 평균매출
FROM 매출
GROUP BY 상품분류
HAVING AVG(매출액) >= 300
ORDER BY 평균매출 DESC;
```

①

상품분류	평균매출
전자제품	450

②

상품분류	평균매출
가전	250
식품	200

③

상품분류	평균매출
식품	200
전자제품	450

④

상품분류	평균매출
전자제품	450
가전	250

- GROUP BY 상품분류
  - 전자제품, 가전, 식품으로 그룹화함
- HAVING AVG(매출액) >= 300
  - 전자제품: (500 + 400) / 2 = 450
  - 가전: (300 + 200) / 2 = 250
  - 식품: (250 + 150) / 2 = 200
  - 평균 300 이상이어야 하므로 전자제품(450)만 해당
- ORDER BY 평균매출 DESC
  - 평균매출을 내림차순으로 정렬

최종적으로 전자제품 450만 출력됨

다음 ORG 테이블에서 부서ID가 300인 부서를 시작으로 상위 부서에서 하위 부서까지 계층적으로 모든 부서를 출력하려 한다. 아래 SQL의 빈칸 ㉠에 들어갈 조건으로 가장 적절한 것은?

`2025년 5월` `2024년 11월` `2024년 8월`

[ORG]

부서ID	부서명	상위부서ID
100	본사	NULL
200	영업부	100
300	국내영업팀	200
400	해외영업팀	200
500	서울지사	300
600	부산지사	300
700	동부영업소	500

```
SELECT
    부서ID,
    부서명,
    상위부서ID,
    LEVEL
FROM ORG
START WITH 부서ID = 300
CONNECT BY ( ㉠ )
ORDER SIBLINGS BY 부서명;
```

① PRIOR 상위부서ID = 부서ID

② 부서ID = PRIOR 상위부서ID

③ PRIOR 부서ID = 상위부서ID AND LEVEL <= 2

④ PRIOR 부서ID = 상위부서ID

CONNECT BY절은 계층 구조 탐색 시 부모-자식 관계를 지정하는 조건임. 이때 PRIOR 키워드는 부모 행을 의미함. 따라서 상위 부서에서 하위 부서 방향으로 조회하려면 PRIOR 부서ID = 상위부서ID 처럼 부모의 부서ID가 자식 행의 상위부서ID와 같을 때 부모-자식 관계가 형성되도록 해야 함.

④ PRIOR 부서ID = 상위부서ID → 부모-자식 관계 올바르게 지정되어서 정답

① PRIOR 상위부서ID = 부서ID → 부모-자식 관계 거꾸로라서 틀림

② 부서ID = PRIOR 상위부서ID → 부모-자식 관계 거꾸로라서 틀림

③ PRIOR 부서ID = 상위부서ID AND LEVEL <= 2 → LEVEL <= 2 조건이 추가되어서 틀림

다음 SQL 실행 결과로 가장 적절한 것은?

2024년 8월

[A]
A1
1
2
3
4

[B]
B1
1
2
3
5

[C]
C1
1
2
4
6

```
SELECT COUNT(*)
FROM A
INNER JOIN B
  ON A.A1 = B.B1
INNER JOIN C
  ON B.B1 = C.C1
WHERE A.A1 <> 5;
```

① 1

② 2

③ 3

④ 0

- A와 B 조인
  - 매칭되는 행: {1, 2, 3} (A=4, B=5는 매칭 안 됨)
- B와 C 조인
  - 매칭되는 행: {1, 2} (B=3, C=4, 6는 매칭 안 됨)
- 전체 매칭
  - {1, 2}는 A, B, C 세 테이블 모두 매칭됨
  - A.A1 <> 5 조건이 있지만 A=5 없으므로 결과 변동도 없음

다음 SQL에서 모든 조건을 만족하지 않는 과일명을 고르시오.

2025년 3월 2024년 11월 2024년 5월

[FRUITS]
과일명
Apple
Apricote
Avocado
Pearle
Pineapple

```
SELECT 과일명
FROM FRUITS
WHERE REGEXP_LIKE(과일명, '^[AP][a-z]{3,}$', 'i')
    AND REGEXP_LIKE(과일명, '[aeiou].*[aeiou]', 'i')
    AND REGEXP_LIKE(과일명, '(e|le)$', 'i')
    AND NOT REGEXP_LIKE(과일명, '(aa|ee|ii|oo|uu)', 'i');
```

① Apple

② Apricote

③ Avocado

④ Pearle

- ^[AP][a-z]{3,}$
  - A 또는 P로 시작하고 알파벳 소문자가 최소 3개 이상 이어져야 함
  - Apple → O, Apricote → O, Avocado → O, Pearle → O, Pineapple → O
  - → 모두 통과
- [aeiou].*[aeiou]
  - 모음이 최소 2개 이상 포함되어야 함
  - Apple(a,e), Apricote(a,o,e), Avocado(a,o,a,o), Pearle(e,a,e), Pineapple(i,e,a,e)
  - → 모두 통과
- (e|le)$
  - 끝이 e 또는 le로 끝나야 함
  - Apple(le) → O, Apricote(e) → O, Avocado(o) → X, Pearle(le) → O, Pineapple(le) → O
  - → Avocado만 불통과
- NOT (aa|ee|ii|oo|uu)
  - 같은 모음이 연속 두 번 이상 나타나면 안 됨
  - 모든 단어에 연속 모음 없음 → 모두 통과

다음 EMP 테이블에서 사원명은 오름차순, 부서번호는 오름차순, 급여는 내림차순, 입사일은 오름차순으로 조회하려고 한다. 가장 적절한 SQL은?

2024년 5월

[EMP]

ENAME	DEPTNO	SAL	HIREDATE
Alen	30	1600	1981-02-20
Blake	30	2850	1981-05-01
Clark	10	2450	1981-06-09
Jones	20	2975	1981-04-02
Martin	30	1250	1981-09-28
Scott	20	3000	1982-12-09
Smith	20	800	1980-12-17

① SELECT
　　ENAME,
　　DEPTNO,
　　SAL,
　　HIREDATE
　FROM EMP
　ORDER BY
　　ENAME ASC,
　　DEPTNO ASC,
　　SAL DESC,
　　HIREDATE ASC;

② SELECT
　　ENAME,
　　DEPTNO,
　　SAL,
　　HIREDATE
　FROM EMP
　ORDER BY
　　ENAME DESC,
　　DEPTNO ASC,
　　SAL DESC,
　　HIREDATE ASC;

③ SELECT
　　ENAME,
　　DEPTNO,
　　SAL,
　　HIREDATE
　FROM EMP
　ORDER BY
　　ENAME ASC,
　　DEPTNO DESC,
　　SAL ASC,
　　HIREDATE DESC;

④ SELECT
　　ENAME,
　　DEPTNO,
　　SAL,
　　HIREDATE
　FROM EMP
　ORDER BY
　　ENAME ASC,
　　DEPTNO ASC,
　　SAL ASC,
　　HIREDATE ASC;

---

① 사원명 오름차순, 부서번호 오름차순, 급여 내림차순, 입사일 오름차순
② 사원명 내림차순, 부서번호 오름차순, 급여 내림차순, 입사일 오름차순
③ 사원명 오름차순, 부서번호 내림차순, 급여 오름차순, 입사일 내림차순
④ 사원명 오름차순, 부서번호 오름차순, 급여 오름차순, 입사일 오름차순

다음 실행 결과를 확인하여 SQL의 빈칸 ㉠에 들어갈 함수로 가장 적절한 것은?

2025년 5월 2025년 3월 2024년 8월

[EMP]

EMP_ID	ENAME	DEPT_ID
101	Alien	10
102	Blake	20
103	Clark	20
104	Jones	30

[DEPT]

DEPT_ID	DNAME
10	인사부
20	총무부
30	영업부
40	마케팅부

[실행 결과]

ENAME	DNAME
Alien	인사부
Blake	총무부
Clark	총무부
Jones	영업부

```
SELECT ENAME, DNAME
FROM EMP
( ㉠ ) DEPT;
```

① INNER JOIN

② LEFT OUTER JOIN

③ NATURAL JOIN

④ FULL OUTER JOIN

두 테이블의 공통컬럼을 사용하고 ON 없이 INNER JOIN과 동일한 결과를 내는 조인 방식은 NATURAL JOIN임

다음 SQL의 실행 결과로 가장 적절한 것은?

2025년 3월 2024년 11월 2024년 5월

```
CREATE TABLE TEST(
    COL1 NUMBER
);

INSERT INTO TEST VALUES (5);
INSERT INTO TEST VALUES (10);
INSERT INTO TEST VALUES (15);
INSERT INTO TEST VALUES (20);

SAVEPOINT S1;

UPDATE TEST SET COL1 = 30 WHERE COL1 = 10;

SAVEPOINT S2;

DELETE FROM TEST WHERE COL1 >= 15;

ROLLBACK TO S2;

INSERT INTO TEST VALUES (40);

SELECT MAX(COL1) FROM TEST;
```

① 10 ② 15

③ 30 ④ 40

- 테이블 생성 및 초기 데이터 삽입
  - 현재 상태: {5, 10, 15, 20}
- SAVEPOINT S1;
  - 현재 상태 저장
- UPDATE TEST SET COL1 = 30 WHERE COL1 = 10;
  - COL1이 10일 때 COL1을 30으로 수정
  - 현재 상태: {5, 30, 15, 20}
- SAVEPOINT S2;
  - 현재 상태 저장
- DELETE FROM TEST WHERE COL1 >= 15;
  - COL1이 15 이상인 행 삭제
  - 현재 상태: {5}
- ROLLBACK TO S2;
  - S2 시점으로 복원
  - 현재 상태: {5, 30, 15, 20}
- INSERT INTO TEST VALUES(40);
  - 40 삽입
  - 현재 상태 : {5, 30, 15, 20, 40}
- SELECT MAX(COL1) FROM TEST;
  - 최댓값은 40

다음 SALES 테이블과 SQL 실행 결과를 참고하여, SQL의 빈칸 ㉠에 들어갈 값으로 가장 적절한 것은?

2025년 3월   2025년 4월

[SALES]

지역	제품	매출
서울	A	1000
서울	B	2000
부산	A	1500
부산	B	2500
대전	A	1200
대전	B	1800

```
SELECT
    지역,
    제품,
    SUM(매출)
FROM SALES
GROUP BY ( ㉠ )
ORDER BY 지역 NULLS FIRST, 제품 NULLS FIRST;
```

[실행 결과]

지역	제품	SUM(매출)
NULL	NULL	10000
NULL	A	3700
NULL	B	6300
서울	NULL	3000
서울	A	1000
서울	B	2000
부산	NULL	4000
부산	A	1500
부산	B	2500
대전	NULL	3000
대전	A	1200
대전	B	1800

① GROUPING SETS((지역), (제품))

② CUBE(지역)

③ ROLLUP(제품)

④ CUBE(지역, 제품)

실행 결과를 보면 (지역, 제품)별 상세, (지역)별 소계, (제품)별 소계, 전체 합계까지 모두 생성되었으므로 CUBE(지역, 제품)을 사용해야 함

① GROUPING SETS((지역), (제품))
- (지역)별 소계, (제품)별 소계 생성
- (지역, 제품)별 상세와 전체 합계 없음
② CUBE(지역)
- SELECT절에 집계 함수가 아닌 컬럼은 GROUP BY절에 모두 포함되어야 하므로 오류 발생
③ ROLLUP(제품)
- SELECT절에 집계 함수가 아닌 컬럼은 GROUP BY절에 모두 포함되어야 하므로 오류 발생

다음 테이블 정의를 참고하여, 실행 시 오류 없이 정상 수행되는 SQL로 적절한 것은? `2024년 5월`

```
CREATE TABLE EMPLOYEE (
    EMP_ID NUMBER PRIMARY KEY,
    EMP_NAME VARCHAR2(30) NOT NULL,
    DEPT_CD CHAR(2),
    HIRE_DATE DATE DEFAULT SYSDATE,
    SALARY  NUMBER(7, 2)
);
```

① INSERT INTO EMPLOYEE VALUES (1001, '김민수');

② INSERT INTO EMPLOYEE (EMP_ID, EMP_NAME, DEPT_CD, SALARY) VALUES (1002, '이수진', 'HR', 3500);

③ INSERT INTO EMPLOYEE (EMP_NAME, EMP_ID, SALARY) VALUES ('박지훈', 1003, '3500원');

④ INSERT INTO EMPLOYEE (EMP_ID, EMP_NAME, DEPT_CD, HIRE_DATE, SALARY) VALUES (1004, '정우성', 'HR', '2024-12-01', '사천오백');

- EMP_ID → PK, 값 필수, 중복 불가
- EMP_NAME → NOT NULL, 값 필수
- DEPT_CD → 값 없으면 NULL 허용
- HIRE_DATE → 값 없으면 SYSDATE 기본값
- SALARY → 숫자형, 소수점 2자리 허용

① 컬럼 개수 5개인데 값 2개만 줌 → 오류 발생
③ SALARY에 문자열 '3500원' 입력 → 데이터 타입 오류 발생
④ SALARY에 문자열 '사천오백' 입력 → 데이터 타입 오류 발생

다음 EMP 테이블과 SQL을 참고하여, 실행 결과에 대한 설명이 가장 적절한 것은? `2025년 3월` `2024년 11월`

[EMP]

ENAME	DEPT_ID	SAL
KING	10	5000
SMITH	20	1200
ALLEN	20	1600
WARD	20	1250
JONES	30	1400
MARTIN	30	2850
BLAKE	30	2500
CLARK	10	2450
TURNER	30	1500

```
SELECT COUNT(*)
FROM (
    SELECT
        ENAME,
        DEPT_ID,
        SAL,
        DENSE_RANK() OVER(
            PARTITION BY DEPT_ID
            ORDER BY SAL DESC
        ) AS RK
    FROM EMP
    WHERE SAL BETWEEN 1200 AND 3000
) X
WHERE RK = 2;
```

① DEPT_ID = 20에서 1250 급여를 받는 직원이 3등급이다.
② DEPT_ID = 30에서 1400 급여를 받는 직원이 2등급이다.
③ DEPT_ID = 10에서 CLARK가 2등급이다.
④ 최종 COUNT(*) 결과는 2이다.

- PARTITION BY DEPT_ID
  → 부서별로 나누어 순위 계산
- ORDER BY SAL DESC
  → 급여 내림차순 정렬
- DENSE_RANK()
  → 동순위 가능, 다음 순위는 건너뛰지 않음
- WHERE SAL BETWEEN 1200 AND 3000
  → 급여 1200~3000 범위만 고려
- WHERE RK = 2
  → 각 부서별 두 번째 순위만 선택

DEPT_ID	ENAME	SAL	RANK
10	CLARK	2450	1
20	ALLEN	1600	1
	WARD	1250	2
	SMITH	1200	3
30	MARTIN	2850	1
	BLAKE	2500	2
	TURNER	1500	3
	JONES	1400	4

- WHERE RK = 2
  → 2등급만 선택

각 부서에서 RK = 2는 WARD(1250), BLAKE(2500)으로 COUNT(*)는 2건

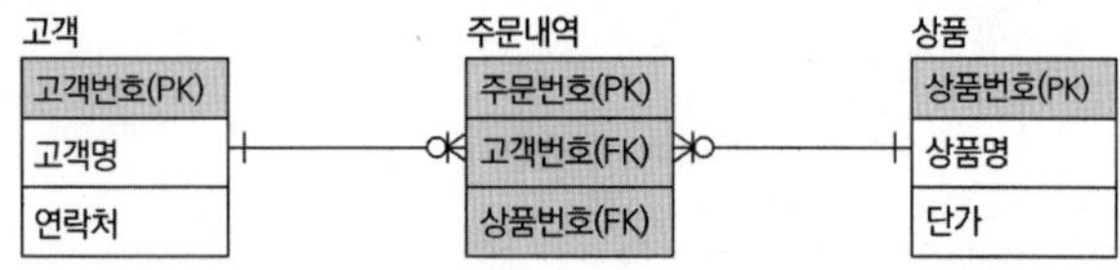

다음 데이터 모델에 대한 설명으로 가장 적절한 것은?

2024년 5월

① 고객과 주문내역 엔터티를 JOIN 시 적절한 JOIN 조건이 있으므로 카티시안 곱이 발생하지 않는다.

② 고객과 상품 엔터티를 JOIN 시 적절한 JOIN 조건이 없으므로 카티시안 곱이 반드시 발생한다.

③ 주문내역과 상품 엔터티를 JOIN 시 적절한 JOIN 조건이 없으므로 카티시안 곱이 발생한다.

④ 고객, 주문내역, 상품 세 엔터티를 JOIN 시에도 카티시안 곱은 항상 발생한다.

카티시안 곱(Cartesian Product)은 JOIN 조건이 없을 때 발생. 고객(고객번호) ↔ 주문내역(고객번호 FK), 주문내역(상품번호 FK) ↔ 상품(상품번호 PK) 모두 관계가 정의되어 있음. 따라서 고객과 주문내역 JOIN 시 FK-PK 조건이 존재하므로 카티시안 곱이 발생하지 않음

다음 테이블을 참고하여, SQL의 실행 결과로 가장 적절한 것은?

`2025년 5월` `2024년 8월`

[학생]

학생ID	학생명	학과명
201	김정우	컴퓨터공학과
202	박소현	전자공학과
203	이승현	통계학과
204	정유미	전자공학과
205	최우진	수학과

[복학생]

학생ID	학생명	학과명
202	박소현	전자공학과
203	이승현	통계학과
205	최우진	수학과
206	김민지	산업공학과

```
SELECT 학생명, 학과명
FROM 학생
WHERE 학생ID >= 203
INTERSECT
SELECT 학생명, 학과명
FROM 복학생
WHERE 학생ID <= 205
ORDER BY 학생명;
```

①

학생명	학과명
이승현	통계학과
최우진	수학과

②

학생명	학과명
김민지	산업공학과
박소현	전자공학과
최우진	수학과

③

학생명	학과명
박소현	전자공학과
정유미	전자공학과

④

학생명	학과명
김정우	컴퓨터공학과
이승현	통계학과
최우진	수학과

- SELECT 학생명, 학과명 FROM 학생 WHERE 학생ID >= 203
  → 학생 테이블에서 WHERE 학생ID >= 203인 행은 학생ID = {203, 204, 205}
- SELECT 학생명, 학과명 FROM 복학생 WHERE 학생ID <= 205 ORDER BY 학생명;
  → 복학생 테이블에서 WHERE 학생ID <= 205인 행은 학생ID = {202, 203, 205}
- INTERSECT
  → 두 집합의 교집합인 학생ID = {203, 205}인 행을 반환함

따라서 이승현, 최우진 두 학생이 최종적으로 조회됨

다음 SQL의 실행 결과와 동일한 결과를 반환하는 보기로 가장 적절한 것은?

`2024년 8월` `2024년 5월`

```
SELECT *
FROM EMP
WHERE (DEPTNO, JOB) IN ((10, 'MANAGER'), (20, 'CLERK'), (30, 'ANALYST'));
```

① SELECT *
   FROM EMP
   WHERE (DEPTNO = 10 AND JOB = 'MANAGER')
      OR (JOB = 'CLERK')
      OR (DEPTNO = 30);
② SELECT *
   FROM EMP
   WHERE DEPTNO IN (10, 20, 30)
   AND JOB IN ('MANAGER', 'CLERK', 'ANALYST');
③ SELECT *
   FROM EMP
   WHERE (DEPTNO = 10 AND JOB = 'MANAGER')
      OR (DEPTNO = 20 AND JOB = 'CLERK')
      OR (DEPTNO = 30 AND JOB = 'ANALYST');
④ SELECT *
   FROM EMP
   WHERE DEPTNO = 10
      OR JOB = 'MANAGER'
      OR DEPTNO = 20
      OR JOB = 'CLERK';

WHERE (DEPTNO, JOB) IN (…)은 두 컬럼을 한 쌍(튜플)으로 묶어 비교하는 다중 컬럼 IN 조건으로 아래 세 가지 조합 중 하나와 완전히 일치하는 행만 남김

- (10, 'MANAGER')
- (20, 'CLERK')
- (30, 'ANALYST')

① JOB = 'CLERK' 단독 조건 때문에 조건 범위가 넓어짐 → 틀림

② DEPTNO와 JOB이 모두 IN 조건이라 조합이 아닌 모든 부서 × 모든 직무 조합 반환 → 틀림

④ 단순 OR 조건이므로 모든 부서(10, 20) 또는 모든 직무('MANAGER', 'CLERK') 포함 → 틀림

다음 SQL의 실행 결과에 대한 설명으로 가장 적절한 것은?

2024년 8월

- 고객(Customer) (고객ID, 고객명, 지역)
- 주문(Order) (주문ID, 고객ID, 주문일자)
- 주문상세(Order_Detail) (주문ID, 상품ID, 수량, 단가)

```
SELECT
    C.고객ID,
    C.고객명,
    SUM(OD.단가 * OD.수량) AS 총주문금액
FROM 고객 C
JOIN 주문 O
  ON C.고객ID = O.고객ID
JOIN 주문상세 OD
  ON O.주문ID = OD.주문ID
GROUP BY C.고객ID, C.고객명
HAVING SUM(OD.단가 * OD.수량) >= 500
ORDER BY 총주문금액 DESC;
```

① 고객별 총주문금액을 계산하고, 주문 금액이 500 미만인 고객도 포함하여 금액순 내림차순으로 정렬한다.

② 고객별 총주문금액을 계산하고, 그 합계가 500 이상인 고객만 출력하며 총주문금액 기준 내림차순으로 정렬한다.

③ 고객별 주문 건수를 계산하고, 주문 건수가 500 이상인 고객만 출력하며 내림차순으로 정렬한다.

④ 고객별 총주문금액을 계산하고, 500 이상 조건 없이 모든 고객을 출력하되 고객ID 기준으로 오름차순 정렬한다.

- FROM … JOIN … ON
  → 고객, 주문, 주문상세 테이블 조인
- GROUP BY C.고객ID, C.고객명
  → 고객별로 그룹화
- SUM(OD.단가 * OD.수량)
  → 고객별 총 주문금액 집계
- HAVING SUM(OD.단가 * OD.수량) >= 500
  → 총 주문금액이 500 이상인 고객만 남김
- ORDER BY 총주문금액 DESC
  → 주문금액 내림차순 정렬

다음 SQL의 실행 결과로 가장 적절한 것은?

2025년 3월　2024년 8월

[SALES]

AMT	CATEGORY
NULL	A
200	A
NULL	B
600	B
500	NULL

```
SELECT AVG(AMT)
FROM SALES
WHERE CATEGORY IS NOT NULL;

SELECT AVG(NVL(AMT, 0))
FROM SALES
WHERE CATEGORY IS NOT NULL;
```

① 300, 200

② 200, 300

③ 400, 200

④ 400, NULL

- SELECT AVG(AMT) FROM SALES WHERE CATEGORY IS NOT NULL;
  - CATEGORY가 NULL이 아닌 행은 {(NULL, A), (200, A), (NULL, B), (600, B)}
  - AVG 함수는 NULL 값을 자동으로 제외하고 AMT의 평균 계산 → (200 + 600) / 2 = 400
- SELECT AVG(NVL(AMT, 0)) FROM SALES WHERE CATEGORY IS NOT NULL;
  - CATEGORY가 NULL이 아닌 행은 {(NULL, A), (200, A), (NULL, B), (600, B)}
  - NVL(AMT, 0)으로 AMT가 NULL인 값을 0으로 치환하고 평균 계산 → (0 + 200 + 0 + 600) / 4 = 200

다음 SQL의 실행 결과 중 가장 적절하지 않은 것은?

`2025년 5월`　`2024년 5월`

① LTRIM(' HELLO', ' ') = 'HELLO'

② RPAD('DATA', 6, '*') = 'DATA**'

③ INSTR('DEVELOPER', 'LOP') = 3

④ SUBSTR('PostgreSQL', 5, 3) = 'gre'

---

③ INSTR('DEVELOPER', 'LOP')
- → 'LOP'이 시작되는 위치 확인
- 'D(1)E(2)V(3)E(4)L(5)O(6)P(7)'
- 따라서 시작 인덱스는 5

- LTRIM(expr [, set])
  - 역할: 왼쪽(leading)에 붙은 문자들을 잘라냄
  - 규칙: set에 포함된 어떤 문자든 왼쪽에서 연속되는 동안 모두 제거(기본값은 공백)
- RPAD(expr, len [, pad])
  - 역할: expr의 오른쪽에 pad를 붙여 전체 길이를 len으로 맞춤
  - 기본: pad 생략 시 공백. expr이 더 길면 잘라서 len 길이로 절단
- INSTR(source, sub [, pos [, occ]])
  - 역할: source에서 sub가 시작하는 1-기반 위치 반환
  - 기본: pos=1, occ=1. 찾지 못하면 0
- SUBSTR(expr, start [, len])
  - 역할: start(1-기반) 위치부터 len글자 잘라 반환. len 생략 시 끝까지
  - 규칙: 끝에서부터 거꾸로 센 위치에서 시작(음수 start)

다음 SQL의 실행 결과로 가장 적절한 것은?

`2025년 5월`　`2024년 5월`

[SALES]

REGION	AMOUNT	SALE_DATE
A	200	2025-02-10 00:00:00
B	150	2025-03-05 00:00:00
A	300	2025-01-20 00:00:00
B	150	2025-01-25 00:00:00
A	200	2025-03-01 00:00:00

```
SELECT
    REGION,
    AMOUNT,
    TO_CHAR(SALE_DATE, 'YYYY/MM/DD HH24:MI:SS') AS SALE_DATE
FROM SALES
ORDER BY
    REGION ASC,
    AMOUNT DESC,
    SALE_DATE ASC;
```

①

REGION	AMOUNT	SALE_DATE
A	200	2025-02-10 00:00:00
A	200	2025-03-01 00:00:00
A	300	2025-01-20 00:00:00
B	150	2025-01-25 00:00:00
B	150	2025-03-05 00:00:00

②

REGION	AMOUNT	SALE_DATE
B	150	2025-03-05 00:00:00
B	150	2025-01-25 00:00:00
A	300	2025-01-20 00:00:00
A	200	2025-02-10 00:00:00
A	200	2025-03-01 00:00:00

③

REGION	AMOUNT	SALE_DATE
A	300	2025-01-20 00:00:00
A	200	2025-02-10 00:00:00
A	200	2025-03-01 00:00:00
B	150	2025-01-25 00:00:00
B	150	2025-03-05 00:00:00

④

REGION	AMOUNT	SALE_DATE
B	150	2025-01-25 00:00:00
B	150	2025-03-05 00:00:00
A	200	2025-03-01 00:00:00
A	200	2025-02-10 00:00:00
A	300	2025-01-20 00:00:00

- REGION ASC
  - → REGION 오름차순으로 A 먼저, 그 다음 B
- AMOUNT DESC
  - → 같은 REGION 안에서 금액 큰 순서 먼저
- SALE_DATE ASC
  - → 금액까지 같으면 날짜 빠른 순서
- 정렬 결과

REGION	AMOUNT	SALE_DATE
A	300	2025-01-20
A	200	2025-02-10
A	200	2025-03-01
B	150	2025-01-25
B	150	2025-03-05

다음 SQL의 실행 결과를 순서대로 나열한 것은?

`2025년 3월`　`2025년 5월`

```
SELECT CEIL(4.2)
FROM DUAL;

SELECT ROUND(7.8)
FROM DUAL;

SELECT TRUNC(9.9)
FROM DUAL;
```

① 4, 8, 9

② 4, 7, 9

③ 5, 8, 10

④ 5, 8, 9

- CEIL(4.2)
  - → CEIL( )은 주어진 값보다 크거나 같은 가장 작은 정수를 추출하는 함수로 4.2보다 크거나 같은 최소 정수는 5
- ROUND(7.8)
  - → ROUND( )는 소수점 첫째 자리에서 반올림하는 함수로 7.8은 8
- TRUNC(9.9)
  - → TRUNC( )는 소수점 이하를 잘라내는(버림) 함수로 9.9는 9

다음 중 오류가 발생하는 SQL은 무엇인가? (단, EMP 테이블 컬럼은 EMP_NO, ENAME, DEPT_NO, SAL, BONUS라고 가정함) `2024년 8월` `2024년 5월`

① SELECT

　　DEPT_NO,

　　ENAME,

　　AVG(SAL)

FROM EMP

GROUP BY DEPT_NO;

② SELECT DEPT_NO, SUM(SAL + NVL(BONUS, 0)) AS TOTAL_SAL

FROM EMP

GROUP BY DEPT_NO

ORDER BY TOTAL_SAL DESC;

③ SELECT DEPT_NO, COUNT(*) AS CNT

FROM EMP

GROUP BY DEPT_NO

HAVING COUNT(*) >= 2;

④ SELECT DEPT_NO, MAX(SAL) AS MAX_SAL

FROM EMP

GROUP BY DEPT_NO

ORDER BY MAX_SAL;

SELECT절의 컬럼은 GROUP BY절에 포함되거나 집계 함수(예 AVG, SUM, COUNT 등)으로 묶여야 함. GROUP BY절에 DEPT_NO로 그룹핑할 때 ENAME을 집계 함수 없이 그대로 조회하므로 오류 발생함

다음 EMPLOYEE 테이블에서 EMAIL의 도메인(domain) 부분만 추출하려고 한다. 가장 적절한 SQL은? `2025년 3월` `2024년 11월` `2024년 5월`

[EMPLOYEE]

EMP_ID	NAME	EMAIL
1001	김수현	suhyun.kim@gmail.com
1002	박민수	minsu.park@naver.com
1003	최지훈	jhchoi@company.co.kr

① SELECT NAME,

　　REGEXP_SUBSTR(EMAIL, '@[^@]+')

FROM EMPLOYEE;

② SELECT NAME,

　　REGEXP_SUBSTR(EMAIL, '@.+')

FROM EMPLOYEE;

③ SELECT NAME,

　　REGEXP_SUBSTR(EMAIL, '[^@]+$', 1, 1)

FROM EMPLOYEE;

④ SELECT NAME,

　　REGEXP_SUBSTR(EMAIL, '[A-Za-z0-9._%+-]+')

FROM EMPLOYEE;

---

① '@[^@]+'

→ @ 포함된 문자열(@gmail.com 형태) 추출됨

② '@.+'

→ @gmail.com 처럼 @부터 끝까지 추출, @ 포함됨

④ '[A-Za-z0-9._%+-]+'

→ 이메일 앞부분(suhyun.kim) 추출됨

다음 테이블과 SQL의 실행 결과에 대한 설명으로 가장 적절한 것은?

2025년 5월   2024년 11월   2024년 8월

[COURSE]

COURSE_ID	COURSE_NAME
C1	DB
C2	JAVA
C3	PYTHON
C4	NETWORK

[INSTRUCTOR]

INST_ID	COURSE_ID	INST_NAME
I1	C1	Kim
I2	C3	Lee

```
SELECT
    C.COURSE_ID,
    C.COURSE_NAME,
    I.INST_NAME
FROM COURSE C
LEFT OUTER JOIN INSTRUCTOR I
  ON C.COURSE_ID = I.COURSE_ID
WHERE I.INST_NAME IS NOT NULL;
```

①

COURSE_ID	COURSE_NAME	INST_NAME
C1	DB	Kim
C3	PYTHON	Lee

②

COURSE_ID	COURSE_NAME	INST_NAME
C1	DB	Kim
C2	JAVA	NULL
C3	PYTHON	Lee
C4	NETWORK	NULL

③

COURSE_ID	COURSE_NAME	INST_NAME
C2	JAVA	NULL
C4	NETWORK	NULL

④

COURSE_ID	COURSE_NAME	INST_NAME
C1	DB	NULL
C3	PYTHON	NULL

- LEFT OUTER JOIN INSTRUCTOR
  - COURSE 테이블을 기준으로 INSTRUCTOR 테이블과 JOIN
- ON C.COURSE_ID = I.COURSE_ID
  - 강사 정보가 매칭되는 경우 함께 출력
- WHERE I.INST_NAME IS NOT NULL
  - 강사 이름이 없는 행은 제외함
  - C1 → Kim 있음
  - C3 → Lee 있음
  - C2, C4 → 강사 없음
- 따라서 위 두 행만 출력

다음 SALES 테이블과 SQL의 실행 결과를 보고, 빈
칸 ㉠에 들어갈 올바른 구문을 고르시오.

2025년 5월 2025년 3월 2024년 11월

[SALES]

REGION	PRODUCT	AMOUNT
A	PHONE	1000
A	LAPTOP	2000
B	PHONE	1500
B	TABLET	2500

```
SELECT
    REGION,
    PRODUCT,
    SUM(AMOUNT) AS TOTAL_AMOUNT
FROM SALES
GROUP BY ( ㉠ );
```

[실행 결과]

REGION	PRODUCT	TOTAL
A	PHONE	1000
A	LAPTOP	2000
A	NULL	3000
B	PHONE	1500
B	TABLET	2500
B	NULL	4000
NULL	NULL	7000

① GROUPING SETS(REGION, PRODUCT)

② ROLLUP(REGION, PRODUCT)

③ CUBE(REGION, PRODUCT)

④ GROUPING SETS((REGION, PRODUCT))

② ROLLUP(REGION, PRODUCT)
- (REGION, PRODUCT)별 상세, (REGION)별 소계, 전체
  합계 생성
- 계층적으로 합계까지 출력하므로 실행 결과와 일치함

① GROUPING SETS(REGION, PRODUCT)
- (REGION)별 소계, (PRODUCT)별 소계, 전체 합계 생성
- (REGION, PRODUCT)별 상세 빠지고 (PRODUCT)별
  소계 추가됨

③ CUBE(REGION, PRODUCT)
- (REGION, PRODUCT)별 상세, (REGION)별 소계,
  (PRODUCT)별 소계, 전체 합계 생성
- 모든 조합이라서 결과가 더 많아짐

④ GROUPING SETS((REGION, PRODUCT))
- (REGION, PRODUCT)별 상세 생성
- (REGION)별 소계와 전체 합계 빠짐

다음 두 테이블을 조인할 때, 오류가 발생하는 SQL은? (단, DBMS는 오라클을 가정함) `2024년 11월`

[EMP]

EMP_ID	EMP_NAME	DEPT_ID
1	Kim	10
2	Lee	20
3	Park	30

[DEPT]

DEPT_ID	DEPT_NAME
10	HR
20	SALES
40	ACCOUNTING

① SELECT E.EMP_NAME, D.DEPT_NAME
　 FROM EMP E
　 INNER JOIN DEPT D
　　 ON E.DEPT_ID = D.DEPT_ID;

② SELECT E.EMP_NAME, D.DEPT_NAME
　 FROM EMP E
　 INNER JOIN DEPT D
　 WHERE E.DEPT_ID = D.DEPT_ID
　　 ON D.DEPT_NAME = 'HR';

③ SELECT E.EMP_NAME, D.DEPT_NAME
　 FROM EMP E
　 LEFT OUTER JOIN DEPT D
　　 ON E.DEPT_ID = D.DEPT_ID;

④ SELECT E.EMP_NAME, D.DEPT_NAME
　 FROM EMP E
　 RIGHT OUTER JOIN DEPT D
　　 ON E.DEPT_ID = D.DEPT_ID;

JOIN 시 주의할 점
ON 절: JOIN 조건을 지정하는 곳 (JOIN 바로 뒤에 와야 함)
WHERE 절: JOIN 결과에 대한 추가 필터링 조건

다음 ORG 테이블을 참조하여, 계층형 쿼리에 대한 설명으로 가장 적절한 것은? `2024년 11월` `2024년 3월`

[ORG]

EMP_ID	MGR_ID	EMP_NAME
1	NULL	James
2	1	Linda
3	1	Kevin
4	2	Susan
5	2	Frank
6	3	Lisa
7	4	Alan

```
SELECT
    EMP_ID,
    MGR_ID,
    EMP_NAME
FROM ORG
START WITH EMP_NAME = 'James'
CONNECT BY PRIOR EMP_ID = MGR_ID;
```

① James의 하위 노드만 조회되고 James 자신은 출력되지 않는다.

② 위의 계층형 쿼리에서 START WITH가 빠질 경우 문법 오류가 발생한다.

③ CONNECT BY PRIOR EMP_ID = MGR_ID 와 같이 PRIOR 절을 MGR_ID가 아니라 EMP_ID 앞에 쓰면 쿼리가 정상 실행된다.

④ 루트 노드가 여러 개면 쿼리 실행 시 오류가 발생한다.

• START WITH EMP_NAME = 'James'
　→ 'James'를 최상위(루트) 노드로 설정
• CONNECT BY PRIOR EMP_ID = MGR_ID
　→ 부모 노드의 EMP_ID가 자식 노드의 MGR_ID와 일치하는 방식으로 아래로 내려가며 (하향식) 계층 탐색
• PRIOR EMP_ID = MGR_ID
　→ 상위 EMP_ID가 하위 MGR_ID와 연결됨. 즉, James → Linda → Susan → Alan 순으로 탐색

① James 자신도 출력됨
② START WITH 절을 제거해도 CONNECT BY PRIOR EMP_ID = MGR_ID 조건을 만족하는 루트 노드(EMP_NAME = 'James')가 존재하므로 문법 오류는 발생하지 않음
④ 루트 노드 여러 개 가능

다음 SALES 테이블과 SQL을 실행했을 때, 결과로 가장 적절한 것은?

2024년 5월

[SALES]

REGION	PRODUCT	AMOUNT
A	PHONE	100
A	LAPTOP	200
B	PHONE	150
B	LAPTOP	300

```
SELECT *
FROM (
    SELECT
        REGION,
        PRODUCT,
        AMOUNT
    FROM SALES
)
PIVOT (
    SUM(AMOUNT)
    FOR PRODUCT IN ('PHONE' AS PHONE, 'LAPTOP' AS LAPTOP)
)
ORDER BY REGION;
```

①

REGION	PHONE	LAPTOP
A	150	300
B	100	200

②

REGION	PHONE	LAPTOP
A	100	200
B	150	300

③

REGION	PHONE	LAPTOP
A	NULL	NULL
B	150	300

④

REGION	PHONE	LAPTOP
A	100	NULL
B	NULL	300

- PIVOT 전 준비 서브쿼리
  - 기존 SALES 테이블의 세 컬럼을 그대로 가져옴
- PIVOT
  - FOR PRODUCT IN (...)
    PRODUCT의 특정 값들을 열(컬럼)로 펼쳐서 생성함
    여기서는 'PHONE', 'LAPTOP'만 열로 생성(다른 제품이 있어도 무시됨)
  - SUM(AMOUNT)
    동일한 (REGION, PRODUCT) 조합이 여러 행이면 하나의 값으로 집계함
    이때 나머지 컬럼들(예 REGION)을 기준으로 자동 그룹화하고 값이 없는 조합은 NULL로 채워짐
- 데이터별 계산
  - REGION = A인 경우, PHONE 합계: 100, LAPTOP 합계: 200
  - REGION = B인 경우, PHONE 합계: 150, LAPTOP 합계: 300

최종적으로 ORDER BY REGION 정렬하여 A, B 순으로 출력됨

다음 SQL의 실행 결과로 가장 적절한 것은?

2025년 5월　2025년 3월　2024년 5월

```
SELECT SUBSTR('ORACLEDB', 3, 3)
FROM DUAL;
```

① ACL
② RAC
③ ORA
④ EDB

SUBSTR(문자열, 시작위치, 길이)
• 시작 위치는 1부터 카운트함
• 주어진 위치에서부터 지정한 길이만큼의 문자열을 잘라냄

'ORACLEDB'에서 3번째 글자부터 3개 글자를 추출해야 함
따라서 1: O, 2: R, 3: A, 4: C, 5: L, 6: E, 7: D, 8: B이므로
3번째 글자 A에서 A, C, L로 "ACL" 추출

다음 중 서브쿼리(Subquery)에 대한 설명으로 가장 적절한 것은?

2024년 11월　2024년 8월　2024년 3월

① 서브쿼리는 반드시 메인쿼리의 FROM 절에만 위치할 수 있다.
② 서브쿼리는 메인쿼리와 완전히 독립적으로만 실행될 수 있으며, 상관 서브쿼리(Correlated Subquery)는 존재하지 않는다.
③ 서브쿼리는 단일 행, 다중 행, 다중 컬럼 반환 모두 가능하며, 연산자(IN, ANY, ALL 등)와 함께 사용할 수 있다.
④ 서브쿼리는 SELECT절에서 사용할 수 없으며, WHERE절에서만 사용 가능하다.

서브쿼리
• 메인쿼리 안에 포함된 하나의 SELECT문으로, 메인쿼리에 필요한 값을 제공하는 역할
• SELECT, FROM, WHERE, HAVING절 등 다양한 위치에서 사용 가능
• 메인쿼리 실행 전에 먼저 실행되어 값을 반환하지만, 상관 서브쿼리는 행마다 반복 실행됨

다음 SALES_QTR 테이블과 SQL을 실행했을 때, 결과로 가장 적절한 것은?

`2024년 3월`

[SALES_QTR]

REGION	Q1	Q2	Q3	Q4
A	100	200	NULL	300
B	150	250	350	400

```
SELECT
    REGION,
    QUARTER,
    NVL(SALES, 0) AS SALES
FROM SALES_QTR
UNPIVOT (
    SALES
    FOR QUARTER IN (
        Q1 AS 'Q1',
        Q2 AS 'Q2',
        Q3 AS 'Q3',
        Q4 AS 'Q4'
    )
)
WHERE REGION = 'A'
  AND NVL(SALES, 0) >= 150
ORDER BY QUARTER;
```

①

REGION	QUARTER	SALES
A	Q1	100
A	Q2	200
A	Q4	300

②

REGION	QUARTER	SALES
A	Q2	200
A	Q3	0
A	Q4	300

③

REGION	QUARTER	SALES
A	Q1	100
A	Q3	0
A	Q4	300

④

REGION	QUARTER	SALES
A	Q2	200
A	Q4	300

- UNPIVOT
  - SALES FOR QUARTER IN (...) 은 Q1, Q2, Q3, Q4 열을 세로로 펼쳐서 QUARTER 열의 행 값으로 변환함
  - 기존 Q1, Q2, Q3, Q4 열에 들어 있던 값들은 SALES 열로 내려옴
  - 이때, 원본에 NULL 값이 있으면 그대로 유지함
- WHERE REGION = 'A' AND NVL(SALES, 0) >= 150
  - REGION이 A이어야 함
  - SALES가 NULL이면 0으로 변환되고 그 값이 150 이상이어야 함
- 데이터별 계산
  - A-Q1: 100 → 150 미만이라 조건 불충족
  - A-Q2: 200 → 조건 충족
  - A-Q3: NULL → NVL 함수로 0 변환 → 150 미만이라 조건 불충족
  - A-Q4: 300 → 조건 충족

최종적으로 ORDER BY QUARTER 정렬하여 Q2, Q4 순으로 출력됨

성공은 결코 우연이 아니다. 성공은 노력, 인내, 학습, 공부, 희생,
그리고 무엇보다도 자신이 하고 있거나 배우고 있는 일에 대한 사랑이다.
(Success is no accident. It is hard work, perseverance, learning, studying, sacrifice and most of all,
love of what you are doing or learning to do.)

펠레(Pele)

박문각 자격증 시리즈

SQL 개발자 SQLD
기출원스톱 400제 + 무료특강

초판인쇄	2026. 2. 5
초판발행	2026. 2. 10

저자와의
협의 하에
인지 생략

편 저 자	윤소정
발 행 인	박용
출판총괄	김현실
개발책임	이성준
편집개발	김태희, 김소영
마 케 팅	김치환, 최지희
일러스트	㈜ 유미지

발 행 처	㈜ 박문각출판
출판등록	등록번호 제2019-000137호
주　　소	06654 서울시 서초구 효령로 283 서경B/D 6층
전　　화	(02) 6466-7202
팩　　스	(02) 584-2927
홈페이지	www.pmgbooks.co.kr

ISBN	979-11-7519-454-0
정가	19,000원